译文名著精选

YIWEN CLASSICS

富兰克林自传

〔美〕本杰明·富兰克林 著 蒲隆 译

Benjamin Franklin

The Autobiography of Benjamin Franklin

上海译文出版社

图书在版编目(CIP)数据

富兰克林自传 / (美) 本杰明·富兰克林(Benjamin Franklin)著;蒲隆译.—
上海: 上海译文出版社,2018.12 (2023.12重印)
(译文名著精选)
书名原文: The Autobiography of Benjamin Franklin
ISBN 978-7-5327-7754-9

Ⅰ. ①富… Ⅱ. ①本… ②蒲… Ⅲ. ①富兰克林
(Franklin, Banjamin 1706-1790)—自传 Ⅳ.
①K837.127=4

中国版本图书馆 CIP 数据核字(2018)第 034501 号

Benjamin Franklin
The Autobiography of Benjamin Franklin
根据 Anthology of American Literature 和 The Norton Anthology of American Literature 版译出

富兰克林自传
〔美〕本杰明·富兰克林 著 蒲 隆 译
责任编辑/宋 玲 装帧设计/张志全工作室

上海译文出版社出版有限公司出版、发行
网址: www.yiwen.com.cn
201101 上海市闵行区号景路159弄B座
江阴市机关印刷服务有限公司印刷

开本 890×1240 1/32 印张 7.75 插页 2 字数 159,000
2018 年 12 月第 1 版 2023 年 12 月第 4 次印刷
印数: 12,001—14,000 册

ISBN 978-7-5327-7754-9/I·4742
定价: 35.00 元

译者导言

爱默生有一本著作叫《代表人物》，论述了柏拉图、斯维登堡、蒙田、莎士比亚、拿破仑、歌德等六位世界伟人。若要选一名美国的“代表人物”，而且只选一人，我想，那就非富兰克林莫属了。我这么说有三点理由。

第一，富兰克林的经历与美利坚民族的成长过程有着惊人的相似之处。一六二〇年，英国的几十名清教徒不堪忍受英国国教的迫害，便租乘“五月花号”帆船漂洋过海，历尽艰险，经过六十六天的航行，到达美洲，建立了一个以清教徒为核心的“普利茅斯殖民地”。从时间上讲，它虽然不是英国在美洲建立的第一个殖民地，而是第二个，但无疑是影响最深远的。此后移民便源源而来，有了以波士顿为中心的“马萨诸塞海湾殖民地”，将普利茅斯合并了进去。再往后，不同教派、不同民族的移民便接踵而来，新的殖民地陆陆续续建立起来，如宾夕法尼亚的移民主要是贵格会教徒，而且有相当一部分是德国人。在一七七六年七月四日《独立宣言》发表以前，已经有十三个殖民地了。这十三个殖民地都在东海岸，合众国成立后，移民便不断地西进，疆域一直扩展到西海岸。这个新生的国家在不断吸纳外来移民，不断发展壮大，到第一次世界大战，已经成了一个举足轻重的强国了。此后一百年的发展当代人有目共睹，就没有细说的必要了。

再看富兰克林，他是清教移民的后代，出生在马萨诸塞海湾殖民地的中心波士顿。就在“五月花号”到达美洲一百余年后，一七二三年，十七岁的少年富兰克林不堪忍受哥哥的虐待，也忍受不了因写文章惹起的殖民地政府和清教善男信女们的敌视，只身一人搭船南下。一路上也是千辛万苦，经纽约，再到费城，先从学徒工做起，靠自己的勤奋、智慧自立门户，成了成功的印刷商，于是又办报纸，又当邮政局长，从事公益事业，出任了殖民地议会议员，最后成了开国元勋之一。富兰克林乐观、宽容、积极进取的性格体现了整个民族的性格。富兰克林处理问题的手法也给日后美国的国策提供了样板，最典型的就是《自传》中他写的“告兰开斯特、约克、坎伯兰三县居民书”，里面将利诱与威胁结合起来，这不就是美国一贯奉行的“胡萝卜加大棒”的原始版吗?

第二，从以上的简要叙述可以发现，富兰克林正好就是穷小子积极上进最后定会取得成功的所谓“美国梦”的体现者。

第三，美国有一种土生土长的哲学——实用主义，富兰克林虽不是严格意义上的哲学家，也不是这种哲学的创立者，但他的思想行为莫不体现出这派哲学重视实验、实效、实用的三大特点：思想产生行为，行为必有效果，要研究思想的正确与否，与其从思想本身来辩论，倒不如看它行为的效果如何。一个学说如果能够解决问题和困难，就是真理，犹如医生能够把病人治好的方子就是良方一样，效用就是检验真理的标准。这代表实验室的精神，也代表美国人一直崇尚功利的态度。我从没有见过哪本书对 use 这个词的使用频率有《自传》这么高。

由此看来，富兰克林无论从生活经历上，从人生理想上，甚至从哲学理念上都是个地地道道的美国的“代表人物”。无论是爱默生论述的六个代表人物，还是我在这里说的这位美国的代表人物，因为都是民众的“代表”，就不可能是横空出世、天马行空、独来独往的天才。富兰克林是一位顺应时势，靠自己勤学苦干打造出来的通才。所以爱默生的《代表人物》的思想与我们说的“时势造英雄”的观点相当吻合。富兰克林无疑是一位文化英雄，造就这位英雄的时势又是怎样的呢?

富兰克林生于一七〇六年，卒于一七九〇年，他的一生几乎贯穿了整个十八世纪。在思想史上，十八世纪被称为“启蒙时代”，又被称为“理性时代”。主张理性，就要推崇科学，破除迷信。伟大的科学家牛顿在一六八七年出版了他的《数学原理》，揭示了一个按一定规律井然有序运转着的宇宙，这是智力健全的男男女女可以认知的，它并不是一个无法探知的上帝随心所欲地驱动着的神秘东西。到了十八世纪，研究科学蔚然成风，从王公贵族、宫廷仕女到广大民众，关心研究科学成了一种时尚。这从《自传》中也可略见一斑。时不时地有人从英国来到北美巡游讲学，富兰克林正是听了关于电的讲座后才开始对这门学问感兴趣的。一位经营印刷所的老板，后来又有公务缠身，居然在电的实验与观察中做出了巨大的贡献，可见当时人们对科学的兴趣。我们从《自传》中得知，参观实验的人络绎不绝，富兰克林只好另外找人协助他，而此人以后居然靠给人讲授、演示这种实验赚了一笔钱。我想这种局面可能与我们一度热衷气功的情况不相上下。

牛顿的宇宙论引起了宗教观的重大转变。牛顿的科学观并非把上帝打翻在地，而是仍然承认上帝创造了宇宙，是“第一动力”。但他创造了宇宙后，就让它按设计好的规律去运转。这样，宇宙就好像是一只钟表，上帝就是这只宇宙钟的制造者。他不像加尔文教所认为的那样无处不在，无时不在，时时处处都在干预人间事务，而是把自己的意志体现在日月星辰、风雨潮汐、山川草木、飞禽走兽以及作为万物的灵长的人类身上。这就是所谓的“自然神论”。在宗教史上，十八世纪是自然神论风行的时代。《自传》不止一处讲到了作者的宗教观。富兰克林对宗教仪式的淡漠，对各宗各派教规、教义的不以为然，就是以这种自然神论为出发点的。

既然宇宙按一定规律运转，那么人类社会一定也有规律可循，于是十八世纪的有识之士力图发现并运用这些规律来改良社会。由于对科学的尊重减弱了对神的尊崇，也减轻了人们对奇迹、对圣书、对国王教士的神圣不可侵犯的迷信，而更多地专注于人本身，于是慈善事业兴盛起来。正是在这种风气的影响下，富兰克林重视公益事业，从铺马路、清垃圾、设路灯、消防、巡夜等发展到办公共图书馆、办学校、办医院、建立民兵防御体系。富兰克林是倡导者，带头捐款，但没有众人的响应配合，他一个人是成不了气候的。我个人觉得，有的人为了取得成功，可以养成富兰克林的勤奋、节俭、节制、谦卑等美德；有的人当了官，除了作秀，也可以为大众办一些实事，留一些政绩。而富兰克林的许多公益事业都是他身为一介平民的时候提议、奔走、鼓吹、出资兴办的，而且总是小心谨慎不把功劳往自己一个人的账上记，这一点对于我们固守“不在其位，不谋其政”的观念的人来说实在可感可叹！

要建立一个美好的社会，人人从我做起，从小事做起，固然很重要，但解决根本问题还要看政府，因为它掌握着百姓的命运。于是启蒙时代的人把目光投到政府身上。英国哲学家洛克一六九〇年发表的《政府论》否定了“君权神授”的观念，提出了有名的“社会契约”论。按照这种观点，政府是人们之间达成的“社会契约”的产物，按照这个契约，人们把一定的自由交给政府，以保护自己生命、自由和财产的天赋权利，交出自由并不意味着就永远丧失了这些自由，政府如果违犯了天赋权利压迫弱者，就应当被推翻。这样，理性时代的人就主张政治变革。过去人们通过教会来解决问题，现在则通过反叛来解决。所以，在政治史上，十八世纪是一个革命的时代。一七七六年以《独立宣言》发表为标志的美国革命（我国一般称为“独立战争”）进入高潮，富兰克林是该宣言的起草委员会成员之一（《独立宣言》主要由杰斐逊起草，但经过富兰克林与亚当斯的修改）。一七八九年法国大革命爆发，富兰克林则是美国的几位开国元勋中与法国关系最密切的一位。可惜的是，富兰克林的《自传》还没有写到他作为革命家的事迹，他就去世了。

在文学艺术史上，十八世纪是古典主义（又称“新古典主义”）兴盛的时代。古典主义推崇古希腊罗马经典作家的创作规范，反对文艺复兴热情奔放、词藻浮华的风气。这个时代的作家注重秩序、逻辑、节制、精准、正确、雅趣、得体，主张文学艺术的实用价值，要为人服务，追求匀称、统一、和谐、优雅、明晰，避免晦涩、神秘，目的是愉悦、教导、匡正主要作为社会动物的人。它重理智，轻感情，讲究才智。富兰克林的《自传》虽不属于诗歌、小说、戏剧这类纯文学，但他自小刻意模仿过当时《旁观者》报上面那些对英语散文发生过重大影响的劝善文章，文笔平易求实，幽默风趣。富兰克林一生喜欢读书，在《自传》中提到二三十位作家的作品，其中有普鲁塔克的《名人传》、色诺芬的《回忆苏格拉底》、班扬的《天路历程》、笛福的《论计划》、科顿·马瑟的《论行善》、洛克的《人类理解论》、罗亚尔港先生们的《思维的艺术》、特赖恩的《健康长寿和幸福之道，或话说节制》、泰弗诺关于游泳及其他人关于航海术和算术等方面的著作等等，可以明显地看出它们的实用性。少年时代的富兰克林也喜欢诗歌，曾写过《灯塔悲剧》等两首叙事歌谣，他哥哥印出来让他拿到街上去叫卖，但他父亲不喜欢他“作诗”，认为将来生活指望不上它。但富兰克林对同时代人蒲柏、德莱顿、艾狄生、爱德华·杨等人的诗作耳熟能详，随时能凭记忆引用评述。其实当时波士顿、费城等地文风很盛，读书作诗写文章的大有人在。从《自传》里看出，他在波士顿时，哥哥办报，有一帮人给报纸写文章。他的好友约翰·柯林斯读书比他更全面。按富兰克林父亲的判断，柯林斯的文章在文笔的优雅、章法的严谨、表达的明晰方面都胜过富兰克林，富兰克林只不过是拼写、标点规范一点而已。不幸的是此人后来染上了酒瘾，毁了前程。在费城，富兰克林有三个朋友一起读书作文，互相观摩切磋，其中一位是立志要当大诗人的拉尔夫，虽然写诗成就不突出，但他后来成了英国有名的政论作家。富兰克林投宿过的小店的店主竟然效仿约翰·科顿“恶搞”维吉尔《埃涅阿斯纪》的办法歪改《圣经》。富兰克林打工的凯默印刷所的工人阿奎拉·罗斯居然诗写得还差强人意，他死后，老板凯默打好腹稿直接排出了《挽歌》，让富兰克林印刷。凡此种种，说明富兰克林成为一名作家是有他的土壤的，否则他读书研讨的“共图社”和会员制收费图书馆是建立不起来的。

在启蒙时代，富兰克林被看作美国最伟大、最风光的人物。欧洲人认为他比法国的代表人物伏尔泰伟大，比卢梭聪明。一七八五年，杰斐逊被任命为驻法公使接替富兰克林，人们向杰斐逊祝贺时，这位后来的美国总统答道："谁也取代不了他，先生；我只不过是他的接班人。"确实，谁也无法将他取代；他是世不二出的。

《自传》无疑是富兰克林这位代表人物的代表作了。它的意义只消读一读插在第一部和第二部中间的"两封来信"就会明了，在这里就没有必要把人家已经说透了的意见再变个法儿重复了。富兰克林的经历肯定比这本薄薄的《自传》里写的丰富得多，我觉得他在材料的取舍上，紧紧把握着这么一条主线，那就是按时代的要求完善自我，造福社会，一切从教育后人着眼。

现在历史似乎已经不仅是任人装扮的玩偶，而简直成了任人团弄的泥巴。玩偶你尽可以随心所欲地装扮，但它的大模样儿还在，是定了型的；泥巴则不然，你想把它捏成扁的，它就是扁的，你想把它团成圆的，它就是圆的。这些年，一些国家和地区的历史教科书反复修改，这难道不是在团弄泥巴吗？作为个人历史的传记何尝不是如此！从这个角度讲，我的感觉是，富兰克林的《自传》的可信度要比我读过的某些名人的回忆录和自述真实得多。我说"感觉"，因为富兰克林个人的历史只有他本人最清楚，后世人很难全面掌握他成为公众人物之前的思想行为。富兰克林的可贵之处就是他敢于亮丑，写年轻时犯的错误，而这些错误在我们中国人看来，是绝对不能曝光的"隐私"。如他在第二次去费城的船上险些上了两个年轻女子（后来才知道她们是妓女，在船上干偷窃勾当）的当；别人介绍的对象没谈成，倒惹得欲火中烧，便去寻花问柳，又怕染上性病；他还曾对朋友托他关照的女友心怀不轨，动手动脚，碰了一鼻子灰；与盟过誓的未婚妻离别后只给她写过一封信就把她忘在脑后等等。类似的情节可以在郁达夫的日记和卢梭的《忏悔录》中见到，但郁达夫、卢梭都是在潦倒的逆境中写这些事情的。他们与其说在“忏悔”自己，不如说在“宣泄”愤懑，“控诉”社会。而富兰克林则是在夕阳无限好的晚年写的，而且是写给自己的儿子看的。相比之下，我们的一些名人总喜欢美化自己，文过饰非，甚至对众人皆知的失节行为在回忆录和自传中只字不提，仿佛从来没有发生过一样。这种欺世盗名的做法怎么能唤起人们的敬仰之情呢？人非圣贤，孰能无过，富兰克林把这些人所不知的不光彩的事儿亮出来，目的是要警示后人：他跟自己的一些朋友不同的是，他能知错改错，才有日后的成功。

上面的几件事，一般人是不肯往自传里写的。但常人认为非写不可的，富兰克林却偏偏不写。如果遇见一个人，第一印象往往是此人的相貌。奇怪的是，我们在《自传》里见到的人，都不知道他或她长得怎么样，包括他的父母、儿女、妻子等近亲。船上的两个年轻女子引诱他几乎上当，他看上了人家的女友，给他介绍的对象他认为“值得一追”，难道外貌不起一点作用？富兰克林只描写了一下他父亲的体形，“他体格健美，中等身材，比例匀称，结实有力”。富兰克林不写外貌，却喜欢写人的声音。如说他父亲“嗓子清亮悦耳”，写到他楼上住的一位老处女时，说她“谈话娓娓动听”，写到怀特菲尔德牧师时，说“他的声音洪亮清晰，一字一句毫不含糊”，又说“声音抑扬顿挫，百转千回，达到了炉火纯青的境界，一个人哪怕对主题不感兴趣，光听演讲也觉得心旷神怡，其感受就像听了一段优美的音乐一样”。在谈到亨普希尔宣教士时，他说“他的声音优美动听”。这显示了富兰克林对音乐的爱好，他在一天二十四小时的行动计划中专门列了“音乐”一项。也许他把声音看作一个人的内在品质，是通过训练可以改进的，而容貌则是表面的，不可更改的，所以他更看重声音。他对爱慕的T太太是这样描述的：“她很有教养，头脑明达，举止活泼，谈起话来娓娓动听。”

富兰克林一般也不写一个人的衣着打扮，只给他自己破了例，说他刚到费城时“穿的是工装”，半年后衣锦还乡时，“我比以前给他打工时穿着好多了，从头到脚一身时髦的新西装，胸前佩戴一只怀表，口袋里揣着近五英镑的银币”。这是故意让哥哥看的。

富兰克林一生到过的官府私宅不计其数，但他从来没有描写过任何建筑和陈设，倒是对几乎没有陈设的一间屋子有所记述：“房间十分干净，没有什么家具，只有一块垫子，一张桌子，上面摆着一个十字架和一本书，有一把让我坐的凳子，壁炉上方是一幅画，画的是圣维罗妮卡展现着一块手帕，上面有基督神奇的血面肖像。”为什么要写这种场景呢？富兰克林说：“我将它作为又一个例证，说明维持一个人的生命和健康需要的收入微乎其微。”

富兰克林到过很多城市乡村，但他不描写它们的景象，他经常到海上和陆上旅行，他也不描绘沿途风光。只有一处可以算得上是景物描写：“早晨，我们通过水深测量等手段发现离港口不远了，但陆地被大雾笼罩着，我们无法看见。九点左右雾开始升起，看上去就像剧院里的一块大幕，从水面上提了起来，露出下面的法尔茅斯镇，港里的船只和周围的田野。对于长期以来只见一片汪洋别无景色可看的人来说，这真是一幅令人赏心悦目、美不胜收的景象！更使我们欣喜的是，现在我们摆脱了战云弥漫造成的忧虑。”富兰克林到英国还专门参观了悬石坛和威尔顿公馆、花园和勋爵珍藏的古董，但只这样提了一笔，再没有一句相关的描述。

如果说，人的长相衣着、建筑陈设、海陆风光只是外在的表面现象，没有必要描述的话，那么人的感情可算最深邃的内在的东西了。但古典主义重理智、轻感情，富兰克林对亲情和爱情更是理性对待，着笔简略。《自传》着墨最多的是他父亲，而最能体现亲情的母亲却一笔带过：“我母亲同样也体质很好。她哺育了自己生的十个子女。”他只身出走半年后回家时，“我出人意料的露面使全家惊奇不已”，仍未专门提及他母亲。而他的外祖父，因为在科顿·马瑟的书中提到，说他是“虔诚而又博学的英国人”，富兰克林竟然写了一段，还抄录了他的一首诗。可见出身卑微的富兰克林对亲属中有点名望的人是何等重视。富兰克林在《自传》中没有写丧亲的悲痛，写他为二老立了一块碑，上面刻了几句话，文字可谓经济到家了。倒是写到儿子因得天花而夭折的事时，说他“悔恨万分”，因为没有给孩子接种疫苗，这只是把它作为一个教训来告诫世人。富兰克林的房客给他提了一门亲事，他承认“这姑娘本人着实值得一追”，而且“正经八百地”追过一个阶段，但怎么个“值得”就不知道了。这门亲事像谈一笔生意，富兰克林要求女方陪嫁一百英镑替他还债，对方拿不出钱来就拉倒了。他的另一门亲事是近邻和老相识的女儿里德小姐，富兰克林说：“我对她满心敬佩，无限爱慕，而且有理由相信，她对我也是这样。”但富兰克林去了英国，写过一封信说一时半会回不来，然后就把他们的“海誓山盟”忘在脑后了。近两年以后回来，里德小姐已经嫁人，但丈夫不知去向，见面后他们又“旧情复萌”，结婚了。富兰克林写道：“事实证明她是个贤内助，照看店面，帮了我很多忙，我们齐心协力，事业兴旺，互相努力，让对方幸福。这样我算尽力改正了那个重大的错误。”从以上事例不难看出，在对亲情和爱情的处理上，富兰克林不愧是理性时代的代表人物。

我觉得富兰克林《自传》的魅力主要在于用朴实亲切的语言摆事实，用幽默风趣的口气讲道理。我们好像不是在读一本文绉绉的书，而是在听一位智慧长者讲故事。他能把人与事讲得活灵活现，不妨听听他刚逃到费城时的狼狈相吧：“我折腾了一路，身上脏得不成样子，口袋鼓鼓囊囊，塞满了脏衬衣和臭袜子，我人生地不熟，不仅一个人都不认识，而且也不知道去哪儿找住处。我旅途劳顿，又是走路，又是划船，又得不到充分的休息。我饿得前胸贴后背，身上的全部盘缠就是一元荷兰币和约合一先令的铜板。铜板我给了船家当路费，起初他们不肯收，因为我也出力划过船了；但我执意要他们收下，有时候一个人钱少时比钱多时出手更大方，也许是怕被人小瞧的缘故吧……由于既没有考虑也不知道钱币种类不同、这里的东西大大的便宜、他家的面包叫什么名堂，我就跟他说，什么都成，给我三便士的就行了。于是他一下子给了我三个又大又松的面包卷儿。数量之多，令人咋舌，不过我还是接了过来，由于口袋里装不下，我便一条胳膊夹一个，嘴里吃着一个，二话没说就走了……我到码头上一口气喝下了半肚子的河水，再加上一块面包卷儿，已经把肚子撑圆了，我便把剩下的两个给了跟我们同船从河上游来的一个女人和她的孩子，他们正等着往前走呢。”

富兰克林讲起道理，浅显风趣，更让人折服。如说到伦敦商店开门晚时，他评论道：“伦敦的居民宁愿在烛光下生活，在阳光下睡觉；又常常抱怨对蜡烛课税，烛油价太高，这就未免有点荒唐了。”再听这样的评述：“人的幸福，因撞到千载难逢的大运而得者为数寥寥，由日积月累的小惠而生者比比皆是。如此说来，你若教会一个穷小伙如何刮脸，怎样保养剃刀，也许你对他一生的快乐做出的贡献胜于给他一千几尼。钱你可以很快花光，剩下的只是胡花滥用的悔恨。但若教会他刮脸，他就免去了一连串的苦恼，不必对理发师苦苦等待，不用碰他们脏兮兮的手指，不用闻他们臭烘烘的气息，不必挨他们老刀子硬刮的疼痛。他什么时候刮脸，全看自己的方便，工具顺手，操作自如，天天享受着这方面的乐趣。”译到这类议论，我不由得想起苏东坡读了王安石《桂枝香》一词后的叹语，“此老乃野狐精也！”翻译《自传》时，我每每想起从前翻译过的培根的《随笔》，感兴趣的读者不妨仔细比较，二者相通的地方太有意思了。

《自传》部头不大，但内容极其丰富，涉及政治、经济、宗教、法律、新闻、出版、民族、移民、军事、教育、读书、写作、医疗、卫生、城建、公益、消防、航海、婚姻、习俗、文学、科学、逻辑、辩论、修辞、饮食、治安、交友、健体、修身、养性、信仰、外语学习等人类生活的各个方面。这些除了教育价值外，还极具史料价值。富兰克林少年时代就刻意模仿《旁观者》报上的文章，后来帮哥哥印报，在上面发表匿名文章。在费城又自己办报，写文章，因此知道如何用最经济的文字传达尽可能多的信息，给人尽可能多的教益。自传和回忆录很容易跑野马，枝蔓无边，收束不住，给人主题不清、用意不明的印象，而富兰克林的《自传》则完全不是这样。它就像一座精心修剪过的古典园林，布局周正，主题分明，设计者认为多余的东西无论多么好看，也一律删除。

富兰克林的《自传》是美国的第一部杰作，至今仍然是美国著作中读者最多、影响最大的。我在上世纪五十年代就见过中文译本，不知道建国前还有没有，近年来听说新译本不下二十种，可见它在中国读者中受欢迎的程度。动笔翻译《自传》，一个是 *Anthology of American Literature* 上的《自传》全文，一个是 *The Norton Anthology of American Literature* 上的全文。这两个版本一是有较详细的注释，因为《自传》涉及的是真人真事，不像小说是虚构的，所以对里面的人和事有确切的了解是很重要的。因此我把这些注释基本上都译了出来，这也许是其他译本所欠缺的；二是它们严格遵从富兰克林的手稿，编者不随意分章，更没有像我们有的译本那样，加很多标题。你想想谁给儿子写封信，还分第一章、第二章，甚至每章还有标题？这两个版本保留了富兰克林不同于现代用法的标点，我也基本上采用了原来的标点，没有做标准化处理，因为我觉得读者知道一点英语标点的演变，也算是长点知识。还有一点需要说明的是，这篇“导言”的一些关于时代背景的资料也来自 *Anthology of American Literature*。另外，有几个词这里需要解释解释。一个是 natural philosophy，意思是“自然科学”。这在大型的英文词典和英汉词典上都有，我依据的两个原本上都注为 natural science，因此富兰克林用的 philosophy 指的都是“科学”而不是现在意义上的“哲学”；一个是 province，汉语的对应词是“省”。英国行政区划没有省，古罗马把意大利以外由罗马总督管辖的各个地区称 province，可以译为“省”。在《自传》中它指由英王派总督管辖的殖民地，译成“省”也不算错，译成“殖民地”也可以。我用了一个含糊的词“地区”，以便与colony有所区别，因为现在我们经常有“国家和地区”的说法。但绝对不能译为“州”，因为我们说的美国的“州”原文是state，它的本义是“国”，这是北美十三个殖民地独立后才出现的词，因为独立了，就成了state（国），再不是大英帝国的colony（殖民地），或者province（省），十三个state联合成一个统一的国家，就叫The United States of America，我们译为“美利坚合众国”。虽然province变成了state，但领导人仍叫governor，我们翻译时却从“总督”换成了“州长”。富兰克林的《自传》中出现过两次state，一次是neighboring states，有人译为“邻国”，其实应为“邻州”，指与宾夕法尼亚相邻的州，因为富兰克林在世时，合众国尚无“邻国”可言，要么是法国和西班牙的殖民地，要么是散居着印第安人的地带，它们都不能叫“国”。还有一处是states and princes，这里的states既不是“州”，也不是“国”，而是贵族。查Webster大词典，有一个定义是：obs（废）：a person of high rank（as a noble)。我译培根的《随笔》时遇到过不止一次，而且文中也将它与princes并列，注释是noble men。第三个是人们不知道Pennsylvania这个词的由来，它是由Penn和Sylvania（wooded land，即林地)合成的。Penn即William Penn，一六八一年英王查理二世把这片土地赏赐给他，以表示对其父海军上将William Penn征服牙买加的大功的奖励。于是这块土地便取名为Pennsylvania，我们按读音译为“宾夕法尼亚”。既然“宾夕法尼亚”意为“宾的林地”，那么Penn必须对应为“宾”才对。由于很多人不知道Penn与Pennsylvania的关系，所以我见到的相关文字把Penn译为“佩恩”或“潘恩”等，总之没有一个译为“宾”的，因为《英语姓名手册》就译为“佩恩”，如果这样，“宾夕法尼亚”就应当顺应人名译为“佩恩夕法尼亚”了，可是这个地名的翻译已经固定，我们只能倒过来让人名顺应地名，否则就互不搭界了。二〇〇六年我应约翻译约翰·厄普代克的《兔子歇了》，该书写的是宾夕法尼亚的事，里面有Penn Park，我译为“宾园”。我特意给编辑写信说了上面的道理，请他不要改为“佩恩”，因为这是四部曲，我译的是第四部，编辑采纳了我的建议，算是挽救过来了。

本书收入《致富之路》一文，这是二十年前我为《美国的历史文献》一书翻译的。此文虽短，但在富兰克林的作品中，重要性不亚于《自传》，尤其在一些文选嫌《自传》篇幅太长时，《致富之路》就是首选。此文在《自传》中专门有记述。我相信从题目到内容读者一定会感兴趣的。

富兰克林未能把《自传》写完就与世长辞了。当然，谁写自传也不可能把自己死亡的情况都写进去，这就是“自传”与他人写的“传记”的一大差别，因为传记可以把传主的死亡甚至身后的一些事情都写进去。富兰克林的《自传》由于缺少了作者最重要的一个阶段，所以我特意从“美国文库”的 *Franklin* 一书中翻译出十分详尽的“富兰克林年表”，以弥补《自传》的缺欠，而且读者还可以把作者写过的几十年的事情与“年表”加以对比，也是件很有意思的事。

蒲隆

二〇〇八年十二月于兰州

目录

自　传[1]

①富兰克林六十五岁开始写他的《自传》（他称之为《回忆录》），当时他在英国的乔纳森·什普利主教家度假。第一部写于1771年，是给富兰克林的儿子威廉的书信。其余三部写于随后的十九年间，直到他临终的那年才算完成。纪事终止于1758年，这时候他作为外交家和公仆的最伟大的成就尚未告成，因此该书并未真正展示他思想的深度或成就的广度，然而它仍不失为一部自传杰作和美国文学的一座丰碑。

[第一部] [1]

①几处用方括号的地方表示括号里的文字不是富兰克林写的，而是编者按需要加上去的。

一七七一年写于特怀福德[1]圣阿萨夫主教家

亲爱的儿子[2]，

对于获取祖先的轶闻趣事，哪怕是一星半点，我向来都是乐此不疲的。咱俩在英国的时候，我在亲属的孑遗中间周旋打听，为达到目的风尘仆仆，多方奔走，当时的情景恐怕你还记忆犹新吧。[3]眼下我想，如若了解一下我的生平景况（其中很多你并不熟悉），兴许会同样对你的脾胃吧；再说，我目前在乡下闲居，指望过一个礼拜无人打扰的清静日子，于是我坐下把这些大事小情一一给你写了下来。何况，我这么做还有别的一些诱因。我生于贫寒之家，长于无名之户，如今不仅家境富裕，在世界上还小有名气，还有，我一辈子福星高照，我为人处世的种种手段，托上帝之福，取得了立竿见影的功效，对于这些，我的子孙后代也许愿意了解了解，因为他们或许会发现其中有些对他们的境遇也同样适用，因此也宜于效仿。那份福气，每当我进行反思时，使我有时情不自禁地要说，如果有人提议由我选择，我毫无异议，愿意从头再活一遍，只不过还得要求作家们享有的那种权益：出第二版时可以把第一版上面的某些差错予以修正。除了修正错误，如果可以的话，我想把其中的一些凶事险情改得叫别人觉得更顺心一点，即使此举遭到拒绝，我还是愿意接受这个提议。不过，既然再活一遍没有指望，只好退而求其次，最像再活一遍的事情似乎就是对这一生的一种反思了；要使这种反思尽可能地经久不衰，那就是诉诸笔墨。谈起自己，谈起自己当年的壮举，老年人自然喜欢喋喋不休，我也在所难免。有的人出于对老人的尊敬，觉得只好硬着头皮听一听，但我的絮叨却不会使他们生厌，因为这番话可以读，也可以不读，那全随他们的意愿。最后（我还是先承认为妙，因为矢口否认也没人会信），也许我会大大地满足自己的虚荣心。其实，我很少听见或看到我可以毫不虚夸地说之类的开场白，可紧接着就是虚头巴脑的东西。人大多不喜欢他人爱慕虚荣，而自己的那颗虚荣心再大也安之若素，然而我无论在哪里遇到虚荣，总是以礼相待，因为我相信，虚荣对于爱慕者也好，对于他周围的人也好，往往都是有益无害的：因此，在很多情况下，如果有人将自己的虚荣当作人生的慰藉之一而感谢上帝，那也不足为怪。

说到感谢上帝，我想满心谦恭地供认我提及的已经过上的幸福生活全是上帝的恩赐，他开恩给我指点我所运用的手段，并取得了立竿见影的功效。对于这一点我深信不疑，所以我虽然不可认定，却可以期望同样的恩佑仍会赏赐予我，使我那幸福得以延续，或者使我能经得起致命的逆境的打击，因为别人遭受过的这种打击我也可能遭受，我将来的命运怎样只有上帝知道：哪怕是苦难，他也有权赐予我们。

我的一位伯父（他同样有搜集家族轶事的爱好）有次交给我一些笔记，给我提供了有关咱家祖先的一些详细情况。我从这些笔记中得知，这个家族在北安普敦郡的埃克顿④村居住了三百年，以前还有多久，他就不得而知了（也许从富兰克林这个名称被他们用作姓氏的时候开始，当时全国人都在取姓，在此之前，富林克林⑤是一种平民阶层的

---

①温切斯特附近的一个村庄，也是圣阿萨夫主教乔纳森·什普利的家宅名，离伦敦约 50 英里。

②威廉·富兰克林（1731—1813），1763 年被英王任命为新泽西总督，革命战争期间一直忠于英王，并与其父疏远。革命后于 1784 年二人关系才有所改善。

③富兰克林和他的儿子于 1758 年游历英国，拜访了北安普敦郡的埃克顿和班伯里两地祖先的故居。

④伦敦北面约 50 英里处的一个村庄。

⑤在中世纪英语里，Franklin 这个词被用来描述中产地主。

称号）[①]；家族拥有大约三十英亩完全保有的地产，兼营打铁生意，这是一个家传行业，一直传到伯父为止，长子总要学这门手艺，干这一行当的。我的伯父和父亲都遵守这个家规让长子打铁。我查阅埃克顿的户籍簿时，发现只有一五五五年以来的出生、婚姻、丧葬的记录，那个堂区没有保存此前任何时段的户籍登记。从那本户籍册上我发现，我的直系祖先往上连推五代，都是幼子，我则是幼子的幼子了。

我的祖父托马斯生于一五九八年，一直住在埃克顿，直到年事过高不能料理事务，才搬到牛津郡班伯里镇他儿子约翰家里居住。约翰是个染匠，我父亲跟着他当学徒。我的祖父最后在那里去世，并在当地安葬。一七五八年我们瞻仰过他的墓碑。他的长子托马斯住在埃克顿的老宅子里，最后把它留给了独生女儿。女儿的丈夫姓费舍尔，威灵堡人，后来他们把宅子卖给了一位伊斯台德先生，现在此人是那里的领主。祖父有四个儿子长大成人，他们是托马斯、约翰、本杰明和乔赛亚。由于眼下资料不在手头[②]，我只好尽我所能给你描述一下他们的情况，如果那些材料在我离家期间没有丢失，你会在其中找到更多详尽的记载。托马斯跟他父亲学打铁，但聪明伶俐，堂区的大绅士帕默先生便鼓励他求学上进（他的兄弟都得到过同样的鼓励），后来具备了做法律文秘工作的资格，成了该郡中的一个非同小可的人物，是该郡或北安普敦镇和他那个村子一切公益事业的主要推动者，这方面的事例我们在埃克顿听到的不在少数，所以他受到当时的哈利法克斯勋爵的高度关注和大力资助。他于旧历的一七〇二年一月六日去世，正好是四年后我出生的日子。[③]我们是从埃克顿的几位老者那里听到有关他的生平和性格的描述的，我记得你听了以后感触良深，觉得非同寻常，因为这些情况跟你所

---

①“此处有注”（富兰克林本想在此加一个注，但始终没有加）。

② 富兰克林的个人资料保存在费城。

③ 1752 年在英国和英属北美殖民地用格列高利历（新历）取代了儒略历（旧历）。这一改变把日期后移了 11 天。于是富兰克林的生日（旧历 1 月 6 日）变成了新历 1706 年 1 月 17 日。

知道的我的情况非常相似，如果他是在我出生的同一天去世的，你说人们也许以为是灵魂转世呢。

约翰学了染匠的手艺，我想是染毛料的。本杰明学的则是染丝绸的手艺，是在伦敦当的学徒。他聪明能干，我一直把他牢记在心头，因为我小的时候，他到波士顿来找我父亲，在我家住了好几年。他活到很大年纪。他的孙子塞缪尔·富兰克林现在还住在波士顿。他留下了两卷四开本的诗稿，是写给亲友的即兴的短小篇什。下面是他送给我的一首样章。①他自创了一种速记法，还教过我，由于从来没有实际运用，现在我忘得一干二净了。我的名字就是随这位伯父取的，因为他和我父亲感情特别深。他非常虔诚，每逢优秀的宣教士布道，他都要前去聆听，并用他的速记法将它记下，所以缀编起来的布道文可谓卷帙浩繁。他也很热衷政治，就他的地位而言，也许热衷得未免过了头。前不久，我在伦敦得到了一个他汇总的集子，收编的是从一六四一年到一七一七年涉及公众事务的全部重要政论小册子。从编号来看，好多卷已经缺失，但现存的仍有八卷对开本的，二十四卷四开本和八开本的。一位旧书商人碰见了这些小册子，由于我有时候从他手里买书，所以认识我，便把它们拿给我看。看样子是伯父去美洲的时候把它们留在这里的，这已经是五十年前的事情了。书的页边空白处有他做的很多批注。

我们这个卑微的家族很早就加入了宗教改革；在玛丽女王②统治期间继续信仰新教，那时候由于他们激烈反对老教，有时就有祸患之危。他们有一部英文《圣经》③，为了把它安安全全地藏起来，它被打开，用几条带子网在一把榫接木凳座板底下的框子里头。我的高祖父给家人

---

①“插在这里”（富兰克林注，但样章从富兰克林的手稿中删去）。

②玛丽女王从 1553 年到 1558 年在位，她企图把罗马天主教再次强加给信奉新教的英国。由于大力迫害新教徒，被称为“血腥的玛丽”。

③也许是英文的《大圣经》（1539—1540）。在玛丽女王统治时期，通用拉丁文《圣经》。英文《圣经》虽然未遭官方查禁，但还是收缴销毁了许多，目的是根除新教的源头。

诵读时，便把凳子倒过来四条腿朝上，搁在膝头翻阅带子下面的书页。还要有一个孩子在门口望风，如果看见教会法厅的传令官来了，马上就来报告。遇到这种情况，凳子又往下一翻，四条腿站在那里，这时候《圣经》又像先前一样藏在座板底下了。这件轶事我是从本杰明伯伯那里听说的。全家人一直信奉英国国教直到查理二世王朝行将结束①，当时有些牧师在北安普敦郡召集秘密宗教会议，因不信国教而被驱逐，本杰明和乔赛亚追随他们，终身矢忠。家中其余的人则仍然信奉国教。

我父亲乔赛亚老早就结了婚，大约在一六八二年②带着老婆和三个孩子到了新英格兰。由于秘密宗教集会被法律明文禁止，而且屡遭捣乱，这就导致了他的熟人中的一些重要人物移居该地。我父亲被说服，同意随他们一同前往。在那里他和元配夫人又生了四个孩子，跟继配又生了十个，总共十七个。我记得有一次其中的十三个围着餐桌吃饭，他们后来都长大成人，结婚成家了。我是最小的儿子，出生在新英格兰的波士顿，底下还有两个妹妹。

我母亲是继室，名叫阿拜娅·福尔杰，是彼得·福尔杰的女儿。彼得·福尔杰属于新英格兰的第一批移民。科顿·马瑟③在他的新英格兰教会史（书名为《美洲基督教大全》）中满怀敬意地提到了他，如果我没有记错的话，称他是一位虔诚而又博学的英国人。我听说他写过各种各样的即兴小诗，不过只印行过其中的一首，好多年前我还看见过。该诗写于一六七五年，是写给当时当地政府部门有关人士的，反映了时风和人气，朴素无华。它倡导良心自由，声援受迫害的浸礼会、贵格会和其他教派；他把对印第安人战争和临降到这个地区的其他灾难都归因于这种迫害，是上帝的一连串审判，要惩罚这种滔天大罪；还呼吁废止

---

①查理二世于 1660 年至 1685 年在位。

②实际上是 1683 年 10 月。

③科顿·马瑟（1663—1728），牧师，著述极多，以《美洲基督教大全》（1702）为代表作。下面确切的引文应为“一位能干而又虔诚的英国人”。

那些严刑峻法。我觉得全诗写得平易得体，雄浑奔放。我还记得最后的六行结尾句，不过那节诗的前两行我已经忘了，大意是他的批评出于善意，所以愿意公开作者的姓名，

因为做一名诽谤之徒，
　　我可从心底里恨之入骨。
我眼下就是舍奔镇[①]的住户。
　　在此把姓名向你公布，
彼得·福尔杰，就这么称呼。
　　做你的挚友，无意冒渎。

我的几个哥哥都当学徒，干着不同的行当。我父亲有意把我这第十个儿子当作什一税奉送给教会当差，所以八岁那年，就让我上了文法学校。我从小就聪明好学（读书认字时年龄肯定很小，因为我就不记得自己什么时候不会读书），父亲的朋友们一致认为我肯定能成为一名优秀学者，这样便更加坚定了他的目标。本杰明伯伯也举双手赞同，并且提出如果我愿意学他那套速记法，他就把他的好多卷速记布道文全部送给我，我想就权当提供的一笔资本吧。不过我在文法学校上了还不到一年，尽管在此期间我从班级里的中等生一步一步上升到尖子生，而且提前跳到二年级，以便当年年底升入三年级。然而这时候，我父亲考虑到有一大家子人要养活，大学教育的花费他可提供不起，况且，很多上过大学的人后来的日子很清苦，我听见他给他的朋友说出了这些理由，于是他一改初衷把我从文法学校转到一所写算学校。这所学校是由当时的一位名人乔治·布劳内尔操办的，总的来说，他办学非常成功，而且采用的是循循善诱、春风化雨式的教学方法。在他手下，我很快习得了一

①“在楠塔基特岛。”——富兰克林注

笔好字，但算术不行，而且没有什么起色。

十岁的时候，我被领回家帮父亲做事情，也就是制造蜡烛和肥皂。他学的并不是这门手艺，但来到新英格兰以后，发现染匠这一行当不怎么需要，养活不了一家人，所以就改了行。于是他就叫我剪剪烛芯，浇浇蘸模，灌灌烛模，看看店面，跑跑腿，打打杂什么的。我不喜欢这个行当，一心想到海上闯荡；但我父亲坚决反对；不过，由于在水边居住，我常在水里进进出出，熟习水性，老早就学会了游泳、划船。跟别的孩子坐上小船或独木舟时，一般都由我驾驶，尤其遇到难关时，更是当仁不让；在别的场合，我一般也是孩子王，有时候也会把他们带进窘境，我想举一个例子，因为它突显出早年的一种公益精神，尽管当时这种做法未必合适。水磨池的一边与盐碱滩相连，涨潮的时候，我们常站在滩边捉鱼。踩久了，滩地便成了烂泥汤。我提议在那里建造一个码头，好让我们有地方站，我还领着哥儿们看了一堆石头，那本来是准备在盐碱滩上修座新房子用的，可正好符合我们的需要。于是天临黑工人们一走，我动员了几个小兄弟，来了个蚂蚁大搬家，两三个人抬一块，把石头统统搬走，建起了我们的小码头。第二天一早，工人们发现石头不见了，大为惊讶；结果发现石头筑成了我们的小码头；他们便追查石头是谁搬走的；自然我们谁也跑不了，无一例外都被告到家长那里；于是被各自的父亲狠狠收拾了一顿；虽然我口口声声说这项工作如何有用，但我父亲说不诚实有何用，说得我心服口服。

我想你也许愿意了解一些我父亲的体貌和性格特点吧。他体格健美，中等身材，比例匀称，结实有力。他心灵手巧，画儿画得不错，还懂一点音乐，嗓子清亮悦耳。有时候，忙了一天之后，到了晚上，他用小提琴拉着圣歌的调子，和着曲调唱着歌儿，真是动听极了。他还有一种机械天赋，间或使用一下别的手艺的工具，也是得心应手，驾轻就熟。然而他的不同凡响却表现在对一些需要慎重处理的问题，无论是私事还是公事，他都能达到透彻的理解，做出可靠的判断。他确实没有担任过公职，他子女多，要管教，日子紧，要拼搏，所以只好一心扑在生意上，不过，我清楚地记得，隔三岔五总有一些头面人物登门拜访，专门征求他对该镇或他从属的教堂事务的意见，并且对他的判断和建议表现出极大的尊重。平头百姓遇到什么困难，也常来找他出出主意，双方有什么事情争执不下，总要请他出面评评理。只要做得到，他总喜欢邀请某个明达的朋友或邻居来他家吃饭交谈，他总是注意引起某种巧妙或有用的话头，启迪他的孩子们的思想。这么一来，他把我们的注意力引向生活行为中善良、正义和谨慎之类的表现上，自然就不大留心桌子上的饭菜色香味如何，入时不入时，合口不合口之类的问题了；所以我从小到大，对这类事情不管不顾，摆在面前的无论是佳肴还是糟糠，我都无所谓；由于对这类事情不上心，所以时至今日，如果吃过饭才一两个钟头，有人问我吃了些什么，我很难说得上来。这种习惯在旅行时倒使我占了便宜，因为我的同伴养成了挑食的习惯，一旦不对胃口心情就非常郁闷。

我母亲同样也体质很好。她哺育了自己生的十个子女。无论是父亲还是母亲，除了他们因病去世外，我不知道此前他们还得过什么病。父亲享年八十九，母亲八十五。他们合葬在波士顿。几年前我在他们的墓前立了一块大理石碑，碑文如下：

乔赛亚·富兰克林
暨夫人阿拜娅
安葬于此。
二人结缡相伴
五十五载。
既无家传亦无功名，
但赖孜孜劳作，
又蒙上帝恩佑，

众口之家才得以
安适度日；
二老养育女子一十三人，
孙子孙女七人，
传为佳话。
瞻仰者应从中
获取教益，勤奋敬业，
笃信上帝。
先考虔诚谨慎，
先妣谦和忠贞。
幼子
谨立此碑
恪尽孝道以志纪念。
先考乔·富一六五五年生，一七四四年卒，享年八十有九
先妣阿·富一六六七年生，一七五二年卒，享年八十有五

我这样絮叨枝蔓，看来已经老了。过去我写东西可是很讲究章法的。不过私下聚会不必像官场舞会那样衣冠楚楚。也许这只不过是随便一些而已。

还是言归正传吧。就这样我跟着父亲一连干了两年，一直干到十二岁，我哥哥约翰[1]学的倒是这门手艺，可他离开父亲，结了婚，到罗得岛自力更生去了。显而易见，我注定要顶他的缺，当一名蜡烛制造匠了。可我仍然不爱干这一行，父亲挺担心，要是他不给我找一个顺心一点的行当，我可能会闹翻，跑到海上去闯荡，他的另一个儿子乔赛亚离

① 约翰·富兰克林（1690—1756），本杰明最爱的哥哥，后来当了波士顿邮政局局长。

家出走，搞得他万分苦恼。于是他有时候带我出去遛遛弯儿，看看木工、泥瓦工、车工、铜工是怎么样干活的，这样他就可以看出我的爱好来，好想办法替我把这种爱好固定在陆地上的某个行当上。从此以后，观察优秀工匠操弄自己的工具可成了我的一件赏心乐事；我从中获益匪浅，一生一世都受用不尽，如果一时找不到工匠，我就能自己在家里干点零碎活儿；每当心里产生做做实验的鲜活热望时，我也能组装一些实验用的小机器。我父亲最后选定了刀具匠的行当，本杰明伯伯的儿子塞缪尔在伦敦学的就是这门手艺，这时候刚好在波士顿开业，于是就打发我试着跟他学一段时间的手艺。谁曾想他要向我收取学费，这一下可惹恼了我父亲，于是又把我领回了家。

我自小就喜欢读书，手里有点零钱，总要拿去买书。由于喜欢《天路历程》，我的第一批收藏就是约翰·班扬[①]的文集，是一些分卷的小本子。后来我又把它们卖了，好凑够钱买R.伯顿[②]的《历史文集》；这些都是从小商小贩手里买到的小本子书，价格便宜，总共有四五十本。我父亲藏书不多，大都是一些论战性的神学著作，大部分我都看过了，我一直感到惋惜的是，在我求知若渴的时候，却见不到更加适合的书，因为我已经铁了心不当牧师了。普鲁塔克[③]的《名人传》倒是有，里面的东西我可是百读不厌，我现在仍然认为，这些时间花得极有价值。还有一本笛福的书，叫作《论计划》，另外一本是马瑟博士的书，叫作《论行善》，后面这两本书扭转了我的思想，从而影响了我未

---

①约翰·班扬（1628—1688），英国清教牧师，代表作为《天路历程》（1678）。他的作品极其畅销，一先令的廉价版随处可见。

②R.伯顿为纳撒尼尔·克劳奇（1632？—1725？）的笔名，英国历史的普及者，“他把我们英国历史的精粹融入十二便士一本的小书中，里面充满了珍奇典故”。

③普鲁塔克（46—120），希腊作家，所著《希腊罗马名人传》由46篇传记组成，大部分捉对立传，把行为和品性相近的一位希腊名人和一位罗马名人并列。

来生活的一些重大事件。①

由于我嗜书成癖，终于使我父亲决定让我做一名印刷工，尽管他已经有一个儿子（詹姆斯）从事那种行当。一七一七年，我哥哥从英国回来，带来了一台印刷机和一套铅字，在波士顿开办了自己的印刷所。我喜欢这个职业远远胜过喜欢父亲的职业，但仍然渴望去海上闯荡。为了预防那种爱好所产生的可怕后果，我父亲迫不及待地让我在我哥哥手下当学徒。我顶了一个阶段的牛，最后还是被说服了，签了契约，当时我才十二岁。②我的学徒必须当到二十一岁才能出师，只有最后一年才能拿到短工的日薪。没用多久，我的手艺就大有长进，成了哥哥的得力助手。这时候，我已经能接触到一些更好的书了。由于认识了几个书商的学徒，我有时候就能借到一本小书，我看书非常小心，很快就能干干净净地归还。书要是晚上借的，第二天一早必须归还，以免被以为丢失或缺货，我往往在自己的屋子里开夜车赶着读。过了些日子，有一位精明的生意人③由于经常光顾印刷所，注意到了我，他藏书颇丰，便邀请我到他的图书室去，好心借给我一些我爱看的书。这时候我对诗歌非常痴迷，还作过几首小玩意儿呢。我哥哥认为这也许可以派上用场，所以就对我大加鼓励，还鼓动我作了两首应景歌谣。一首叫《灯塔悲剧》，说的是沃思莱克船长和他的两个女儿溺水身亡的经过；另一首是一支水手歌谣，讲的是捉拿提奇或“黑胡子”海盗的故事。④这两首诗都是蹩

---

① 英国作家笛福（1660—1731）的《论计划》（1697）提出了一系列国民经济的改良计划，科顿·马瑟的《论行善》（1710）给了富兰克林建立“共图社”的启发，在某种程度上，他的俱乐部是以马瑟在波士顿建立的邻里福利社为样板的。

② 詹姆斯·富兰克林（1697—1735）在英国学会了印刷手艺，他比本杰明大九岁，这一差异有助于说明后来哥儿俩出现的摩擦。这项契约规定本杰明要为他哥哥干九年的活。

③“马修·亚当斯先生。”——富兰克林注

④ 这两首歌谣的全文未存。波士顿港灯塔岛的灯塔看守乔治·沃思莱克和他的妻子与一个女儿是在 1718 年 11 月 3 日淹死的。黑胡子海盗爱德华·提奇于 1718 年 11 月 22 日在卡罗来纳海岸附近被杀。

脚货，是用伦敦文丐歌谣体写的，印出来以后他叫我拿到镇上去卖。第一首诗销路好得出奇，因为写的是新近发生的事情，引起过不小的轰动。这一下我显得踌躇满志。可我父亲却给我泼了一瓢冷水，他对我的做法大加嘲讽，告诉我作诗的一般都是穷酸文丐；这样当诗人一事就算免了，即便当上了，十之八九也是个蹩脚诗人。不过，我这一辈子，写散文给我派上了大用场，而且是催我进取的主要手段，我要告诉你处在那种境地，我是怎么习得这方面的一点雕虫小技的。

镇上还有一位爱读书的小伙子，名叫约翰·柯林斯，我们俩关系特铁。有时候我们也打口水仗，我们俩都好争辩，一心想把对方驳倒。对了，这种好争辩的禀性容易演化成一种恶习，因为反驳必然要将这种恶习付诸实践，结果惹得一起的人常常感到极不痛快，因为这样一来，除了把交谈搅黄，在本来可以建立友谊的地方，反而产生了厌恶，甚至敌意。我之所以染上这种恶习，是因为读了父亲的宗教辩论书籍的缘故。此后我注意到，除了律师、大学教师，以及在爱丁堡受过教育的形形色色的人物①，明达之士不大有人染上这种恶习。有一次，不知道是怎么回事，我和柯林斯争论起了这个问题：女性应不应当接受做学问的教育，她们的钻研能力又怎么样。他的看法是没有必要，她们天生就不是做学问的料。我的意见刚好相反，也许有点另立山头、掀起论争的意思吧。他天生能言善辩，又娴于辞令，我认为，有时候他驳倒我，与其说靠过硬的道理，不如说凭流利的口才。分手的时候，问题仍然没有解决，一时又见不上面，于是我坐下来把自己的论据付之笔墨，誊清之后，给他寄了过去。他回信答复，我又写信回驳。这样一来二去，交换了三四封信，我父亲碰巧发现了我的文稿，并看了一遍。他没有管讨论的问题，只是趁机给我谈了谈文笔，说尽管就拼写和标点的正确（我把

---

①苏格兰长老派教徒以其好辩天性闻名。

它归功于印刷所）而言[①]，我比对手强，但在文笔的优雅、章法的严谨、表达的明晰方面差了一大截，并且一一举例印证，让我心服口服。我发现他的话十分公正，从此以后就更加注意文笔，下定决心努力改进。

大约就在这个时候，我偶然看到了一卷零散的《旁观者》[②]。是第三卷。以前我从来没有看见过这份报纸。我把它买来，反反复复读了好多遍，真是爱不释手。我认为文笔优美，并希望能够模仿得了。有了这种意图，我便选了几篇文章，写出每个句子的要旨，先搁置几天，然后不看书，试着用到手的贴切的字眼详尽地表达每个要旨，争取像原来表现的一样充分，从而再现原文。

然后我把自己写的《旁观者》与原文加以比对，发现了自己的一些错误，便予以纠正。我发现自己词汇贫乏，或者做不到招之即来，运用自如，我认为要是我坚持写诗，这些缺欠就可以避免，因为为了合律协韵就不断需要用意思相同、长短不一、声音多变的词，这就会逼着我为这些变化而苦苦搜索，而且也会让我把那些变化牢记心头，最后使我完全将它掌握。于是我找了几个故事，把它们改写成诗歌。过上一段时间，等我把原来的散文忘在脑后时，我又把诗歌还原成散文。有的时候，我还把我写的要旨打乱，过几个礼拜，再努力将它们排列成最佳的顺序，然后造成完整的句子，再联句成篇。这样做可以教会我理顺思绪的章法。随后我把自己的作文与原文比较，发现了不少错误，再一一修正；有时候我也沾沾自喜，因为在某些意义不大的细节上，我有幸对原

---

①拼写和标点这时尚无标准。这个译本特意保留了原著不同于当代的标点用法。

②《旁观者》是一份日报，从1711年3月1日至1712年12月6日出版，上面刊登约瑟夫·艾狄生（1672—1719）和理查德·斯梯尔（1672—1729）的文章。该报主要探讨文学和道德问题。詹姆斯·富兰克林的印刷所有该报一套数卷的合订本。塞缪尔·约翰逊称该报的文笔“亲切，但不粗俗，优雅，但不浮华”，它极大地影响了英语散文的写作。

文的章法或语言有所改进，这就鼓足了我的信心，认为有朝一日我会成为一名说得过去的英语作家，对于这一点我可是雄心勃勃的。

无论读书还是做练习，时间只能定在晚上，下班后或早上上班前，要么就是礼拜天。一到礼拜天，我总想方设法一个人待在印刷所里，尽量逃避到教堂做例行的礼拜，而在父亲管教下时，他总是逼着我去：不过我确实认为这是一项职责；但对我而言，只是挤不出时间去履行而已。

大约十六岁的时候，我碰到一本倡导素食的书，是一个姓特赖恩[①]的人写的。我决定吃素。我哥哥尚未结婚，所以不理家务，他本人和学徒们都在别人家搭伙。我不吃荤造成了一种不便，常常因为这种怪癖而饱受奚落。我学会了特赖恩给自己做饭菜的办法，如煮土豆呀，焖米饭呀，熬玉米粥呀，另外还有几样饭菜，于是向哥哥提出，如果他肯把每周给我缴的伙食费给我一半，我可以自己起火。他立马同意了，很快我又发现我还可以把他给我的饭钱再省出一半来。这就成了一笔我买书的额外资金：我在这里面还得到了一个好处。哥哥和其余的人离开印刷所吃饭去了，我一个人在那里，随便吃一点东西（往往只不过是一块饼干，或者一片面包，一把葡萄干或者从糕点铺买来的一张果馅饼再加一杯水），在他们回来之前，剩下的时间我就可以学习，于是我的学习大有长进，因为饮食节制可以使人头脑更清楚，领悟更敏捷。我因为算术不行曾在某个场合当众丢丑，上学时两次没有学过关，现在我找到了科克尔[②]算术书轻松愉快地从头到尾自学了一遍。我也读了赛勒和斯特梅的航海书[③]，学到了里面一星半点儿的几何学，但对于这门科学再也没

① 托马斯·特赖恩，他的《健康长寿和幸福之道，或话说节制》于 1683 年问世；一本题名为《智慧指令》的文摘出版于 1691 年。

② 爱德华·科克尔（1631—1675）有好几种算术著作。他的《算术》出版于 1677 年，到 1700 年重印过 20 次。

③ 约翰·赛勒的《航海术概览》出版于 1681 年，塞缪尔·斯特梅的《水手杂志或斯特梅数学与实用技艺》出版于 1699 年。

有往下深钻。大约这个时候，我还读了洛克的《人类理解论》和罗亚尔港的先生们的《思维的艺术》。[1]

就在我一门心思地改进语言的时候，我碰见了一本英语语法（我想是格林伍德写的）[2]，书的末尾有两篇关于修辞艺术和逻辑学的简介，后者的末尾有一个苏格拉底辩论法的实例。不久，我找到了色诺芬的《回忆苏格拉底》[3]，其中不乏这种方法的例证。我对这种辩论方法着了迷，便采用了它，丢弃了我那一套贸然反驳和武断论证的做法，拿出一副不耻下问和满腹疑团的样子。也就在那个时段，由于阅读沙夫茨伯里和柯林斯[4]，我对我们的宗教教义中很多观点都产生了真正的怀疑，我发现这种方法既能使自己万无一失，又能将我用这种方法反驳的对手引入窘境，因此乐不可支，便继续实践，逐渐驾轻就熟，得心应手，诱使对手，甚至是学识渊博的对手，步步退让，因为这种后果他们是预见不到的，还让对手陷入困境不能自拔，就这样取得了我自己和我的理由常常不应取得的胜利。

这种方法我连续使用了几年，渐渐就弃而不用了，仅仅保留了用谦虚谨慎的话表达自己看法的习惯，每当提出可能有争议的观点时，我从来不用“肯定地”、“无疑地”，或别的使一种意见有武断气息的字眼；而宁可说，我心想，我恐怕一件事情是如此这般，由于某种理由，

---

① 约翰·洛克（1632—1704）的《人类理解论》出版于1690年。罗亚尔港（离巴黎不远）的安托万·阿尔诺（1612—1694）和皮埃尔·尼古拉（1625—1695）的《逻辑：或思维的艺术》拉丁文版（1662）的英文译本出版于1685年。这是那个时代最有影响的逻辑教科书，詹姆斯·富兰克林的印刷所里有一本。

② 詹姆斯·格林伍德的《实用英语语法论》出版于1711年。1749年富兰克林将此书推荐给他建议在宾夕法尼亚成立的科学院。

③ 古希腊历史学家色诺芬（约前431—约前352）的《回忆苏格拉底》由爱德华·比希译成英语，于1712年出版。

④ 沙夫茨伯里三世伯爵安东尼·阿什利·库伯（1671—1713），英国哲学家，宗教怀疑论者。安东尼·柯林斯（1676—1729），自然神论者。富兰克林也许读的是沙夫茨伯里的《人的特点，风习，见解，时代》（1711）和柯林斯的《自由思想论》（1713）。

在我看来，或我倒认为它如何如何，或者我想象事情如何如何，或者如果我没有弄错的话，事情就是这样。当我需要反反复复坚持自己的见解并说服人们相信我时不时地鼓动宣传的措施时，我相信这种习惯对我好处极大。由于交谈的主要目的是提供信息或者获取信息，使人心悦或使人信服，所以我希望善意明达之人不要以武断自负的方式说话，而使行善的力量减弱，原因是用这种方式往往使人反感，容易造成对立，使我们专靠语言达到的这些目的——即提供或获取信息或者提供或获取快乐———泡汤：因为如果你要提供信息，在你提出自己的见解时，一种武断教条的态度可能招致反驳，也阻碍了坦诚的关注。要是你希望从别人的知识中获取信息和改进，同时又坚决用目前的观点来表达自己，那么谦虚明达之士由于不爱争辩，也许就听之任之，让你坚持错误，不思悔改好了；如果采取这种态度，你就很难指望让听你讲话的人心悦，诚服，达成你所期望的共识。蒲柏的话很有见地，

> 教人时要让人觉得你不是在教他，
> 人所不知的事情你就说他是忘啦，①

进而又劝告我们，

> 与其言之凿凿，不如故显怯懦②。

他可以与下面这行诗配对，但他却与另外一行相配，我认为有欠妥帖：

---

① 参见英国诗人亚历山大 · 蒲柏（1688—1744）《论批评》第574—575行。富兰克林凭记忆引用，与原文略有出入。

② 同上，第567行。

因为谦逊薄弱就是见识薄弱。

你要问何以见得有欠妥帖，我只好重复那两行了。

不逊的言辞不容开脱；
因为谦逊薄弱就是见识薄弱。①

那么见识薄弱（在这里一个人竟然不幸到见识薄弱的程度）不就是为他谦逊薄弱做的某种辩解吗？这两行诗这样一改岂不是更加精当吗？

不逊的言辞只容这样的开脱：
谦虚薄弱就是见识薄弱。

不过是否如此，我当听候更加高明的判断。

一七二〇年或者一七二一年，我哥哥开始印行一份报纸。这是在美洲问世的第二家报纸，名字叫《新英格兰报》。此前仅有的一家是《波士顿新闻通讯》②。我记得他的一些朋友劝他不要干办报这种事，因为不可能办成功，他们认为在美洲有一家报纸就已经足够了。到一七七一年这会儿，至少不下二十五家了。但他还是照办不误，先排字，后印刷，然后就派我背着报纸走街串巷送到订户手里去。他的朋友里有几

① 这两句诗往往归在蒲柏名下，其实是罗斯科蒙伯爵温特沃思·狄龙（1633？—1685？）写的，见他的《论译诗》（1684）第113—114行。第二行应当是“因为雅正薄弱就是见识薄弱”。

② 北美第一家报纸是波士顿的《公共事务报》，于1690年9月25日问世，但只出了一期。《波士顿新闻通讯》于1704年4月24日创刊，是第二家；《波士顿新闻报》于1719年12月21日出版，是第三家；《美洲信使周报》1719年12月22日在费城创刊，是第四家；詹姆斯·富兰克林的《新英格兰报》于1721年8月7日创刊，是第五家。早先，詹姆斯曾承印过《新闻报》，但为时很短，这就是富兰克林误记的原因。

个脑子很灵光，他们给报纸写点小文章自娱自乐，这些东西给报纸赢得了声誉，需求增加；这几位文士也常常光顾印刷所，听见他们谈笑风生，讲他们的报纸如何深受赞许，我也大受鼓舞，跃跃欲试，想入他们的伙一显身手。

然而，因为还是个孩子，心想哥哥要是知道文章是我写的，他肯定会反对在他的报纸上刊印出来的，于是我设法改变笔迹，写一篇匿名文章，夜里把它塞到印刷所的门下面。第二天一大早，文章被发现了，等他的文友照例来访时，便交给他们传阅。他们轮流读了一遍，并做了一番评论，我都听见了，发现他们赞不绝口，并对文章的作者乱猜一气，提到的全是我们这地方学识渊博、头脑聪明的德高望重的人物，我真是心花怒放。

现在回头一想，当时有这样几位裁判，我算是撞了大运了：也许他们实际上并不像我当时认为的那么高明。不管怎么样，受到这样的鼓励，我又写了几篇文章①，按老办法投送给印刷所，同样得到了认可，我始终守口如瓶，直到我那小肚子里的一点点墨水倒完之后，我才把底里披露出来。哥哥的相识开始对我刮目相看时，我哥哥却有点儿不高兴了，因为他认为这会使我得意忘形，也许这么想不无道理。也许这就是这一时段我们哥儿俩分歧不断的一大起因吧。虽说是哥哥，他认为他是我的师傅，我是他的徒弟；因此希望我像别的徒弟一样老老实实替他干活；我却认为我是他弟弟，理应得到更多的照顾，他却硬要我干一些让我掉价丢份儿的事情。我们俩争执不下，往往闹到父亲那儿，现在我想，要么是因为我一般都在理，要么是因为我善辩，反正总的来说，都是我胜诉；我哥哥性子烈，动不动先揍我一顿再说，对这种做法我真是气得要命；心想当学徒太没劲，一直希望有机会早点结束学徒生涯，机

① 十四封“善人无语”写的书信，发表在 1722 年 4 月 12 日至 10 月 8 日的《新英格兰报》上，这是北美出现的最早的系列文章。

会终于来了，还真有点儿出乎意料呢。①

我们报纸上的一篇时政评论——针对的问题我忘了——触怒了议会。②议长发出拘捕令，把我哥哥抓了起来，严加处罚，蹲了一个月的大牢，我估计因为他不肯透露作者姓名。我也被抓了起来，接受了咨议会的讯问。我没有给他们任何满意的交代，他们只是把我警告了一番，便放人了事；也许他们认为我作为一名学徒理应给师傅保守秘密吧。我哥哥遭受关押，我义愤填膺，便将个人恩怨丢在一边，挑起了管理报纸的担子，并且悍然在报上向统治者们发难，哥哥对此很是感激，但别人开始对我产生了不良印象，把我看成一个头上长角、身上长刺的少年天才。哥哥获释时带来了议会的一道命令（非常蹊跷）：*詹姆斯·富兰克林不得继续印行名为《新英格兰报》的报纸*。他的朋友聚在印刷所里，商讨在这种情况下，他该怎么办才好。有的建议更换报名来规避命令；我哥哥看出这样做有诸多不便，最后归结出了一个更好的办法，将报纸在*本杰明·富兰克林*的名下印行，为了逃避议会谴责他叫学徒继续印报这个有可能落到他头上的罪名，应对的办法是把我原来的契约还给我，并在契约背面注明“完全解除”，以便必要时举证；然而为了确保他从我的工作中得到的利益，我要为学徒期剩余的时段签一份新契约，这份契约不许公开。这尽管只是一种靠不住的伎俩，但还是立即执行了；于是报纸在我的名下继续发行了几个月。③最后，我们哥儿俩纷争又起，

---

①我想他以苛刻和暴虐的手段对待我也许造成了我终身对专制势力的憎恶。——富兰克林注

②1722 年 6 月 11 日，该报暗示地方当局和波士顿港外劫掠的海盗相互串通。詹姆斯 · 富兰克林从 6 月 12 日监禁到 7 月 7 日。议会，马萨诸塞立法机构，下院由各镇选出的马萨诸塞总议院的代表组成。

③1722 年 6 月 11 日，詹姆斯 · 富兰克林在《新英格兰报》上含沙射影地说政府在镇压海盗劫掠行径时手软。结果，他被监禁了一个月。后来政府提出未经事先审查不准他发行他的报纸。既然审查规定只适用于詹姆斯，报纸便在本杰明的名下发行。1723 年 5 月 7 日，詹姆斯被大陪审团宣告无罪，但《新英格兰报》在本杰明的名下起码发行到 1726 年，这时他离开波士顿近三年了。该报直到 1727 年初才停止发行。

估计他不敢把新契约拿出来，我便决然主张自己的自由。但钻这个空子我就不地道了，因此我现在把这看成我一生中第一批错误中的一个：不过我哥哥的烈性子使他动不动就对我拳脚相加，我满腔的怨恨，这时候对我来说那种不地道也就无足轻重了。话又说回来，在别的方面，他心眼儿并不坏：也许是我太不懂规矩，太爱惹事了。

一发现我要离开他了，他便使心眼儿不让镇上别的任何印刷所用我，为此东跑西颠，到每一个老板跟前游说，这样一来，谁也不肯给我事做。于是我想到了去纽约，因为那是离这里最近的有印刷所的地儿：我可是巴不得离开波士顿的，因为我寻思我已经把自己搞成了政府人士眼里的刺儿头；再从议会在我哥哥案件上的专断程序来看，我要是再待下去，可能很快就会自讨苦吃；更何况我在宗教辩论中出言不慎，善男信女们开始为之深恶痛绝，我成了千夫所指的异教徒或无神论者了。在这一点上，我决心已定：但我父亲这会儿又站在哥哥一边，所以我意识到，如果我企图明目张胆地走，他们就会千方百计加以阻止。于是我的朋友柯林斯答应替我料理一下。他跟一条纽约单桅帆船的船长说好送我走。说辞是我是他的一个少不更事的熟人，把一个轻佻姑娘的肚子搞大了，现在这姑娘的朋友们硬逼我跟她结婚，弄得我既不敢公开露面，也不能明打明地出走。于是我把一部分书卖了，凑了一点钱，然后就被偷偷地送上了船，我们一路顺风，不出三天工夫，我发现已经到了纽约，离家快三百英里了，一个十七岁的孩子，既没有带给任何人的推荐信，也没有一个认识的人，囊中又是十分羞涩。

我出海闯荡的兴趣这时候已消磨殆尽了，要不然，现在倒是可以如愿以偿的。不过由于学了一门手艺，又自认是一名熟练工，我便找到了当地的印刷商老威廉 · 布雷福德先生①（他是宾夕法尼亚的第一个印

① 威廉 · 布雷福德（1663—1752），美洲印刷业的开创者之一，富兰克林后来在宾夕法尼亚的竞争对手安德鲁 · 布雷福德（1686—1742）的父亲。

刷商，后来与乔治 · 基思[①]闹翻，便搬到了这里），提出给他打工。他那里活儿不多，人手够用，所以不要我。不过他说，我儿子在费城，他手下的阿奎拉 · 罗斯最近死了，从此他失去了左膀右臂。要是你到那里去，我相信他可以雇你。[②]去费城还要走一百英里。不管怎么样，我还是乘一条小船出发到安博伊[③]去，把箱子和行李从海上运过去。在穿越海湾时，我们遇到了大风，把船上的破帆撕成了碎片，使我们无法驶进基尔海峡[④]，却把我们刮到了长岛。途中，一个喝得烂醉的荷兰人，他也是一名乘客，掉进了海里；就在沉下去的当儿，我把手伸进了水里揪住了他的一头乱发，把他拽了上来，我们大家又把他弄到船上。经水一泡，他清醒了点，先从口袋里掏出一本书，希望我能给他晾干，然后就睡着了。原来这是我早先最喜欢的作家班扬的《天路历程》的荷兰文译本，纸张优良，印刷精美，还有铜版刻插图，装潢比我见过的原文版还要漂亮。此后我发现它被译成欧洲的大多数语言，估计，除了《圣经》，它比别的哪一本书的读者面都广。据我所知，真诚的约翰[⑤]是把叙事和对话融为一体的第一人，这种写作方法很能引人入胜，在最有趣的部分，读者发现自己不知不觉身临其境，并在参与对话。笛福在他的《鲁滨孙漂流记》、《摩尔 · 弗兰德斯》、《宗教求爱记》和《家庭教师》等作品中模仿得很到位。理查逊在他的《帕美拉》等著作中也有同样的作为。[⑥]

---

① 乔治 · 基思（1638—1716），贵格会教派领袖，由于跟别的贵格会会员闹翻，从此大家不承认他。

② 18 世纪的文章中直接引语大多不用引号，当前不用引号的情况也多了起来，所以译者在这种情况下遵照原文，也不加引号。

③ 珀思 · 安博伊，在新泽西。

④ 将纽约的斯塔腾岛和新泽西隔开的一条狭窄的海峡。

⑤ 指约翰 · 班扬。

⑥ 丹尼尔 · 笛福（1660？—1731）1719 年出版《鲁滨孙漂流记》，1722 年出版《摩尔 · 弗兰德斯》，1722 年出版《宗教求爱记》，1715—1718 年出版《家庭教师》。塞缪尔 · 理查逊（1689—1761）1740 年出版《帕美拉》。富兰克林 1744 年将它重印，这是北美殖民地出版的第一部长篇小说。

驶近长岛时，我们才发现船到了一个不可能有码头的地方，有的只是乱石滩上汹涌的巨浪。我们只好抛锚将船头调向海岸。有几个人来到水边向我们喊话，我们也向他们喊话。然而风高浪响，我们彼此连对方的声音都听不见，哪能弄明白在说什么呢。岸上有几条独木舟，我们又是打手势又是呼喊，要求他们前来接应，但他们不是弄不懂我们的意思，就是认为这根本行不通。所以他们走了，天黑下来，我们一筹莫展，只有等着风势减弱，这时我和船主决定能睡就先睡一觉再说，于是我们就跟那个仍然湿淋淋的荷兰人一起窝到甲板上的小舱口里，浪花打上船头，水浸到我们身上，很快我们几乎跟那荷兰人一样快成了落汤鸡。就这样子我们躺了一宿，却几乎没有睡成。不过第二天风势弱了，我们力争在天黑以前赶到安博伊，我们已经在水上折腾了三十个小时，没吃没喝，只有一瓶不干不净的朗姆酒：载舟的水都是咸的。

晚上我发现自己发起了高烧，只好进舱上床。我看到什么书上说过，多喝凉水可以退烧，于是就遵照此方行事，大半夜汗出如浆，高烧居然退了，第二天一大早就过了渡口，我便弃舟步行，再走五十英里就到伯林顿①,有人告诉我，应该在那里找到船把我送到费城。

一整天大雨瓢泼，我浑身上下全湿透了，到中午已经累得半死，只好在一家鸡毛店里歇歇脚，我在那里待了整整一夜，开始后悔当初不该离家出走了。我显出一副狼狈相，所以总有人盘根问底，我这才发现人家怀疑我是一个逃跑的仆人，有了这样的嫌疑，我就随时有被缉拿的危险。不管三七二十一，第二天我赶我的路，晚上投宿在一家离伯林顿八九英里的客店里面，老板是一位布朗医生②。

就在我吃点心的当儿，他跟我聊了起来，发现我读过几本书，态度顿时变得亲切友好。我们的交往一直持续到他去世。我估计，他当过

---

①位于新泽西的西部，从费城沿特拉华河而上约 18 英里的地方。

②约翰 · 布朗（约 1667—1737），新泽西伯林顿的一个宗教怀疑论者，医生兼店主。

云游大夫，英国的城镇，欧洲的国家，没有一个他说不出详情的。他有一定的学问，脑子也灵光，却不大信教，几年后他动了歪脑筋把《圣经》改成打油诗，就像科顿①歪改维吉尔那样。这么一来，他将许多事情写得荒唐可笑，如果他的作品出版，一些弱智也许会受伤害，好在它从来没有出版。那一夜我就是在他的店里过的，第二天上午我赶到了伯林顿。却发现定期的班船在我来之前刚刚开走，这天是星期六，星期二之前别的班船绝对没有指望了，这真叫人丧气灰心。我先前从镇上的一位老太太那里买过姜饼，准备在船上吃，现在我只好回到她那里向她讨主意；她邀请我先在她家住下，等有了船再走。我走路走得累极了，便接受了她的邀请。她知道我是个印刷工，便要我在镇上住下，继续干我的老本行，可她不知道开业是需要资本的。她非常好客，盛情飨我一顿牛颊肉，只接受一罐麦芽酒的回报。我心想只好等到星期二了。然而晚间在河边溜达时，一条小船驶了过来，我发现它是去费城的，船上有好几名乘客。他们把我捎上了，因为没有风，我们一路都划着桨；到了半夜，还看不见城市的影子，有几名乘客一口咬定费城早就过去了，死活再不肯向前划了，有几个搞不清我们到底在哪里，于是我们朝岸边划，进了一个小湾，在一道旧栅栏附近上了岸，我们把木条拆下来生了一堆火，因为十月的夜晚已经冷飕飕的，我们就一直待到天亮。这时候我们当中有个人认出这地儿是库柏湾，在费城上面一点，我们一出湾就看见费城了，星期日上午大约八九点钟的时候总算到目的地了，便在市场街码头上了岸。②

我对我这次行程的描述真可谓不厌其详，对我初次进入这座城市的记述还要如此办理，这样，你就可以在自己的心目中将我这种匪夷所思的开局与日后我在那里露出的峥嵘加以比较。那时候我穿的是工装，

---

①查尔斯·科顿（1630—1687），他写了一部滑稽诗《斯卡龙纪》（1644），其中戏拟了古罗马诗人维吉尔《埃涅阿斯纪》的第一卷和第四卷。

②他是在1723年10月到达的，具体日期不详。

因为像样的衣服还在绕道从海上往这儿运呢。我折腾了一路，身上脏得不成样子，口袋鼓鼓囊囊，塞满了脏衬衣和臭袜子；我人生地不熟，不仅一个人都不认识，而且不知道去哪儿找住处。我旅途劳顿，又是走路又是划船，又得不到充分的休息。我饿得前胸贴后背，身上的全部盘缠就是一元荷兰币和约合一先令的铜板。铜板我给了船家当路费，起初他们不肯收，因为我也出力划过船了；但我执意要他们收下。有时候一个人钱少时比钱多时出手更大方，也许是怕被人小瞧的缘故吧。

后来我在街上溜达，一路东张西望，走到市场附近我碰见了一个男孩， 手里拿着面包。我拿面包当饭吃的顿数多了去了，于是问他这面包是从哪儿买的，他给我指点了一下，我立马跑到第二大街的那家面包房去；要买小圆饼，就是我们在波士顿吃的那种东西，但好像费城不做这个，接着我要一块三便士的面包，回答是他们没有这玩意儿，由于既没有考虑也不知道钱币种类不同、这里的东西大大的便宜、他家的面包叫什么名堂，我就跟他说，什么都成，给我三便士的就行了。于是他一下子给了我三个又大又松的面包卷儿。数量之多，令人咋舌，不过我还是接了过来，由于口袋里装不下，我便一条胳膊夹一个，嘴里吃着一个，二话没说就走了。于是我沿市场街一直走到第四大街，从我未来的岳父大人里德先生的门前经过；他女儿站在门口看见了我，认为我可是出足了洋相，实际情况肯定也是这样。随后我拐了个弯，顺着板栗街往前走，又在胡桃街彳亍了半截，一路上只顾吃面包，逛了一圈，发现自己又回到了市场街码头，就在我来的时候坐的那条小船附近，我到码头上一口气喝下了半肚子的河水，再加上一块面包卷儿，已经把肚子撑圆了，我便把剩下的两个给了跟我们同船从河上游来的一个女人和她的孩子，他们正等着往前走呢。吃喝过后，劲头足了，我又在街上溜达起来，这时候街道上有许多衣冠整洁的人，他们都朝同一个方向走去；我也跟到一起，结果被领进了市场附近的一个贵格会的大聚会堂。我跟他们坐到一起，左顾右盼了一会儿，没有听见谁讲话[①]；由于前一天夜里非常劳累，又缺少休息，所以就犯困，不一会儿就睡着了，一直睡到散会，有个人好心好意把我叫醒。因此这就成了我在费城进去过或在里面睡过觉的第一幢房了。

我又朝河边走去，仔细观察着人们的脸，我遇见一个贵格教小伙子，他的相貌我十分喜欢，我上前跟他打了个招呼，并请他告诉我一个外乡人能在哪儿找到住处。当时离我们不远有个“仨水手”招牌。他说，这倒是一个接待外乡人的地儿，不过名声不好；要是你愿意跟我走，我给你找个好 点的。他把我领到清水街的“曲棍客栈”。我就在这里吃了一顿饭。正吃的时候，有人问了我几个狡黠的问题，好像觉得我小小年纪，怪模怪样，便怀疑我可能是偷跑出来的。饭一下肚，瞌睡又来了，我被领到一张床前，衣服也没有脱，就躺下了，一直睡到下午六点，有人叫我吃饭；吃罢饭又早早睡下了，一觉睡到大天亮。起床以后，我尽量把自己收拾得干干净净，整整齐齐，去找印刷所老板安德鲁 · 布雷福德。我在店铺里居然看见了他老爸，这位老人我在纽约见过面，他是骑马来费城的，所以抢在了我前头。他把我介绍给他儿子，他儿子待我很有礼貌，请我吃了一顿早饭，但却告诉我，眼下他不缺人手，因为前不久刚雇了一个。不过最近城里又开张了一家印刷所，老板姓凯默[②]，说不定他会雇我；要是不行，他欢迎我在他家里住下，先给我找一点零活儿干着，等找到正式一点的工作再说。

老先生说，他愿意陪我到那家新开张的印刷所去：我们找到他时，布雷福德说，老街坊，我领了一位同行小伙子来见你，指不定你正需要这么一个人呢。凯默问了我几个问题，把一副排字盘递到我手里，

---

① 富兰克林指的是贵格会教友在宗教仪式中保持沉默直到教友中有人受灵光感动才说话的做法。

② 塞缪尔 · 凯默（约 1688—1742），他在前一年从伦敦来。印刷业做得不成功，于 1730 年离开了费城。

看我怎样操作，随后说他不久就会雇我，不过眼下还没有我可做的事情。因为以前他从来没有见过老布雷福德，因此把他看作当地善待他的人物之一，便聊起了他的现状和前景；布雷福德也不透露自己是另一位印刷商的父亲，听到凯默说他指望不久就把大部分生意揽到自己手里，便问了一些巧妙的问题。提出几点小小的怀疑，引诱他说明他的全部想法，他依仗什么势力，打算怎么开展业务等等。我站在旁边，听了个一字不漏，立马就看出他们俩一个是老狐狸，一个是嫩雏儿。布雷福德把我留给了凯默，当我告诉他那老头儿是谁的时候，他大吃了一惊。

我发现，凯默的印刷所只有一台破旧的印刷机和一副磨秃了的超大号英文铅字①，当时他正在用这副铅字排一首悼念阿奎拉 · 罗斯②的《挽歌》，此人我在前面提到过，他是一个聪明的年轻人，品格优秀，在镇上很受人敬重，又担任议会的秘书，还是一位挺不错的诗人。凯默也作诗，不过作得马马虎虎。不能说他是在写诗，因为他的办法是先打腹稿，然后直接用铅字排出来；由于没有底稿，只有一副字盘，《挽歌》可能需要所有的铅字，所以谁也帮不上忙。我想办法先把他的印刷机（这台机器他还没有用过，对它又一窍不通）调顺，适宜使用；答应一旦他把《挽歌》准备就绪，我就过来印刷。于是我又回到布雷福德的印刷所，暂时给了我一点零活先做着，也解决了我的吃住问题。过了几天，凯默打发人叫我去把《挽歌》印出来。这时候他又弄到了一副字盘，还有一本小册子要重印，于是他就叫我干这些活儿。

这两个印刷商我发现都不称职。布雷福德没有受过专门培训，又是个白丁；凯默虽然说有点学问，却纯粹是个排字工，对印刷一窍不通。他曾经是个法国先知③，能表演他们的热烈激动的动作。这时候，

---

①这种铅字不适合印书和印报。

②阿奎拉 · 罗斯（约 1695—1723），安德鲁 · 布雷福德的印刷工，他儿子约瑟夫跟富兰克林当过学徒。

③1706 年逃往英国的法国新教流亡者。他们处于出神状态时伴随有抽筋似的动作，在此期间他们得到救世主的天国即将到来的启示。

他并不宣称信奉哪一门宗教，但有时候，哪一门都信一点；他对世道人情浑然无知，我后来发现他的性格有不少无赖成分。他不喜欢我在他那儿打工却在布雷福德家吃住。他倒是有一幢房子，不过里面没有家具，所以不能让我住；然而他让我到前面提到的里德先生家吃住，因为里德先生是他的房东。这时候，我的箱子和衣物都已运到，所以在里德小姐的眼里，我把自己收拾得比她第一次碰巧看见我在大街上吃面包卷儿时体面多了。

现在我开始在镇上的年轻人中间结交朋友了，这些人都喜欢读书，我和他们晚上聚在一起，过得十分惬意。我靠自己的勤奋和节俭，攒了一点钱，日子过得挺滋润，尽量把波士顿忘在脑后，不想让那里的任何人知道我住在哪里，只有我的朋友柯林斯除外，他掌握着我的秘密，我写信给他，他总是守口如瓶。最后还是出了点事，把我送回了老家，时间比我打算的大大提前了。

我有个姐夫，叫罗伯特·霍姆斯[1]，是一条在波士顿和特拉华之间跑生意的单桅帆船的船长。他在费城下面四十英里的纽卡斯尔听到我在那里的消息，便给我写了一封信，信中提到我的不辞而别使波士顿的朋友们十分牵挂，并劝我放心，他们对我全是一片好心，还说，如果我肯回来，什么都按我的意思办，所以恳切劝我回去。我给他写了一封回信，感谢他的忠告，但又历数了我离开波士顿的理由，言真意切，使他相信我并不像他认为的那样糊涂。

殖民地总督威廉·基思爵士[2]当时正在纽卡斯尔，霍姆斯船长收到我的回信时，他们俩正好在一起，船长便跟他说起了我，还让他看了我的信。总督把信从头至尾看了一遍，得知我的年龄后，似乎非常惊讶。

---

①罗伯特·霍姆斯（卒于 1743 年以前），富兰克林的姐姐玛丽的丈夫，是做海岸贸易的一条船的船长。

②威廉·基思（1680—1749），1717—1726 年间任宾夕法尼亚总督，1728 年因躲债逃往英国。

他说看样子我是一个才华无量的青年，应当予以鼓励才是：费城的印刷商水平很差，要是我在那里创业，成功肯定指日可待；至于他嘛，他愿意给我揽一些公家的生意，并在其他方面给我他力所能及的帮助。这是我姐夫在波士顿告诉我的，不过当时我全然不知；有一天我和凯默正在窗边干活，看见总督和另一位衣着考究的绅士（原来是纽卡斯尔的弗伦奇上校）穿过大街径直冲着我们的印刷所走来，随后听见他们到了门口。凯默赶快跑了下去，以为是来拜访他的。然而总督说要见我，说着便上了楼，摆出一副礼贤下士的面孔，搞得我很不习惯，他见我就是一顿猛夸，说大有相见恨晚之意，还好心嗔怪我初来此地，为何不让他知道，并请我跟他去一家酒馆，说他和弗伦奇上校正要去那里品尝品尝高级马德拉白葡萄酒呢。我可不是一般的受宠若惊，凯默更是呆若木鸡。不过我还是跟着总督和弗伦奇上校去了第三大街拐角上的一家酒馆，他细品着马德拉酒，建议我自立门户，还把成功的种种可能一一摆到我的面前，他和弗伦奇上校都向我保证，我有了他们的面子，到时候军政两家衙门公家的生意就归我一手承包。我说不知道我父亲是不是愿意支持，威廉爵士说他给我父亲写封信，历数种种好处，不愁说服不了他。事情就这么定了，一有船我立即带着总督的推荐信回波士顿。在此期间，这个意向仍然保密，所以我照旧在凯默那里打工，总督还时不时地打发人来请我去他那里吃饭，跟我交谈时态度亲切友好得难以想象，我认为这是我莫大的荣幸。

大约在一七二四年的四月底，有一条小船开往波士顿。我向凯默请了个假，说是去看望朋友。总督把一封厚厚的信交给我，向我父亲把我美美地夸奖了一顿，并大力推荐我在费城开业的计划，说这件事一定能叫我发财致富。船在驶离海湾时撞到一个沙洲上，裂开了一道缝，海上风狂浪涌，我们不得不往外泵水，一路几乎没有停过，当然我也轮换参加。大约两个星期以后，我们总算平平安安地到达波士顿。我已经离家七个月了，亲友们没有听到我的一点音讯；因为我姐夫还没有回来；

也没有写信说过我的情况。我出人意料的露面使全家惊奇不已；不过大家都很高兴看见我，对我表示热烈欢迎，只有我哥哥除外。我到他的印刷所去看他：我比以前给他打工时穿着好多了，从头到脚一身时髦的新西装，胸前佩戴一只怀表，口袋里揣着近五英镑的银币。他接待我的态度却不是十分坦荡，只是把我浑身上下打量了一番，就扭头又去干活去了。雇工们却好刨根究底，问我到哪里去了呀，去的是什么地方呀，我喜欢不喜欢呀？我可把那里说得天花乱坠，我在那里可过上了好日子；还一口咬定我还想回去。有个工人问我们在那里用的是什么钱，我掏出一把银币，摆开让他们看了看，这可是一种他们从来都不习惯的“西洋景”①，因为波士顿用的是纸币。然后我抓住机会让他们见识见识我的怀表；最后，（我哥哥仍然心情郁闷，脸色阴沉）我给了他们一块西班牙元去买酒喝，然后就告辞了。我这次看望可把他彻底得罪了。因为后来我母亲劝他和解，说她希望我们和睦相处，将来过日子还是自家亲兄弟，我哥说，我在他的工人面前那样子羞辱他，他永远都不会忘记，永远也不能宽恕。不管怎么说，在这件事上，他可是想错了。

我父亲看了总督的来信，显然有点惊讶；不过，有好几天，他尽量避而不谈；等霍姆斯船长回来后，他把信让他看了，问他认不认得基思，他是个什么样的人；随后又提出他的看法，想让一个三年以后才成年的孩子自己创业，这种指导肯定还欠火候。霍姆斯说了些他极力赞成这项计划的话；但父亲态度明朗，认为此事欠妥，最后便一口回绝。然后他给威廉爵士写了封措辞文雅的信，感谢他对我如此眷顾、大力栽培，但对帮助我创业一事还是婉言谢绝，他的意见是，我太年轻，不足以担当管理一项如此重大事业的重任，更何况筹备此事肯定会耗费巨资。

我的铁哥儿们柯林斯是个邮局的业务员，听了我对这个新国度的

---

① 银币在北美殖民地非常罕见。

描述，十分高兴，立即决定也到那里去闯荡一番；就在我等候我父亲决定的当儿，他抢先出发赶陆路去了罗得岛，把他的书，一批关于数学和自然科学的丰富藏书留下，让我把它们和我的一起带到纽约，因为他提出在那儿等我。我父亲虽说不同意威廉爵士的建议，但还是非常高兴，因为我能得到我居住过的地方的那样一位要人的好评，因为我勤奋谨慎，能在这么短的时间里把自己装扮得如此漂亮：由于看到我和哥哥和解无望，他便同意我重返费城，叮嘱我对当地人要谦恭相待，努力赢得大家的尊重，切忌讽刺诽谤，他认为我就好来这一套；还告诉我埋头苦干，兢兢业业，省吃俭用，到二十一岁，我就会有足够的积蓄自立门户，还说万一事到临了力不从心，他愿意扶我一把，走完全程。这就是我能得到的一切，此外还有一些他和我母亲表示关爱的小礼品，有了他们的认可和祝福，我再次乘船前往纽约。

单桅帆船在罗得岛的新港靠岸后，我去看望我的约翰哥哥，他已经结了婚，并在那里定居多年了。他满怀深情地接待了我，因为他一向都爱我。他的一个朋友，姓弗农，在宾夕法尼亚有人欠了他一笔钱该还了，约三十五英镑，他希望我替他把钱收下，先保管着，等他给我发话看如何汇寄。于是他给了我一份授权说明书。这件事后来给我造成了极大的不安。在新港，又上来几名去纽约的乘客：其中有两个年轻女子，结伴同行，还有一位是个神态严肃、通情达理的贵妇模样的贵格教妇女，还带着几名随从。我表示随时乐意给她帮点小忙，我想这给她留下了挺好的印象。因此看到我和那两个年轻女子关系日渐亲密，她们似乎还要鼓动进一步发展下去时，她把我拉到一边说道，年轻人哪，你无亲无友，似乎不谙世事，也看不明白年轻人不知不觉就会钻进去的那些圈套，我真替你担心哟，可以肯定，这两个都是坏女人，我从她们的举止中看得出来，如果你不提防着点，她们会把你诱入险境的：她们跟你素昧平生，我好心奉劝你几句全是为你好，别跟她们来往啦。起初我好像并不认为她们像她想的那么坏，于是她提到几件她耳闻目睹而我却没有留意的事情：现在我相信她说得有理。我感谢她的一番忠告，答应照她说的去做。到达纽约时，这两个年轻女子告诉我她们住在哪里，邀请我前去看望，但我没有去。幸好没有去：因为第二天船长发现丢了一把银勺子和别的几样东西，这些都是从他的舱房里拿走的，知道这两个是一对妓女后，他弄了一张搜查证去搜她们的住处，找到了赃物，让这两个女贼得到了惩罚。这么看来，虽说我们在行程中躲过了一个暗礁，但我认为躲过了这一劫对我而言更为重要。

在纽约我找到了我的朋友柯林斯，他比我早到了一些时候。我们俩是发小，经常在一块儿读同一本书。但他的条件好，读书学习的时间比我多，学数学是个奇才，所以我的数学远不如他。我住在波士顿那会儿，我的大部分闲工夫都花在跟他聊天上了。他一直是个克己勤奋的后生；他的学识深受几位牧师和绅士的敬佩，似乎在有生之年大有出人头地的希望：可就在我离家出走的这段日子，他养成了喝酒的习惯；根据他自己的说法和我听到的别人的议论，我得知他来到纽约后天天都喝得烂醉如泥，而且行为非常古怪。他还赌博，输光了钱，所以我只好替他付店钱，还得支付他去费城的盘缠和在费城的生活费：真是搞得我焦头烂额。当时的纽约总督伯内特[①]，也就是伯内特主教的儿子，从船长那里得知乘客中有一个青年带了很多书，便希望船长带我去见他。于是我登门拜访了他，我本来要带柯林斯一起去，可他喝得不省人事。总督待我非常客气，还领我参观了他的藏书室，这是个很大的藏书室，我们就书和作者聊了半天。 这是让我享受其眷顾之荣的第二位总督，像我这样一个穷孩子，真感到喜出望外。

我们前往费城。途中我收到弗农的那笔欠款，要是没有这笔钱，我们就很难走完全程了。柯林斯想受雇于某个账房；不过人家发现他不

① 威廉 · 伯内特（1688—1729），纽约和新泽西总督（1720—1728），索尔兹伯里主教的儿子。

是满身酒气，就是行为不端，虽说他有推荐信，但一直求职未果，只好与我同住一个房子，食宿费由我一人承担。得知弗农的那笔钱款后，他便一个劲儿地向我借钱，还满口应承一有工作立即还我。天久日长，他借得太多，我想起来就苦恼万分，要是人家叫我汇款，我该如何是好。他的酒还是照喝不误，我们有时候为此发生口角，因为酒一上头，脾气就大了。有一回，跟另外几个年轻人在特拉华河上划船，轮到他时，他坚决不干：他说，好好划，我要回家，我说，我们才不给你划呢。他说，你们非划不可，要不咱们就在水上熬个通宵，你们看着办吧。别人说道，咱们划就划呗，这有什么？但一想到他别的所作所为，我心里不是滋味，所以就是不划。他赌咒发誓非逼我划不可，不划就把我扔进河里，他踩着横坐板向我扑了过来。他一靠近我伸手就打，我把手在他的胯下一拍，顺势往上一举，将他倒栽进河里。我知道他是个游泳好手，所以并不担心；但当他回过身就要抓住小船的时候，我们又划了几下，让他够不着。每次他靠近船时，我们就把船再划几下，将船移开，并问他肯不肯划。他就是气死，还是决不答应划船；不过眼看他就要体力不支了，我们就把他拉上来；黄昏时将他湿淋淋地送回了家。此后，我们就难得客客气气地说一回话了；一名西印度船长受托为巴巴多斯[①]的一位绅士的儿子们找一名家庭教师，正好碰上他，便同意带他过去。他便离我而去，答应一领到钱就立即汇给我，还清那笔债。然而，此后他就杳无音讯了。

动用弗农的这笔钱是我一生中最早犯的大错之一。这件事表明：我父亲认为我太年轻不能经管重大事业的判断不无道理。然而威廉爵士读过他的信后说他过于谨小慎微。人和人有天壤之别，年长难保事事谨慎，年幼未必处处唐突。他说，既然他不肯帮你开业，那我来帮你好了。给我一张清单，列上需要从英国购买的东西，我派人去采购。等你

---

① 当时是英属西印度群岛中的一个岛。

有能力的时候，再还我好了；我决心在此地开一家好印刷所，我相信你一定会成功。说这番话时，他一脸的诚恳，所以我对他话中的意思没有丝毫的怀疑。迄今为止，我一直对在费城开业的提议严加保密，现在我仍然守口如瓶。如果有人知道我在依赖总督，很可能更加了解此公的朋友会劝我打消这种念头，因为我后来听说，随意许诺，无意履行，这就是他人所共知的德行。然而又不是我求的他，我怎么会想到他的慨然许诺是空口说白话呢？我相信他是天下最好的人之一。

我交给他一个小型印刷所必需设备的清单，我估算大约值一百英镑。他欣然同意了，但又问我，要是我亲自到英国现场挑选铅字，保证样样东西质量上乘，这样岂不是更有好处。他说，这样一来，你可以在那里结交一些人，在图书销售和文具买卖上建立通信联系。我同意这么做是有好处的。他说那就准备一下，乘安尼斯[①]的船走吧；这是一条年航班船，是当时往返于伦敦和费城之间的唯一船只。安尼斯的船几个月后才起航，所以我继续给凯默打工，心里还是牵挂着柯林斯从我手里拿的那笔钱，天天担心弗农会讨要，不过，几年过去了，这种情况并没有出现。

我想，我忘了提及这样一件事：在离开波士顿的初次航行中，由于布洛克岛[②]附近的海面上风平浪静，船上的人便动手捕捉起鳕鱼来，捞上来了很多很多。在此之前，我一直坚守着不吃荤的决定；因此遇到这种场合，我同意特赖恩师傅的看法：捕鱼是一种无因的谋杀，因为鱼没有造成也无法造成任何伤害，可以让人名正言顺地去屠杀它们。这种见解似乎蛮有道理。不过我原先还是很爱吃鱼的，把鱼从煎锅里热气腾腾地取出来时，香气扑鼻，叫人馋涎直流。有一阵子我在原则和喜好之间颇费踌躇；后来想起来，鱼被剖开时，我看见小鱼被人从它们的肚子

① 托马斯·安尼斯，“伦敦希望号”船的船长，此船是富兰克林 1724 年去伦敦所搭乘的定期班船，在英国和费城之间往返。
② 离罗得岛海岸 10 英里处。

里取出来：于是我想，如果你们互相吞食，我为何不可吃你们呢。这样我就安安心心地吃起鳕鱼来，而且跟别人一样继续吃下去，只是偶尔回头吃吃素。这么看来，做一个理性的动物倒是一件十分方便的事情，因为人想做一件事，它总能使人找出一个或造出一个理由来。

我和凯默和睦相处，看法倒还一致，因为他丝毫没有怀疑到我有自己开业的打算。他热情不减当年，又喜欢辩论。因此我们有过多次争论。我习惯用苏格拉底辩论法跟他周旋，提一些表面上离题万里的问题，然后步步逼近切入正题，往往使他陷入为难和矛盾的境地，引他钻进圈套，最后他变得战战兢兢，令人喷饭，如果不先问一句你打算由此推定什么呢，就连我最平常的问题也不大愿意回答。不管怎么说，这使他对我的辩论能力评价极高；所以他郑重提议他和我通力合作筹建一个新教派。由他宣讲教义，我来将反对者一一驳倒。当他开始给我解释教义的时候，我发现了一些令人困惑的问题，对此我不敢苟同，除非我也可以有自己的一点看法，引进我的一些观点。凯默留着长胡子，因为在摩西律法的什么地方说，胡须的周围不可损坏①；同样他在每周第七日守安息。这两点是他的根本。我却无一喜欢，但同意接受，条件是他采纳不吃荤主义。他说，我担心我的身体扛不住。我叫他放一百个心，这样对身体反而更有好处。他平时吃饭不知饥饱，我倒想看看他半饥半饱的样子，从中寻寻乐子。他同意试试看，如果我愿意奉陪的话。我同意了，于是我们坚持了三个月的素食。饭菜由一位女街坊做好定时送来，我给她开了一份菜单，列了四十样菜，变着花样给我们准备，单子上没有鸡鸭鱼肉，这样独出心裁，由于便宜，每周花不到十八个便士，所以更适合我当时的情况。此后的几个四旬斋我守得最为严格，从普通饮食变为斋戒，又从斋戒变为普通饮食，尽管突然，却没有丝毫的不便：所

---

① 见《圣经 · 旧约 · 利未记》第 19 章第 27 节“头的周围不可剃，胡须的周围也不可损坏”。凯默也许还留着长发。

以，有人建议，饮食的改变应顺其自然，循序渐进，我看这没有多少道理，我继续高高兴兴地过着小日子，可怜的凯默却苦不堪言，他对这项计划烦透了，渴望埃及的肉锅[①]，便要了一只烤猪。他请我和两个女友前去共享，也许由于烤猪上桌太早，他又馋得受不了，没等我们来，已经被他吃了个净光。

在此期间，我已经向里德小姐求爱了。我对她满心敬佩，无限爱慕，而且有理由相信，她对我也是这样：但是由于我远行在即，我们俩又都十分年轻，刚刚十八出头，所以她母亲认为，明智的办法是眼下不要操之过急，等我立业之后，成家便水到渠成了。或许她认为我的期望并不像我想的那么牢靠。

这段时间，主要跟我交往的有查尔斯·奥斯本、约瑟夫·华森和詹姆斯·拉尔夫[②]；他们都爱读书。前两位是镇上一位出名的租约起草人查尔斯·布罗克登[③]的文秘；后一位是一位商人的办事员。华森是个虔诚实在的青年，为人正直。另外两个疏于宗教原则，尤其是拉尔夫，他们像柯林斯一样，一直被我搞得心绪不宁，为此他们俩也让我吃尽了苦头。奥斯本对朋友通情达理，坦诚忠信，富有爱心；但在文学问题上太爱品头论足。拉尔夫头脑灵活，举止斯文，能言善辩；我认为我再没有见过比他更健谈的人了。他们俩都酷爱诗歌，并且开始试作一些短诗。星期天我们四个经常出去散步，钻进斯库基尔河附近的树林里朗读诗作，讨论读书心得，十分惬意。

拉尔夫有意钻研诗歌，深信自己会在这一方面出人头地，从而发

---

① 参见《圣经·旧约·出埃及记》第 16 章第 2—3 节：“以色列全会众在旷野向摩西、亚伦发怨言，说：‘巴不得我们早死在埃及的耶和华的手下，那时我们坐在肉锅旁边，吃得饱足；你们将我们领出来，到这旷野，是要叫这全会众都饿死啊！’”

② 查尔斯·奥斯本的生卒年月不详；约瑟夫·华森约死于 1728 年；詹姆斯·拉尔夫（1695—1762），他写诗的努力没有成功，但成了英国一名成绩卓著的政论家。富兰克林于 1757 年回伦敦时，拉尔夫帮助他宣传北美殖民地的情况。

③ 查尔斯·布罗克登（1683—1769）于 1706 年来到费城。

财致富，他宣称最优秀的诗人刚刚起步时和他一样，也一定错误百出。奥斯本劝他不要想入非非，还一口咬定他没有诗歌天赋，不要心猿意马，还是一心一意精通自己的业务，再说在商道上他也没有资本，只有兢兢业业、严格守时才可以担当起商务代理的任务，等有朝一日学得本领再自立门户。我赞成用写诗来自娱自乐，进而改进自己的语言，但不可好高骛远。基于这种考虑，于是大家建议：下次聚会，每人拿出一首自己的作品，共同观摩，相互批评，各自修正，以求改进。因为我们着眼于语言和表达，所以不考虑原创问题，于是大家说好下次的作业就是把描写上帝降临的《诗篇》第十八篇①加以改写。聚会的日子快到了，拉尔夫首先来找我，通知我他的一篇已经完成，我告诉他，我一直忙得不可开交，没有心思，所以什么也没有写。于是他让我看看他的东西，征求意见；我十分欣赏，因为我觉得是篇力作。他说，奥斯本总会把我的东西说得一无是处，只是出于嫉妒，所以万般指责。不过他并不嫉妒你。所以我希望你把这篇东西留着到时候权当你的拿出来。我就装作没有工夫，交个白卷好了：我们看看他会怎么说。说好以后，我立马照抄一遍，好让它显得是我自己的手笔。我们见面了。华森的诗作先读：其中有一些清词丽句，但也有不少败笔。接着读了奥斯本的作品：好了许多。拉尔夫秉公点评，指出了一些毛病，但对其中的佳句大加赞扬。他自己却拿不出东西。我缩头缩脑，一副要求宽恕的样子，说了些时间紧来不及修改之类的软话，然而任何借口都不行，我必须把东西拿出来。于是诗被一读再读，华森和奥斯本甘拜下风；并毫不含糊地交口称赞。拉尔夫冷冷地批评了几句，提出了几点修改意见，我却大力辩护，不肯示弱。奥斯本反对拉尔夫的意见，并说他当诗人提不起来，当批评家也好不到哪里；因此就不屑于再辩论下去。他们俩一起回家了，奥斯本更

① 参见《圣经 · 旧约 · 诗篇》第 18 篇第 9 节：“他又使天下垂，亲自降临，有黑云在他脚下。”

是对他所认为的我的作品一顿猛夸，他说刚才他之所以有所保留，是怕有当面奉承之嫌。他说，谁能想到富兰克林居然能有这样不同凡响的表现；有绘声绘影之功，翻江倒海之力，火山喷发之势；甚至更胜原作一筹！他平常交谈时，似乎词不达意；吞吞吐吐，错误百出；可是天哪，他真是妙笔生花啊！再次碰头的时候，拉尔夫揭露了底细，原来我们把他耍了，于是奥斯本被大家嘲笑了一番。这件事让拉尔夫下定决心要当一名诗人。我竭尽全力劝阻，但他还是继续走笔瞎诌，直到有一天蒲柏①才把他治服了。不过他后来成了一名挺好的散文作家。他的情况后面还要讲到。

然而，其他二位我也许再没有机会提及了，所以就在这里交代几句，几年后华森死在我的怀抱里，我的悲痛真可谓撕心裂肺，因为他是我们这一伙中的佼佼者。奥斯本去了西印度，成了一名杰出的律师，也赚了钱，却不幸英年早逝。我们俩曾做过一次严肃认真的约定，先死的一个如有可能，应该对另一个做一次友好探访，告诉他见到的另一个国度的真实情况。但他从来没有履行过自己的诺言。

总督似乎喜欢跟我在一起，所以老叫我到他府上去；他帮我开业的事总是作为一件铁板钉钉的事情挂在嘴上。我要带的除了给我提供购买机器、铅字、纸张等所必需的钱款的信用证，还有他为我写给几位朋友的推荐信，他与我约定什么时候信就会写好，到时候我就去拿，我已经跑过多少趟，时间总是一推再推。这么拖来拖去，一直拖到航船扬帆

---

① 拉尔夫为亚历山大·蒲柏在《愚人记》第一版（1728）中抨击的一些作家辩护。蒲柏在第二版中增加了下面两句：

“沉默吧，你们这些狼！因为拉尔夫在对辛西娅嚎叫，

使夜晚变得恐怖——回答他吧，你们这些枭鸟。”（卷三，第159—160行）。

辛西娅为月亮和狩猎女神。

在一七四二年版中，蒲柏又加了对拉尔夫的挖苦：

“且看；新闻记者们停止了。

即便拉尔夫也后悔了。”（卷一，第215—216行）。

离开的日子，而船的行期也已多次推迟，最后我去辞行取信的时候，他的秘书巴德博士[①]出面告诉我，总督忙得不可开交，信正在写，不过会赶在航船之前到达纽卡斯尔[②]，把信在那里交给我。

拉尔夫尽管已经结婚，并且有了一个孩子，但还是决定陪我远航，据认为他打算建立一种联系，以便获得商品做代销生意。不过我后来发现，他由于对妻子的亲属不满，便有意把妻子撇给他们，再也不回来了。跟朋友告过别，与里德小姐海誓山盟过后，我就坐船离开费城，船到纽卡斯尔停靠。总督果然在那里。可是当我去他寓所的时候，他却打发秘书接见我，传达了天下最礼貌的口信：他因为事务缠身，此刻无法见我；他会把信送到船上，还衷心祝愿我一路顺风，早日归来，等等等等。我回到船上，有点迷惘，但仍然未起疑心。

费城大名鼎鼎的律师安德鲁·汉密尔顿先生[③]带着儿子与我同船旅行：一起还有贵格会商人德纳姆先生[④]，还有马里兰的一家铁厂的两位老板奥尼恩先生和拉塞尔先生，他们订的是大舱；这样一来，我和拉尔夫只好在统舱里共用一个铺位了。船上没有人认识我们，所以都把我们看作平头百姓。然而汉密尔顿先生和他的儿子（即后来的总督詹姆斯）[⑤]又从纽卡斯尔返回费城，因为父亲被重金召回，为一艘被缉拿的船只辩护。就在起航之前弗伦奇上校上了船，对我非常敬重，于是我受到了更多的关注，别的几位绅士便请我和我的朋友拉尔夫去大舱，因为现在有了空位。这样，我们便搬了过去。

---

① 帕特里克·巴德，或伯尔德，1720 年后作为港口医生在费城居住。

② 在特拉华。

③ 安德鲁·汉密尔顿（约 1678—1741）在 1735 年审判约翰·彼得·曾格煽动性诽谤罪时，担任辩护律师，从而确立了殖民地的新闻出版自由，赢得了“费城律师”的称号。

④ 托马斯·德纳姆（？—1728），商人兼慈善家，1715 年离开英国的布里斯托尔，后来成为富兰克林的赞助人。

⑤ 詹姆斯·汉密尔顿（约 1710—1783），于 1748—1773 年间四次出任宾夕法尼亚总督。

得知弗伦奇上校把总督的信函带上了船，我便向船长要应该由我保管的信件。他说信件统统装进了袋子；此时此刻他无法查找，但在英国登陆之前，我是有机会翻检出来的。这样我暂时放下心来，继续我们的航程。在大舱里，我们大家相处得很好，生活好得不是一般。因为还有汉密尔顿在船上留下的丰富的储存。在这次航程中，德纳姆先生与我结下了终身不渝的友谊。否则由于一路天气恶劣，这段航程就不是那么愉快了。

我们进入英吉利海峡时，船长兑现了他给我的许诺，给了我从袋子里查找总督信件的机会。我没有发现一封上面有我的姓名由我保管的信件；我从笔迹上判断，找出了六七封可能就是给我许诺过的信件，尤其有一封是写给皇家印刷所的巴斯基特[1]的，还有一封是写给一位文具商的。我们于一七二四年十二月二十四日到达伦敦。我去拜访那位文具商，因为首先路过那里。我把那封认为是基思总督的信交给他。他说，我不认识这么一个人，不过还是把信拆开了，哟，这是里德尔斯登[2]的信，我最近才发现他是一个十足的无赖，我不想跟他有任何瓜葛，也不想接他的任何来信。说完就把信往我手里一塞，随后转过身丢下我，接待顾客去了。发现这都不是总督的信，我大为惊讶。思前想后，反复比较，开始怀疑起他的诚信来了。我找到了朋友德纳姆，把事情的原委一股脑儿端给他。他让我知道了基思的那副德性，说他替我写信，那是绝对不可能的，还说但凡知道他的人对他没有丝毫的信赖，他又笑我异想天开，竟然认为总督会给我信用证，说他就不讲信用，哪有什么信用证给呢。今后怎么办，我表达了自己的一些忧虑，他劝我想办法找个我在行的工作。在这里的印刷工中间干活，他说，你会提高自己的本领，等你回到美洲开业就大有来头了。

---

① 约翰 · 巴斯基特（？—1742）。

② 威廉 · 里德尔斯登（死于 1733 年前），骗子，被马里兰总督府描述为“一个举世无双的臭名昭著的人物”。

不仅是那位文具商，我们俩也碰巧知道：里德尔斯登律师是一个十足的恶棍，他曾诱使里德小姐的父亲替他担法律责任，几乎毁了里德先生的一生。从他的信判断，似乎存在着一个陷害汉密尔顿先生的密谋（估摸这时候汉密尔顿正和我们一起漂洋过海呢），看样子基思和里德尔斯登共同参与其中。德纳姆身为汉密尔顿的朋友，认为汉密尔顿应当了解此事。所以当他不久以后到达英国时，部分出于对基思和里德尔斯登的忿恨和恶意，部分出于对汉密尔顿的善意，我便拜访了他，并把信交给了他。他对我表示由衷的感谢，因为这些信息对他十分重要。从此以后，他就成了我的朋友，这在后来的很多事情上对我大有好处。

身为一个总督，竟然玩这种下三烂的把戏，卑劣地捉弄了一个无知的穷孩子，这叫我们作何感想！他已经养成了这种习惯。谁都想讨好；由于没有什么可给，他就只能给人期望了。要不是这，他倒是一个聪明、通达的人，一个很好的作家，一个百姓的好总督，尽管对他的选民也就是领主们①而言，并非如此，因为对于他们的指令，他有时会不管不顾。我们有几项最好的法令都是他规划的，也是在他任职期间通过的。

拉尔夫和我成了难舍难分的铁哥儿们。在小不列颠②我们租房一起住，每周三先令六便士，我们当时能出得起的最高租金。他倒是找到了几个亲友，但都是些穷人，没有办法帮他。这时候他才告诉我他有意留在伦敦，再不打算回费城了。他两手空空，筹措来的钱在路上花光了。我还有十五个皮斯托尔③：于是他在找工作期间时不时地向我借钱来维持生活。起初他力图进入剧院，因为相信自己有当演员的资质，他曾向

---

① 指宾家族的成员，他们是宾夕法尼亚的领主，这块领地的法定拥有者。“宾夕法尼亚”的意思是“宾的林地”，最早是由威廉·宾创建的。
② 伦敦的一条短街，离圣保罗大教堂不远。
③ 西班牙金币，1 皮斯托尔相当于 18 先令。

威尔克斯[1]提出申请，可是威尔克斯坦言相劝，别动这个念头，因为他干这一行不可能成功。然后他又向帕斯特诺斯特街[2]的一个出版商罗伯茨建议，替他每周写一篇类似《旁观者》上面刊登的那种文章，而且还有附加条件，罗伯茨没有买账。随后他又试图找个抄写员的工作，替殿院[3]周围法律文件印刷、销售商和律师抄抄写写，但找不到空缺。

我很快就在帕默的印刷所找到了工作，这是当时巴托罗缪广场[4]的一家有名的印刷所；我在这里干了将近一年。我工作十分勤快，不过把不少收入花在跟拉尔夫看戏和其他娱乐场所了。我们一起把我的皮斯托尔花了个净光，后来就过着勉强糊口的日子。他似乎完全忘了老婆孩子，我也渐渐淡忘了与里德小姐的约定，仅仅给她写过一封信，告诉她一时半会儿是回不去的。这是我一生的又一个重大错误，如果我能再活一遍，我希望能够改正。事实上，我们这样子往下花钱，我一直连路费都攒不够。

在帕默印刷所，给我派的工作是给沃拉斯顿的《自然宗教》[5]第二版排字。我觉得他有些论据好像并不扎实，于是我写了一篇玄学短文加以评论。题目是《论自由与必然，快乐与痛苦》。我把它题献给我的朋友拉尔夫。印数不多。却使帕默先生对我刮目相看，认为我是个聪明的小伙子，尽管他就我那小册子的原理对我提出了严肃的忠告，他觉得极不可取。我印这本小册子又是一大错误。[6]

---

① 罗伯特 · 威尔克斯（1655? —1732? ），爱尔兰演员，1709 至 1730 年称霸伦敦戏剧界。

② 圣保罗大教堂附近的一条街，伦敦印刷业的中心。

③ 这里指为法律事务中心的伦敦四所律师学院中的内殿律师学院和中殿律师学院。

④ 离小不列颠街不远的一个小广场，印刷业中心。

⑤ 其实是《自然宗教概述》（1722）的第四版（1726）。一部关于理性道德的论著。威廉 · 沃拉斯顿，一位英国圣公会牧师兼学校校长。

⑥ 这本小册子（1725）否认了善与恶的存在，这样就使富兰克林被人指控为无神论者。后来他自己保存的只留下一本，其余都烧了。现在知道仅有四本存世。

我在小不列颠街住的时候，结识了一位姓威尔科克斯的书商，他的书店就在隔壁。他搜罗的旧书可海了去了。当时还没有流动图书馆；但我们讲好了一些合理的条件——具体的内容现在忘了——我可以借阅任何书籍，看完就还。我认为这是一种极大的便利，便尽可能充分地加以利用。

我的小册子不知道经过什么渠道落到一位姓莱昂斯[1]的外科医生手里，他写过一本书，名叫《人类判断的正确》，是它促成了我们的相识；他对我大为推重，经常找我讨论这些问题，还带我到齐普塞大街陋巷里的"号角"淡啤酒店去，把我介绍给《蜜蜂的寓言》的作者曼德维尔博士[2]，此人在那里有一家俱乐部，他待人极其幽默风趣，所以是那里的灵魂人物。莱昂斯在巴特森咖啡屋[3]还把我介绍给彭伯顿博士[4]，此公许诺找个机会让我见见艾萨克·牛顿爵士，这可是我求之不得的；但这种机会永远没有碰到。

我带过来了几件古董，其中最重要的是个用火精炼过的石棉做的钱包。汉斯·斯隆爵士听说了，便来找我，并邀请我到位于布鲁姆斯伯里广场的他家里去，把所有的古董都让我见识了一番，并劝我让他把藏品数量再增加一件，为此他给了我一大笔钱。

在我们住的那座房子里，还寄居着一位年轻女子；她是个妇女服饰用品商，我想她在修道院[5]那里开着一爿店铺。她很有教养，头脑明达，举止活泼，谈起话来娓娓动听。晚上拉尔夫常给她朗读剧本，于是

---

①威廉·莱昂斯，外科医生，他的著作《人类判断的正确、尊贵与优秀》出版于1719年。

②伯纳德·曼德维尔（约1670—1733），荷兰医生和作家，居住在伦敦。他的打油诗初版于1705年，书名为《咕咕哝哝的蜂房，或变诚实的恶棍》，1714年再版，改名为《蜜蜂的寓言，或私恶公益》。道德家抨击该书玩世不恭，但读者面很广，一版再版。

③巴特森咖啡屋在玉米山大街，离伦敦皇家交易所不远，是医生们通常聚会的地方。

④亨利·彭伯顿（1694—1771），牛顿的朋友，皇家协会的会员。

⑤也许指位于圣巴托罗缪教堂附近的一些建筑。

两人关系日渐亲密，后来她另找了住处，拉尔夫也跟了过去。他们同居了一段时间，但因他没有工作，她的收入又不够养活他们俩和她的孩子，他便下决心离开伦敦，试图当一名乡村教师，他认为自己干这营生不在话下，因为他写得一笔好字，算术会计又是行家里手。他认为干这种差事完全是高材低就，有失身份，深信有朝一日能飞黄腾达，他断然不肯让人知道他曾经干过低贱的行当。

于是他改名换姓，居然赏光冒用了我的姓氏。不久，我接到他的一封来信，告知我他在一个小村子里安家落户了，我想是在伯克郡吧，他在那里教十来个男孩子读书写字，每个人头一周六便士，他还托我关照关照 T 太太，并希望我给他写信，写明该地的小学教师富兰克林收就行。他继续接二连三地给我写信，他当时正在写一篇史诗，给我寄来了一大段作为样品，希望我批评指正。我不时地给他提些意见，无非是尽量给他泼泼冷水让他罢手而已。当时恰逢杨的一卷《讽刺诗》刚刚出版。我抄了一大半给他寄去，这卷诗强烈讽刺一味追求诗神并希望得到她们奖擢的愚蠢行为[①]。但这一切都是白搭。一沓一沓的诗稿还是源源不断地邮寄过来。与此同时 T 太太由于他的缘故丢了朋友又赔了生意，所以常常陷入一种穷于应付、捉襟见肘的境地，常常打发人找我，向我借钱，我能抠出多少就给她多少，以救她的燃眉之急。渐渐地我喜欢过去陪陪她，这时候我不管不顾宗教约束，依仗着自己对她有举足轻重的作用，企图对她卿卿我我、动手动脚（又一个大错误），她疾言厉色，让我碰了一鼻子灰，而且把我的轻举妄为告诉了拉尔夫。这一下子就掰了我们俩的交情，等他再次回到伦敦时，他通知我，他认为是我闹到彼此恩断义绝的地步，从此他再也不欠我什么了。这样，我发现自己永远也指望不上他归还借给他的钱或者替他垫付的那些款项了。不过这

---

①也许是爱德华·杨（1683—1765）的《热爱声名，人之常情》（1725—1728）中的“讽刺诗四”。

在当时也没有什么大不了的，因为他就是想还也还不起。丢了这位朋友，我倒发现自己甩掉了一个包袱。这时候我开始考虑先弄点儿钱；想找一个好一点儿的工作，我便从帕默那里跳槽到了华茨[①]的印刷所，这个印刷所离林肯律师学院操场不远，规模大一些。在这里我一直干到离开伦敦。

我刚到这家印刷所，就开始干印刷活儿，因为我觉得自己缺乏在美洲已习惯了的那种身体锻炼，在那里印刷和排字是不分家的。我只喝白水；其他近五十个工人都是啤酒桶子。有时候我一手拿一大盘铅字上下楼梯，而别人只能两只手搬一盘。看见我这种情况和别的一些表现，他们心里直纳闷，他们所谓的“美洲水货”竟然比他们这些喝强劲啤酒的人还要劲大。我们这里有一个酒馆伙计，老来印刷所给工人们供酒。我有一个干印刷的工友，每天早饭前喝一品脱，早饭时吃面包、奶酪，又喝一品脱；早饭和午饭之间再喝一品脱；吃午饭时又来一品脱；下午六点左右再来一品脱，歇工以后还要来一品脱。我认为这是一种令人深恶痛绝的习惯。但是他以为干活要劲大，劲大的啤酒少不了。我极力让他相信，啤酒所提供的体力，只能视酿造啤酒时溶解在水里的谷物或大麦粉而定，值一便士的面包里的面粉比一夸脱啤酒里的还多，所以要是吃这么多面包，再喝上一品脱的水，给他的力量会胜过喝一夸脱的啤酒。然而，他还是照喝不误，每个星期六晚上，为了喝那种迷魂汤，要从一周的工资中拿出四五个先令；这笔开销我可免了。就这样，那些可怜鬼总是把自己搞得紧巴巴的。

过了几个礼拜，华茨想把我安排到排字间，我就离开了这名印刷工。迎新费就是五先令的酒钱，这是排字工对我的要求。我想这是敲竹杠，因为我在楼下已经缴过了。师傅也这么认为，就说免了。我扛了两三个礼拜，因此被认为是个异类，便给我不少小鞋穿，我一走出排字

---

① 约翰·华茨（约 1678—1763）。

间，他们就动手或者把铅字搅乱，或者把页码串换，或者把版面破坏，诸如此类，不一而足，而且硬说这是教堂[①]闹鬼的缘故，他们说谁不按规矩进来，谁就会被鬼魂缠身，尽管有师傅庇护，我发现还是乖乖地把这笔钱交了算了，因为我相信，跟自己必须朝夕相处的人交恶是愚蠢透顶的。这样一来，我跟他们相处得就挺不错，而且很快就取得了一定的威望。我对他们的教堂规章提出了合理的修改，顶住了种种反对声浪，获得了通过。有我做榜样，大部分工人放弃了喝啤酒、吃面包奶酪这种使人昏头昏脑的早餐，因为他们发现跟上我吃邻居家供应的一大碗热腾腾的稀饭，上面撒着胡椒面儿，和着面包渣儿，还有一点儿黄酒，只花一品脱啤酒的钱，也就是一个半便士。这种早餐不仅价钱便宜，而且吃起来舒服，还能使他们的头脑清醒。那些还整天喝得醉醺醺的家伙，常常因为不给钱在啤酒店里赊不出酒来，便老是动员我去弄啤酒，因为按他们的说法，他们的风光已经不再了。星期六晚上我瞅着工资单，汇总了一下我替他们垫付的款项，有时候一周得付他们的欠账接近三十先令。这一点，再加上我被认为是个挺不赖的刀子嘴，也就是说爱开玩笑，挖苦人，便确立了我在这个圈子里的显要地位。我一直保持全勤（我从不过什么圣礼拜一[②]），所以得到师傅的器重，再加上我排字麻利得不是一般，于是所有的急活都派给我干，这种活一般来说拿钱要多一点。所以这一段日子我过得十分惬意。

我住在小不列颠街离印刷所太远，所以我在公爵街天主堂[③]对面又找了一个住处，在一家意大利货仓背后，上去要爬两段楼梯。房东是一位寡居的太太，她有个女儿和一名女仆，还雇了一个临时工看管仓库，不过他住在外面。她打发人到我原来住的那户人家打听过我的人品后，

---

①“印刷所总被工人们称为教堂。”——富兰克林注

②圣礼拜一，爱尔兰制鞋工人因礼拜天饮乐过度，礼拜一干活无精打采，犹如又一个礼拜日，于是相沿为制鞋工人的假日。

③罗马天主教的圣安塞姆和圣塞西莉亚教堂。

才答应我住进来，租金照旧，每周三先令六便士。正如她说的，租金便宜，因为她指望有个男人住在家里，可以提供一些保护。她是个寡妇，年事已高，原来是个新教徒，父亲是牧师，但她丈夫使她改信了天主教，她一直念念不忘亡夫，总是满怀敬仰之情，她曾经与名流过从甚密，这些人的轶闻趣事她知道的不下千例，而且可以追溯到查理二世[①]的时代。因为她膝部患有痛风，是个跛子，所以几乎是足不出户，有时需要人做做伴儿；跟她在一起我非常开心；所以每当她需要时，我一定会晚上陪她过一段时间。我们的晚餐只不过是各吃半条鲤鱼，一细条儿黄油面包，两个人分享半品脱啤酒。不过乐趣则在她的谈话里。我总是按时作息，很少给家里添麻烦，这就使她不愿意我搬走，所以当我谈及听说有个离工作地点更近的住处，一周两先令，我一心想省点钱，所以情况有所不同时，她叫我别动这个脑筋，因为她以后每周减去两先令，这样我以一先令六便士的租金在她那儿一直住到离开伦敦。

在她家的阁楼上还住着一位七十岁的老处女，深居简出，几乎不与外界往来，房东太太给我讲了这么一些事情：她是个罗马天主教徒，年轻时被送到国外，住在一座修道院里，一心想当修女，但她在那里过不惯，因此又回到英国，而英国又没有修道院，于是她立誓在没有修道院的环境中尽可能过一个修女的生活：于是她把自己所有财产捐给了慈善事业，一年只留十二英镑作生活费，就是这么一笔钱她仍拿出很多用于施舍，自己只靠喝稀粥度日，除了熬粥从不用火。她在那间阁楼里已经住了好多年，楼下接二连三来的天主教房客都允许她免费住在那里，因为他们认为她住在那里是他们的福气。每天都有一位神父来听她忏悔。我的房东说，我问过她，她这样子生活，怎么可能找到这么多的事情向神父忏悔呢？噢，她说，俗念难免。有一回，我征得允许上去看望

---

①查理二世（1630—1685），英国斯图亚特王朝国王（1660—1668），其亲法、亲天主教政策遭到议会和臣民的反对。

她，她又高兴，又客气，谈话娓娓动听。房间十分干净，没有什么家具，只有一块垫子，一张桌子，上面摆着一个十字架和一本书，有一把让我坐的凳子，壁炉上方是一幅画，画的是圣维罗妮卡展现着一块手帕，上面有基督神奇的血面肖像①，她非常严肃认真地给我做了一番说明。她面色苍白，但从不生病，我将它作为又一个例证说明维持一个人的生命和健康需要的收入微乎其微。

在华茨印刷所，我结识了一个姓威盖特的聪明青年，他的亲属很有钱，所以比大多数印刷工受的教育都好。他精通拉丁文，会说法语，酷爱读书。我给他和他的一个朋友教游泳，下过两次河，很快他们就成了游泳高手。他们又把我介绍给几位乡绅，这几位是从水路到切尔西来参观学院②和堂萨尔特罗的古董的③。回来的时候，威盖特说我水性如何高强，激起了大家的好奇，于是大伙儿要求我展示一下本领，我便脱掉衣服跳进河里，从切尔西游到黑修士桥④，一路上表演了多种多样的特技，有水上的，也有水下的，使有些人大开眼界，惊喜无比。我自小就喜欢这项运动，研究练习了泰弗诺所有的动作和姿势⑤，再加上自己的一些独创，决心达到不仅实用而且优美、轻松的目的。我利用这次机会把这些技艺给同伴们统统表演了一番，他们赞不绝口，我也乐不可支。威盖特一直想成为一名游泳高手，再加上我们学习的东西非常近似，所以跟我越来越亲近。最后他提议我们俩一起周游欧洲，沿途干我们的本行，打打工，可以贴补我们一路的花销。我曾经有过这种意向。

---

① 按照中世纪晚期传说，耶稣背着十字架前往受难地时，耶路撒冷的一个妇人把她的头巾递给耶稣。耶稣擦了擦脸，把头巾还给妇人，这时她发现救世主的脸逼真地印在上面，被人称为维拉艾康（Vera Icon），意思是逼真的肖像。该妇人后来成了圣维罗妮卡。头巾现存罗马圣彼得大教堂。

② 也许就是切尔西医院，是 1682 年在原先的切尔西学院旧址上建立起来的。

③ 詹姆斯·萨尔特（堂萨尔特罗是《闲话报》给他起的绰号）是汉斯·斯隆爵士从前的一名理发师，他后来在切尔西开了一家咖啡屋和博物馆，那里陈列着一些真伪难辨的古董，其中有征服者威廉的宝剑和约伯撕裂的外袍。

④ 约三英里半的距离。

⑤ 指法国人梅基塞代克·德·泰弗诺的《游泳的艺术》(1699)。

我一有空往往就跟好朋友德纳姆先生待个把钟头，我向他提起这种事，他劝我不要去，还是考虑回宾夕法尼亚，因为他这会儿也要回去呢。

在这里我得把这位好人的性格特点专门记上一笔。他原先在布里斯托尔做生意，但生意失败，欠了一屁股的债，还了一部分后就去了美洲。在那里他苦心经营，没过几年，就发了大财。跟我一起回到英国后，便请他的老债主们吃饭，在饭桌上他感谢大家照顾他给予了宽限，当时大家就以为只是请客吃饭，别无指望，谁知第一道菜撤去时，人人发现盘子底下压着一张银行支票，欠债加利息全额付清。

这时候他告诉我，他准备回费城，要把大量的货物运过去，在那里开一爿商店：他提议带我过去做他的办事员，管理账簿（他会教我具体的做法），抄写信函，照料店面。他还说一旦我熟悉了商务，他就会提拔我，派我把一船面粉、面包等货物押运到西印度去，还可以从别人那里给我弄回扣；这种事好处可大啦，如果我经营有方，会使我站稳脚跟的。这种事使我大喜过望，因为我已经在伦敦待烦了，每想起在宾夕法尼亚过的几个月快乐时光，就喜不自胜，所以很想看看它。于是我立马同意，他答应一年给我五十镑宾夕法尼亚币；确实比眼下我当排字工的收入少，但前景更为光明。

这时候我以为永远告别印刷业了，便天天忙我的新业务；跟着德纳姆先生在生意人中间周旋，购置形形色色的货物，监督它们的包装，跑跑颠颠叫工人发货，等等，等一切上船之后，我才有几天的闲暇。有一天，使我感到惊讶的是，我只知其名的一位伟人，一位威廉·温德姆爵士①派人来找我。我便去拜访他。他不知道从什么渠道听说我从切尔西游到了黑修士桥，还听说我几个小时就教会了威盖特和另外一个年轻人游泳。他有两个儿子正准备出门旅行，他希望他们俩先学会游泳，如果我愿意教他们，他会以重金酬谢。他们两个还没有到伦敦，我的行期

① 威廉·温德姆爵士（1687—1740），英国财政大臣，议会中的托利党领袖。

又尚未确定，所以我无法担当此任。不过我从这件小事想到，如果我留在英国开办一所游泳学校，说不定我会大赚一笔。这件事使我感慨万端，要是这一建议早一些向我提出，我就不会这么快地回美洲了。多年以后，你我要与威廉 · 温德姆爵士的一个儿子打更为重要的交道，那时候这位爵士已经晋升为埃格勒蒙特伯爵，这事我到适当的地方还要提及[①]。

我就这样在伦敦度过了大约十八个月的时光。大部分时间我勤勤恳恳干自己的本行，除了看戏，买书，自己的开销不大。我的朋友拉尔夫把我掏穷了。他欠了我大约二十七英镑，绝对不可能要回来了，我收入微薄，这笔开销可非同小可。尽管如此，我还是爱他，因为他有很多可爱的品质。虽然我没有增进自己的财富，却结识了一些非常聪明的朋友，他们的言谈让我受益匪浅，再说我还读了不少书。

一七二六年七月二十三日我们从格雷夫森德扬帆起航。要知道旅途中发生的事情，你可以查阅我的日记，你会在那里发现详尽的叙述。也许那本日记中最重要的部分就是在里面可以找到规范我的生活行为的计划[②]，那是我在航海的过程中制定的。更值得一提的是，计划虽然是我很年轻的时候制定的，但直到老年我一直都在忠实地实施着。我们于十月十一日在费城上岸，我发现那里有各种各样的变化。基思不再是总督了，继任者是戈登少校[③]。我遇见基思在街上溜达，完全是一介草民。见了我他似乎怪难为情的，虽然擦肩而过，他却什么也没有说。里德小姐接到我的信后，她的亲友对我的回来有理由感到绝望，于是劝她另嫁他人，这样，就在我去英国期间，她和一位姓罗杰斯的陶工结了婚，要不是这样，我见到里德小姐时，也会像基思见到我时一样难为情。然而她的婚后生活绝无美满可言，由于拒绝跟丈夫同居相伴，也不

---

① 富兰克林再没有提起过查尔斯 · 温德姆。
② 富兰克林的计划现存的是它的“大纲”和“序言”。
③ 帕特里克 · 戈登（1644—1736），1726 至 1736 年任宾夕法尼亚总督。

用他的姓氏，据说他还有个老婆，所以他们很快就分手了。罗杰斯手艺很好，所以博得了她的亲友的青睐，但人品太差。他背了一屁股的债，在一七二七或者一七二八年逃之夭夭，去了西印度，后来就死在那里。凯默有了一座好一点的房子，开了一爿商店，经销文具，品种繁多，雇了几个人手，虽说没有一个算得上好手，但生意似乎挺红火的。

德纳姆先生在清水街开了一家商店，我们把百货陈列出来，我兢兢业业打理生意，学习记账，没有多长时间就成了营销专家。我们一起吃住，他由衷地关心我，像父亲一样谆谆训导我；我对他也是敬爱有加：我们俩本来可以非常快活地一起奋斗下去，但在一七二六/一七二七年的二月初，就在我刚过二十一岁的时候，我们俩都生病了。我患的是胸膜炎，险些儿要了我的命：我疼痛难耐，都不想活了，所以后来发现自己开始康复时，反而有点儿失望；有些许遗憾，因为再过一段时间我又得干那套无趣的营生了。我忘了德纳姆先生得的是什么病。他缠绵病榻很久很久，最后还是走了。他在口头遗嘱里给我留下一笔小小的遗产，算是对我关爱的表示，他把我又扔进了这个茫茫的世界。由于商店由他的遗嘱执行人接管，我在他手下的工作就此结束：我姐夫霍姆斯这会儿正在费城，劝我还是重操旧业。凯默也以高薪诱我去经管他的印刷所，这样他就可以腾出手来，更好地打理文具店。我在伦敦时，听他的妻子和她的朋友说他人品很次，所以不喜欢再跟他打交道了。我试图再找个商号办事员的工作；但一时半会还碰不上，便只好又跟凯默订约了。

在他的印刷所里，我发现有这么几个人手：休·梅瑞狄思[①]，威尔士裔宾夕法尼亚人，三十岁，从小学的是乡村活儿；为人诚实，精明，阅历丰富，还喜欢读点儿书，但嗜酒成癖。斯蒂芬·波茨[②]，一个成年

① 休·梅瑞狄思（约1696—约1749），后来成为富兰克林的生意合伙人。
② 斯蒂芬·波茨（？—1758），后来成了书商和酒店老板。

的乡下青年，从小学的也是乡村活儿；相貌不凡，极其机智幽默，但有点儿吊儿郎当。凯默与他俩商定的每周工资极低，以后如果业务上进，应当加薪时，每三个月增加一先令，凯默的诱饵就是他们对往后高薪的期盼。具体分工是梅瑞狄思干印刷，波茨干装订，按约定凯默得教他们，可他自己两样都不会。约翰，一个粗野的爱尔兰人，什么手艺都没有学过，凯默替他向一艘船的船长付了路费，作为交换，他得替凯默干四年活。他也被指定当印刷工。乔治 · 韦布①，一名牛津学生，凯默用同样的办法换得了他四年的工期，打算让他当排字工：关于此人，很快还要讲到。还有大卫 · 哈利②，一个乡下孩子，凯默将他收为学徒。凯默竟然用比他过去出的薪金高得多的价码来聘用我，其用心对我而言，很快就昭然若揭了，他要通过我来磨炼这些便宜的生手，一旦我把他们调教好了，既然他们已经有约在先，只能替他卖命，那么没有我，他也能够运作下去了。不过，我还是高高兴兴地往下干；把他本来是一团乱麻的印刷所打理得井然有序，慢慢地使他的人手对业务上了心，活也干得好起来了。

一名牛津大学的学生竟然沦为卖身仆，真是件咄咄怪事。他顶多才十八岁，给我讲了他这样的一番身世：他是格洛斯特人，上过当地的文法学校，同学们演戏时他把自己的角色演得出类拔萃；他是那里的才子俱乐部的成员，写过几篇散文和短诗，发表在格洛斯特的报纸上。因此他被选送到牛津大学；他学了一年光景，但并不是十分称心如意，倒是想去伦敦见见世面，当个演员。最后他拿了十五几尼③的季度助学金，不但没有用它还债，反而离开了牛津镇，把校袍往荆豆丛中一藏，徒步去了伦敦。在那里他举目无亲，没有人给他出主意，因此落入了坏

---

①乔治 · 韦布（1708—1736？），后来成为富兰克林共图社俱乐部成员，并当了印刷商。

②大卫 · 哈利（1708—1760），威尔士人，贵格会教徒，后来成了巴巴多斯的第一位印刷商。

③一种金币，值一英镑一先令。

人的团伙，很快把手中的几尼花光了，发现投艺无门，渐渐地囊空如洗，只好当衣服买面包。正当饥肠辘辘彳亍街头，不知如何是好时，一张招工广告塞进了他的手里，提出对愿意签约到美洲务工者，立即包吃包喝包路费。他立马赶过去签了契约，随即被安排上船，送了过来；他从来没有向朋友写过一句话告诉一下自己的情况。他活泼，机智，性情好，和蔼可亲，但吊儿郎当，缺心眼儿，为人做事可轻率到家了。

没过多久，那个爱尔兰人约翰就偷跑了。我开始跟剩下的几个相处得挺和睦；本来大家都很尊敬我，尤其是他们发现凯默没有能力教他们，而从我这里他们天天都能学到一点东西时，便对我更是崇敬有加。我们星期六从来都不上工，因为那是凯默的安息日。这样我就有两天的读书时间。我结识的镇上的聪明能干的人也越来越多。凯默本人待我也是一副礼贤下士的样子，表面上非常关心；我现在可以说混得如鱼得水，就是弗农的那笔欠款仍然使我耿耿于怀，我之所以这时候仍无力偿还，是因为我不善理财的缘故。好在他一片好心，从来没有讨要过。

我们的印刷所常常缺铅字，美洲又没有铅字铸造厂。我们在伦敦时曾在詹姆斯①的工厂里看见过铸造铅字的场面，但对具体做法没有太留心。然而这时候我想方设法要做一个铸模，利用我们现有的铅字作为冲具，在铅里压出铸字模来，这种办法差强人意，总算弥补了种种缺欠。有时候，我还刻点东西。我也制造油墨，我是个库管员，样样都管，总而言之，俨然成了一个万能博士。

然而，不管我的作用有多大，随着别的人手技术一天比一天强，我的重要性也一天比一天弱了。凯默给我发第二季度的工资时告诉我，他觉得我的工资太多，所以认为我应当减减薪了。渐渐地，他也不是那么讲礼貌了，老板的派头却越来越足，动不动就吹毛求疵，百般刁难，一副随时准备翻脸的架势。不过我万般忍耐，硬着头皮往下撑，心想他

---

① 托马斯·詹姆斯的铅字铸造厂是伦敦规模最大的。

负债累累，有这种表现情有可原。终于一件小事让我们的关系彻底闹崩了。有一天法院附近喧声大作，我把头探出窗外想看个究竟。凯默在街上抬头一望，看见了我，便声色俱厉地呵斥起来，叫我少管闲事，嘴里还骂骂咧咧的，由于是当众责骂，我就更为恼怒，因为街坊四邻在这个时候都在向外观望，所以目睹了我受辱的情况。他立马跑进印刷所，继续争吵，双方都出言不逊，他警告我下季度干完就走人，因为这是我们定好的期限，还表示悔不该把警告期定得这么长：我告诉他他不必后悔，我立马就走；说完就拿着帽子扬长出门而去。在楼下我看见梅瑞狄思，托他照看一下我留下的东西，随后把它们送到我的住处。

梅瑞狄思晚上如约过来了，我们商量了一下我的事情。他早已对我极为敬重，所以不愿意我离开印刷所后他还赖在那里。我开始有了回老家的想法，他劝我还是打消这种念头。他提醒我凯默已经到了资不抵债的地步，债主们开始惶惶不安，他的文具店也经营不善，常常为了得到现款而做无利销售，还往往赊销而不入账。所以他的破产是不可避免的；这样我就可以乘虚而入，从中渔利。我说问题就是缺钱。于是他告诉我，他父亲①对我评价极高，他们俩曾议论过这事，听他父亲的口气，他可以断定如果我肯跟他合伙，他父亲会垫钱支持我们。他说，我跟凯默的合同春天就到期了。到时候我们可以从伦敦购进印刷机和铅字：我心里清楚我不是个大工匠。要是你愿意，你出技术，我出资本；所得利润咱们五五分成。这个建议正中下怀，我欣然同意了。他父亲就在城里，也立即表示赞成。再说，他看到我对他儿子有很大影响，早就说服他戒了酒，还指望我们关系更为密切时可以使他完全摒弃那种恶习，所以就更加支持。我给他父亲开了一张清单，他转交给一个商人，派人去购置设备去了；但设备到来之前得严守秘密，在此期间，如有可

---

① 西蒙·梅瑞狄思（？—1745？），休·梅瑞狄思的父亲，富兰克林的共图社俱乐部的最早成员之一。

能，我想在别的印刷所找个活儿干。但我就是找不到空缺，所以就待了几天，这时候凯默有望印刷一些新泽西的钞票，需要雕版和各种各样的铅字，这些只有我才能制作，所以他担心布雷德福会聘用我，把这单生意从他手里抢走，于是他写给我一封措辞非常礼貌的信，说老朋友不应当因为脱口而出的几句气话就闹得不欢而散，因此他希望我回去。梅瑞狄思劝我依了他，这样有我天天口传心授，他就有更多的机会提高技艺。于是我又回去了，我们的关系比前一段时间顺溜了许多。新泽西的生意搞到手了，为此我设计了一台铜版印刷机，这在美洲还是第一次见到。为了印钞票我还刻了一些装饰花纹和格子图案。我们俩去了一趟伯林顿[①]，在那里我独当一面全盘处理，搞得人人满意，他从中大赚了一笔钱，所以好长一段时间暂无灭顶之虑。

在伯林顿，我结识了新泽西的许多要人。有几位是议会委任的主管印刷事业的专员，他们也监管钞票印制，把它的数量控制在法律许可的范围之内。因此他们几位轮流盯着我们，来的一般还要带一两个朋友作陪。由于读书，我的思想认识就比凯默高明许多，我想正因为如此，我的意见似乎更受重视。他们请我上自己家里去，把我介绍给他们的朋友，给我很高的礼遇，而凯默尽管是老板，却遭到一定的冷落。其实他性情有点古怪，不懂得日常交往，对于公认的看法总爱顶牛，又不修边幅，衣着脏得一塌糊涂，在一些宗教问题上又是个狂热分子，还带点儿流气。我们在那里待了将近三个月，到那个时候，下列几位可以算作我交往下的朋友：艾伦法官，殖民地政府秘书塞缪尔·巴斯蒂尔，议会议员艾萨克·皮尔逊，约瑟夫·库柏和几位姓史密斯的先生，还有测量主任艾萨克·德科。后面这位是精明睿智的老者，他告诉我他年轻的时候当小工，给制砖工用小车推泥巴，成年以后才学会了写字，后来给测量员们拿测链，他们就教会了他测量，现在他靠勤劳苦干， 挣下了一份

---

①在新泽西。

不菲的家业；他还说，我预先看得出来，你很快就会把此人挤出他的行业，在费城靠这一行发迹。可当时他对我在费城或任何地方创业的意图，哪怕一丁点儿暗示，都不知道。这些朋友后来对我帮助极大，同样我有时候也给他们中间的几位效过劳。他们终身都非常尊重我。

我开始在事业上露脸之前，不妨让你先知道一下我当时在自己的原则和道德方面的心态，这样你就可以看出这些东西对我一生的未来产生了多么深远的影响。我的父母很早就给我留下了宗教印象，带着我在一条不顺从英国国教的道路上虔诚地度过了童年时代。然而，我还不到十五岁的时候，我对好几种观点逐一产生了怀疑，因为我发现它们在我读过的各种书籍中遭到了批驳，随后我开始对“启示论”本身产生了怀疑。我接触到一些反对自然神论的书籍；据说它们是玻意耳讲座[①]上宣讲的布道文的精髓。然而这些书对我造成的影响恰恰与它们的本意相悖；因为书中引用并予以批驳的自然神论者的论据在我看来要比那些批驳有力得多。总而言之，我很快就变成了一个彻头彻尾的自然神论者。我的论点把别的一些人引入了歧途，尤其是柯林斯和拉尔夫：然而他们俩后来都大大地伤害了我，却没有丝毫的愧疚之心。回想到基思对我的作为（他又是一个自由思想家）和我自己对弗农与里德小姐的表现，有时候这给了我极大的苦恼，我开始觉得这种教义虽说是真理，但并不是十分有用。我在伦敦写的小册子引用了德莱顿的几行诗作为题记：

——但凡存在的都是正确的。——
尽管半盲之人只看见
部分链条，即最近的一环，

① 英国物理学家、化学家罗伯特·玻意耳（1627—1691）举办的年度讲座。一年宣讲八篇反对“怀疑论”的布道文。自然神论认可上帝是无限存在的创造者，但否认启示和超自然神学的基督教义。“启示论”认为基督教教义皆来自上帝的启示。诸如上帝三位一体、基督道成肉身和救赎世人等均属启示神学范围。

但他的双眼看不到上面

那衡量一切的平等的秤杆。①

进而从上帝的属性，即他那无限的智慧、仁慈、权力中得出结论，世界上没有一样东西可能是错误的。恶与善是无谓的分野，由于这种东西压根儿就不存在：所以现在它显得不像当初我想的那样是一篇独具慧眼的佳作；因此我怀疑是不是某种谬误会不知不觉地潜入我的论点中去，以至于感染了后来的所有论点，因为这是形而上学的推论中屡见不鲜的。我逐渐确信人际关系中的真实、诚信、正直对于人生的幸福至关重要，我写成了决心书（这些仍然保留在我的日记本里），在有生之年时时躬行实践。诚然，"启示论"对我而言本身并不那么重要；但我仍然抱有这么一种观念：有些行为也许不是因为"启示论"禁止就是坏的，或者因为"启示论"提倡就是好的；然而，将事物的性质，也就是种种情况，都考虑进去，这一点倒很有可能：这些行为之所以会被禁止，是因为它们对我们有害，或者之所以会被提倡，是因为它们对我们有益。这种信念，多亏了上帝或守护天使的恩佑，或者碰巧形势有利，或者兼而有之，使我（度过这段危险的青年时代和远离父亲关照劝导后有时陷入的举目无亲的险境）没有因为缺乏宗教信仰而可能铸成任何任性的不道德或不正义的大错。我说任性，是因为我提到的一些事例，由于我的少不更事和别人的狡诈无赖，具有某种必然性，因此当我开始步入社会时，我有一种差强人意的品格，我对它给予适度的重视并决心保持到底。

我回到费城没过多久，新铅字就从伦敦运来了。我们和凯默达成

---

①第一行不是约翰·德莱顿（1631—1700）的诗，而是出自蒲柏的《人论》（1733）书信第294行。不过德莱顿的一句诗很接近："但凡存在的都有它正确的道理。"其余几行引自德莱顿与纳撒尼尔·李合写的诗剧《俄狄浦斯》第三幕第一场第244—248行。

谅解，没等他听到消息，就得到他的同意离开了。我们在市场附近找到了一座出租房，就租下了。为了减少租金（当时一年二十四英镑，不过后来才知道它曾经租过七十镑），我们招进来玻璃安装工戈弗雷一家合住，他们把相当一部分租金交给我们，我们在他们家搭伙。我们刚刚把铅字开包，把印刷机安装到位，我的一位相识乔治·豪斯就给我们带来了一个乡下人；此人是他在大街上碰见的，到处打听想寻找一家印刷所。这时候我们的现金都花在购置非买不可的各种东西上了，这位乡下人的五先令就成了我们的第一批成果，真可谓是及时雨，给我们的快乐胜过我们此后挣的任何一个克朗①，由于我对豪斯满怀感激之情，这就使我比在别的情况下更加乐意帮助刚开始起步的年轻人。

哪个地方都有些乌鸦嘴，总是预言该地的毁灭近在眼前。当时费城就有这么一位，他是个名人，一位老者，一副聪明相，说起话来煞有介事。他的大名叫塞缪尔·米克尔。这位大人与我素昧平生，有一天把我拦在门口，问我是否就是那个最近新开了一家印刷所的年轻人：得到的回答是肯定的，他说真替我惋惜，因为这是一种耗资巨大的行业，花的钱有可能打水漂；因为费城正在一天天垮下去，居民中已经有一半破落户，或者濒临破落；尽管表面现象恰恰相反，诸如新房耸立，房租飙升之类，他认为这都是虚假繁荣，因为事实上，这些都是即将毁灭我们的一些因素。接着他给我详详细细讲了一些灾难，有正在发生的，有即将出现的，他走了以后，我心绪黯然。如果我们开业之前就认识他，也许我绝对不会干这种傻事了。此公还是在这个一天天烂下去的地方继续生活下去；继续弹着同一个老调，多少年就是不在那里买房，因为一切将会毁于一旦，终于有一天我有幸看到他买房子，花的钱可是他第一次呱哒时的一倍。

下面这件事情我本该早就提到的，那就是前一年秋天，我把我的

---

① 五先令硬币。

大多数聪明能干的相识组织成了一个俱乐部，以便相互促进，共同提高，我们管它叫“共图社”[①]；我们每星期五晚上聚会。我起草的章程要求每个社员轮流提出一个或多个关于道德、政治或自然科学的问题，供同人讨论，每三个月提交一篇自己写的论文当众宣读，题目自便。我们的辩论由社长主持，要以诚恳追求真理的精神进行，切忌争强好胜的现象发生；过了一段时间，为了防止过激情绪，便禁止表达主观武断的见解或针锋相对的驳斥言辞的出现，违者处以小额罚金。第一批社员有约瑟夫·布赖恩特纳尔[②]，契约起草人的抄写员， 一个性情温和、为人友善的中年男子，酷爱诗歌，见诗就读，自己也写一点，还算可以；心灵手巧，好摆弄很多小玩意儿，谈话很有见地。托马斯·戈弗雷[③]，一位自学成才的数学家，在自己的行内很了不起，后来又发明了现在叫哈德利象限仪的仪器。但本行以外的知识十分欠缺，跟人不大合得来，像我见过的大多数大数学家一样，要求把每一件事情说得异常精准，对于鸡毛蒜皮的小问题不是永远否定，就是剖毫析芒，把所有的议论通通搅黄。他很快就离开了我们。尼古拉·斯卡尔[④]，土地测量员，后来当了测量主任，他爱读书，有时候还做几句诗。威廉·帕森斯[⑤]，本来是个鞋匠，但热爱读书，数学底子相当厚，起初学数学是想搞占星术，但后来又对占星术冷嘲热讽。他也当上了测量主任。威廉·毛格里奇[⑥]，一名细木工，又是技艺精良的机械师，脚踏实地，通情达理。休·梅瑞狄思、斯蒂芬·波茨和乔治·韦布，我已经在前面说了个大概。罗伯特·

①原文 Junto，来自西班牙词 Junta，意思是“联合”，用来描述一个私密的小团体。

②约瑟夫·布赖恩特纳尔（？—1746）在科学方面跟富兰克林志趣相投。

③托马斯·戈弗雷（1704—1749）。

④尼古拉·斯卡尔（1687—1761）。

⑤威廉·帕森斯（1701—1757），1741 年当上了测量主任，并成了图书馆会社的图书管理员。

⑥威廉·毛格里奇（？—1766）是一艘船上的木工。

格雷斯[1]，一位家产殷实的年轻绅士，为人大方，举止活泼，谈吐风趣，出口一语双关，深得朋友喜欢。威廉·科尔曼[2]，一家商号的店员，年纪和我相仿，几乎是我见过的头脑最冷静清楚、心地最善良、品行最端正的人。他后来成了一位大名鼎鼎的商人，又是我们那个地区的法官之一：我们的友谊延续了四十余年，直到他去世未曾中断。

俱乐部延续的时间差不多也这么长，而且是本地区当时存在的最好的科学、道德、政治学校。因为我们的问题总是先宣读，后讨论，中间相隔一个礼拜，这就逼着我们围绕不同的题目聚精会神地读书，方能在发言时剀切中理，由此我们也养成了更好的交谈习惯，因为事事都是根据可以防止我们相互翻脸的章程来探究的。正因为如此，我们的俱乐部才得以长治久安，关于俱乐部的情况，以后我们还有不少机会做进一步说明；我之所以在这里做这么一段叙述，是为了展示有些事跟我有利害关系，每个人都卖力气给我们招揽生意。尤其是布赖恩特纳尔为我们从贵格会教徒那儿拉来四十印张的会史印刷业务，剩下的则由凯默承印，这批活儿我们干得特苦，因为工价低。这是一本大页面对开书，正文用十二点[3]铅字印，注释用十点铅字印。我一天排一大张，梅瑞狄思把它赶印出来。等我把版拆开，将铅字在字盘里归好位等第二天用时，已经是夜里十一点了，有时候还要晚：因为别的朋友还会时不时地送来一些零活，我们只好往后拖。但我下定决心每天仍然排印一张对开纸，结果有天夜里，我已经锁定印版，以为一天的工作结束了的时候，不小心把一个印版碰坏了，有两页铅字乱得一塌糊涂，我马上拆版重排，排好了才上床睡觉。我们这样勤奋苦干，邻居们有目共睹，我们开始赢得了声望和信誉；我还听说商界的夜夜俱乐部有人提起新开张的印刷所，普遍的看法是必死无疑，因为当地已经有了凯默和布雷福德两家印刷

---

① 罗伯特·格雷斯（1709—1766），做了富兰克林 37 年的房东。
② 威廉·科尔曼（1704—1769）。
③ 点（point）为铅字规格。1 点等于 1/72 英寸。

所；然而贝尔德博士（多年以后你我在苏格兰他的故乡圣安德鲁斯见过他）则力排众议；因为那个富兰克林的勤奋，他说，是他的同行们望尘莫及的：我离开俱乐部回家时，他还在干活呢；他的邻居还没有起床，他又在工作了。这番话打动了大家，不久其中就有一位提出给我们供应文具，替他代销。不过当时我们还不想干商铺零售生意。

我之所以这样毫无顾忌地强调自己的勤奋，尽管有自吹自擂之嫌，目的无非是让读过它的子孙后代们看到在这段叙述中勤奋产生的于我有利的效果时，就可以知道这种美德的用处了。

乔治·韦布找了个女朋友，她借给他一笔钱买断了凯默给他定的工期，这会儿主动跑到我们这里来打工。当时我没法儿雇用他，但我办了件傻事，把一个秘密透漏给了他，说不久我想办一份报纸，到时候就有他干的活了。我告诉他，我之所以有望成功，是因为当时唯一的一家报纸[①]认为一份好报纸是不大会缺乏大力支持的。我要求韦布别提此事，可他偏偏告诉了凯默，凯默闻风而动，抢先公布了他自己的办报计划，并雇用韦布筹办。对此我怒不可遏，便发动反击，虽说报纸一时还办不起来，却给布雷福德的报纸写了好几篇逗趣文章，题目叫《是非婆》，布赖恩特纳尔续写了几个月。[②]这么一来，大众的注意力都集中到那家报纸上了，凯默的计划经过我们的轮番讽刺挖苦，便无人问津了。不过他的报还是照办不误，苦苦支撑了三个季度，最多才有九十家订户，最后只好贱价甩卖给我，我已经准备多时，想继续办下去，所以立即接手，事实证明在以后几年内办报纸使我大发其财。[③]

我发现我有用单数第一人称说话的倾向，尽管我们仍然在合伙经

① 《美洲信使周报》创办于 1719 年 12 月 22 日。

② 从 1728 年 2 月 4 日到 1729 年 9 月 5 日。富兰克林在这一系列文章中单独写了四篇，合写了两篇。

③ 凯默于 1728 年 12 月 24 日创办《文理万能指导：宾夕法尼亚报》。富兰克林于 1729 年 10 月 1 日接管，将报名缩减为《宾夕法尼亚报》，并使之成为北美殖民地最好的报纸之一。

营。原因也许在于生意的通盘管理都由我经手。梅瑞狄思不会排字，印刷也差劲，又经常喝得昏昏沉沉。我的朋友对我跟他联手深感惋惜，不过我还是充分利用了这层关系。

我们的报纸一出刊就与本地区以前的任何报纸面貌迥异，字型优美，印刷精良，当时伯内特总督①正与马萨诸塞议会之间争论不休，我对这场争论的激烈评论触动了一些要人。他们便对报纸议论纷纷，没过几个礼拜，这些人都成了我们的订户。于是很多人竞相效仿，订户的数目便蒸蒸日上。我学了点舞文弄墨的小本事，这时初见成效。另一方面，那些头面人物看见报纸现在抓在一个还会摇笔杆子的人手里，认为还是给他一点甜头鼓励鼓励，不失为一种万全之策。布雷福德仍然在承印选票、法规和其他官方文件。他印的议会②给总督的决议，粗制滥造，错误百出；我们重印的优雅美观，准确无误，便给议员人手一份。他们当然意识到孰优孰劣，这就增强了议会中我们的朋友的地位，议会经过投票，决定我们为来年议会文件的承印商。

在议会里的朋友中，我绝对忘不掉的一位是前面提到过的汉密尔顿先生③,这时他已从英国回来，当了议员。他在这件事上为我出了大力④，后来在别的事情上依然鼎力相助，对我的帮补一直继续到他去世。弗农先生这会儿向我提起那笔债款的事：但他没有催着我还。我给他写了一封措辞巧妙的感谢信，恳请他宽限一段时间，他答应了，后来我一有能力，本息立马还清，并且千恩万谢了一番。在某种程度上这个错误算是得到了纠正。

---

① 威廉 · 伯内特（1688—1729），纽约和新泽西总督（1720—1728），后来又任马萨诸塞总督（1728—1729）。争议的起因是总督要求一年 1000 英镑的年薪，议会嫌多。富兰克林站在议会一边，于 1729 年 10 月 9 日在《宾夕法尼亚报》撰文支持。

② 宾夕法尼亚议会。

③ 见第 42 页注③。

④ “我有一次借了他儿子 500 英镑”。——富兰克林注。詹姆斯 · 汉密尔顿总督与议会出现矛盾时，富兰克林能让议会给这位总督发工资。

可这时候，我撞上了又一道难关，这是我万万没有预料到的。梅瑞狄思先生的父亲按照给予我的期望是应该支付我们印刷所的费用的，但他只能预支一百英镑现金，这笔钱到手后，我们还欠供应商一百英镑；人家等不及了，把我们统统告上了法庭。我们缴了保释金，但看得出来，如果债款不能如期筹齐，案子就必然宣判执行①，这样一来，我们的如意算盘就完全落空，因为铅字必将变卖还债，说不定只能卖出个半价。就在我走投无路的当口，两位真正的朋友——虽然他俩互不相识，我也没有提出请求——却先后找上门来，主动提出如果可行，将垫付我独立创办一切业务所必需的全部款项，但他们不喜欢我与梅瑞狄思继续合伙，因为他们说常常看见此人喝得醉醺醺的在大街上游走，还在酒馆里玩下流游戏，给我们丢脸。他们的大恩大德我永生不忘。两位朋友是威廉·科尔曼和罗伯特·格雷斯。②我告诉他们，只要梅瑞狄思父子还有望履行我们协定中他们应承担的那部分义务，我就不能提出拆伙。因为我认为我欠了人家一份大情，他们已经为我做了不少，如有能力还会做下去的。但要是他们最终不能履行自己的义务，我们的合作必须终止的话，那到时候我就认为自己可以随意接受朋友的襄助了。

这事儿就这么搁了一段时间。后来我对我的搭档说，也许你父亲对你在我们的事务中担当的角色不甚满意，所以他不愿意为你我两人垫付他只愿意为你一个人垫付的钱款：如果是这样，那就直说，我愿意把全盘生意交给你做，我去张罗自己的买卖。不是的，他说，我父亲真的很失望，但确实爱莫能助，我也不愿意再给他老人家添堵。我看明白了，这买卖我干不了。我自小就是个务农的，三十岁了却跑到城里来当学徒，学一门新手艺，这真是愚蠢到家了。我们很多威尔士人都要去北卡罗来纳安家落户，因为那里土地便宜：我想跟他们一块儿去，还是干

---

① 法庭判决没收财产进行拍卖。

② 威廉·科尔曼（1704—1764），罗伯特·格雷斯（1709—1766），都是富兰克林“共图社”的最早成员。格雷斯的铁业铺制造过富兰克林的“壁炉”。

自己的老本行。你也可以找朋友来帮助你。要是你愿意承担公司的债务，把我父亲垫付的一百英镑归还，再替我还一些个人的小额债款，再给我三十英镑和一副新马鞍，我就放弃合伙经营，全盘生意由你一手打理。我同意了他的建议。立即起草了一份书面协议并签字盖章。我给了他所要的，不久以后他就到卡罗来纳去了；翌年，他从那里给我来了两封长信，对那儿的地域、气候、土壤、农事等等做了有史以来最精彩的描述，在这些事情上他很有见地，我把两封来信登在报纸上①，使读者大开眼界。

他一走，我就再去找我那两位朋友；我不想造成一种厚此薄彼的不良印象，我从每个人那里只拿了我所需的一半，还清了公司的债务，以我的名义继续经营生意，并刊登广告宣布合作终止。我想这是一七二九年或是这一年前后的事情。②

大约就在这个时段，民众中掀起了一股呼声，要求投放更多的纸币，因为这个地区只有一万五千英镑纸币，而且这些纸币很快就会被销毁。③富人反对增加纸币，之所以反对，是因为担心它会贬值，就像新英格兰发生过的那样，损害所有债权人的利益。我们在共图社讨论这个问题，我是赞成增加的，因为我相信一七二三年首次发行的小批量纸币，由于增加了本地区商贸、就业和居民数量，所以产生了很好的效果，因为这时我看见所有的老房子都有人居住，新房子正在修建，我记忆犹新的是，当我嘴里吃着面包卷儿第一次在费城街道上溜达的时候，我看见第二大街和第四大街之间的胡桃街上的房子大部分门上贴着出租告示；板栗街和其他街道上的房子情况也大同小异；这种现象使我当时认为这座城市的居民正在接二连三地弃城而去。我们的辩论使我对这个

---

①《宾夕法尼亚报》1731 年 5 月 6 日和 13 日。

② 其实是 1730 年 7 月 14 日。

③ 1723 年，纸币变得奇缺，议会发行以不动产抵押做担保的新币，抵押借款还清后，纸币就被“销毁”。然而到 1729 年，币值太低，以致抵押借款尚未还清，钱就被收回。

问题有了全面的掌握，我便撰写并印行了一本匿名的小册子，书名为《纸币的性质和必要》[①]，受到了平民百姓的普遍好评，却引起了富人的反感；因为它增强了要求增发纸币的声浪；富人中间恰好又找不到能回击我的文章的笔杆子，于是他们反对的气势也就松懈下去，这个观点便得到了议会中多数议员的认同。我在议会里的朋友认为我有贡献，应当给予奖励，于是让我承印纸币，这是一单能赚钱的生意，帮了我一个大忙。[②]这是我能写文章获得的一个好处。随着时间的推移和人们的亲身体验，纸币的好处变得显而易见，此后再没有出现多少争议，于是它很快就增加到五万五千英镑，一七三九年增加至八万英镑，此后又节节攀升，在战争期间，达到了三十五万多英镑。与此同时，商贸、建筑和居民都在与日俱增。不过我现在认为还是要有个限度，超过限度滥发就有害无益了。

不久以后，通过朋友汉密尔顿，我获得了承印纽卡斯尔纸币的生意。[③]当时我想，又是一单利润不菲的生意；眼眶子小了，小蛇看上去也像大蟒。这两单生意对我确实有很大的好处，也给了我很大的鼓励。汉密尔顿也让我承印该地政府的法律文件和选票，这项业务只要我不改行，就一直由我一手包揽。

这会儿，我又开了一爿文具店。[④]我在店里经销各色各样的格式纸，都是我们见过的最正规的，是由我的朋友布赖恩特纳尔协助印制的；我还卖一般纸张、羊皮纸、廉价笔记本等等。我在伦敦认识的一个叫怀特马什[⑤]的排字工也来到我这里，他是个高级工，跟我干活非常勤

---

① 全名为《试论纸币的性质和必要》(1729 年 4 月 3 日)。

② 1729 年印刷 2 万英镑的订单其实给了安德鲁 · 布雷福德。富兰克林接的是 1731 年印 4 万英镑的订单。他得了 100 英镑的报酬，纸张费另算。

③ 特拉华的纽卡斯尔。特拉华有一个分开的立法机构，但和宾夕法尼亚共有一个领主总督，安德鲁 · 汉密尔顿是两个议会的议长。

④ 富兰克林现存的最早的账本显示，他是在 1730 年 7 月前后开始经营这爿店铺的。

⑤ 托马斯 · 怀特马什（？—1733），第二年他就去了南卡罗来纳。

快。我还收了一名学徒，是阿奎拉·罗斯的儿子。这时候我开始一笔一笔清还我替印刷所背的债。为了确保我作为一个生意人的信誉和人格，我处处留心，不仅要实打实的勤奋节俭，而且在面子上也避免有相反的表现。我衣着朴素；从不到娱乐场消闲鬼混；我从不出去钓鱼打猎；的确，看书有时候使我忘乎所以，误了正事；不过这种情况非常罕见，又十分隐蔽，没有引起物议：为了证明我不是个甩手掌柜，有时候我把从商店买来的纸张用手推车推过大街小巷送到家中。这样一来，人们认为我是个勤奋、发达的青年，买东西按时付款，进口文具的商人拉我做他们的客户，别的商人提议给我供书代销，我的事业顺风顺水。与此同时凯默的信誉和生意却日渐萎靡，最后迫不得已，只好卖掉印刷所还债。他去了巴巴多斯，在那里过了几年穷愁潦倒的日子。

他的学徒大卫·哈利，我跟他一起工作时曾教过他，这时候买下了凯默的设备器材，取而代之，在费城自立门户。起初我认为哈利是一个强有力的对手，十分担心，因为他的朋友既有能力，也有势力。因此我提出跟他合伙经营，好在他不屑一顾，断然拒绝。此人心高气傲，一派绅士打扮，生活奢靡，常常出外冶游，到头来债务缠身，事业荒废，这样一来，所有的买卖都不沾他的边了；发现无事可做，便步凯默的后尘，跑到巴巴多斯去了，把印刷所也一起带了过去。在那里这名学徒雇用他昔日的老板给他打工。他们三天两头吵架。哈利债务越背越重，终于迫不得已卖了铅字，回到宾夕法尼亚干他的乡下活儿去了。那位买主依然雇凯默排字，没过几年，凯默就客死他乡了。至此，我在费城的竞争对手仅剩那位宿敌布雷福德一个了。此公富足潇洒，时不时地雇几个散工干一点零活，对生意并不十分上心。然而，由于他开办邮局，人们认为他的消息比我灵通，他的报纸上发布广告的面比我的更广，因此刊登的广告多，这对他来说是个摇钱树，对我却是个丧门星。因为我确实是通过邮局发送报纸的，但舆论却不以为然；由于布雷福德黑心肠禁止那些邮差发送我的报纸，我只好对邮差行贿，请他们暗箱操作。布雷福德的行为使我义愤填膺：我认为他的做法太卑鄙，所以后来我干到他的那个位置上时，我当心决不步他的后尘。①

在此期间，我一直在戈弗雷家搭伙，他和老婆孩子住了我租用的房子的一部分，还占了店面的一侧做他的玻璃安装生意，不过他活儿干得不多，却一门心思地钻研他的数学。戈弗雷太太给我提了一门亲事，对象是她的一个亲戚的女儿，她便找机会常常把我们撮合到一块儿，直到最后我正经八百地追求起来，因为这姑娘本人着实值得一追。她家的老人也大加鼓励，接二连三请我吃饭，给我们单独相处的机会，直到把关系挑明为止。戈弗雷太太让我们先讲好条件，我告诉她，我希望他们的女儿带过来的陪嫁能还清印刷所剩余的债务，我相信当时不会超过一百英镑。她给我传话说，他们拿不出那么多数目。我说他们可以在贷款处抵押房子嘛，几天后回话说他们不同意这门亲事；还说他们从布雷福德那里打听到印刷行业并不是个赚钱的买卖，铅字很快就会磨损，所以要不断添新换旧，又说，凯默和哈利相继破产，我不久也许会步他们的后尘，因此不许我再次登门，女儿也被关在家里。不知真的是不改初衷，还是在耍手腕，估计我们已经情投意合，难以割舍，所以会偷偷结婚，这样他们给不给陪嫁，全看他们愿不愿意了，我心中无数：不过我怀疑是后者，于是非常气愤，再也不去他们家了。后来戈弗雷太太送来了他们给的几粒顺气丸儿，又想糊弄我继续往下进展，但我断然宣布，我已痛下决心与那一家人一刀两断。②这一下可得罪了戈弗雷一家，双方气不打一处来，他们就搬走了，撇下我一个住一座空房子，我决意再不招人同住了。

然而，由于这件事已经把我的思想转向婚事，我便察看周围的情

---

① 富兰克林于 1737 年 10 月接替了布雷福德的费城邮政局长的职务，于 1753 年当上了北美殖民地邮政管理局副局长。

② 那个时代大部分婚姻都考虑经济问题，所以富兰克林期望女方陪嫁并不异常。

况，在别的地方主动和人结交，但很快就发现人们一般认为印刷业是个穷行业，因此我就不指望娶个妻子能带过来什么钱财，除非是一位我认为有钱而不可意的妻子。在此期间，青春欲火势不可遏，因此逼我常常与萍水相逢的下流女人厮混，这就难免要花钱，会惹出麻烦，还会染上一种病①，不断危及我的健康，这是我最惧怕的，不过万幸我逃过了这一劫。

作为近邻和老相识，我和里德小姐一家的友好交往一直在继续，打我头一次住进他们家的那会儿起，他们全家人就很尊重我。他们常常请我过去商量他们家的一些事情，我有时候也能助一臂之力。我同情里德小姐的不幸遭遇，她一般都是郁郁寡欢，高高兴兴的情况难得一见，而且躲着不愿见人。我在伦敦时轻浮多变，我考虑这在很大程度上是她不幸的起因；不过她母亲一副好心肠，总认为错在她而不在我，因为是她阻止我们俩在我去伦敦前结婚，是她趁我不在的时候又撮合了另外一门亲事。我们俩又旧情复萌，但说到结合，这时候又遭到了强烈的反对。那门亲事确实被看成了无效婚姻，因为他前面有妻子，据说仍然在英国生活；但远隔重洋，这又不是能够轻易证实的；虽然有他死亡的传言，但也没有定准。就算他真的死了，他留下的很多债务可能要求继承人来偿还。然而，尽管困难重重，我们豁出去了，一七三〇年九月一日我娶她为妻。②我们担心的那些麻烦事一件也没有发生，事实证明她是个贤内助，照看店面，帮了我很多忙，我们齐心协力，事业兴旺，互相努力，让对方幸福。这样我算尽力改正了那个重大的错误。

---

① 指梅毒。

② 没有证据证明德博拉的第一任丈夫、失踪的罗杰斯此时已经死了，或者证明他犯有重婚罪，所以德博拉从严格的法律意义上讲仍然是他的妻子，不能正式再婚。这样富兰克林和德博拉就形成了一种非正式的事实婚姻，没有举行民间或教堂的婚礼。他们的“亲事”被认为在法律上有效，他们的子女也当婚生子女看待，由于允许离婚或撤销婚姻的法律缺失，这种情况相当普遍。德博拉 1774 年在费城去世，当时富兰克林在英国出任宾夕法尼亚的代理。

大约在这段时间，我们俱乐部的聚会地点不在一家酒馆，而是在格雷斯先生家专门腾出来的一间小屋子里；我做了一个提议：既然我们在讨论问题时往往要参考我们的书籍，要是我们把图书集中存放在聚会的地方，也许对大家更加方便，这样一来，可以随时查阅；由于把我们的书籍组合成了一个公共图书馆，只要我们愿意把这些书集中起来，我们每个人就会有使用所有其他成员的书籍的好处，这就像每个人拥有了全部书籍一样有利了。这条建议得到了大家的赞同，于是屋子的一端摆满了我们尽力匀出来的书籍。数量没有达到我们的预期；虽然用处很大，但由于缺乏妥善管理，也产生了一些麻烦，大约一年之后，这批书又分归原主，各自带回家去了。

这时候，我着手实施第一个具有公益性质的计划，那就是成立一个会员制收费图书馆。我起草了几个方案，由我们的文件起草大师布罗克登将它们审改为正规形式，多亏共图社的朋友们帮忙，征集来了五十名会员，每人入会费四十先令，以后每年十先令，期限五十年，这也是我们的会社能存续的年限。我们后来取得了特许证，会员增加到了一百人。这可是北美会员制收费图书馆之母，现在这类图书馆已经多不胜数了。[①]这本身就是一项伟大的事业，而且还有方兴未艾之势。这些图书馆改进了美洲人的总体交谈，使普通商人和农民变得像从别的国家来的绅士一样聪明睿智，也许对所有殖民地团结奋起维护自己的权利有所贡献。

---

①尽管费城图书馆会社（1731）是第一家会员制收费图书馆，但各式各样公共或半公共的图书集体 1731 年前就在北美存在了。

[两封信][1]

备忘录

到此为止是按本文开头所表达的意向写的。因而包含了一些与他人无关紧要的家庭琐事。以下是多年以后遵照下面两封信的劝告写成的，因此是面向广众的。革命事务造成了写作的中断。

附有我的传记笔记的埃布尔·詹姆斯[2]的来信插在这里。还有沃恩先生[3]用意相同的来信。

我敬爱的朋友，

每想写信与你，但念及信件可能落入英人之手[4]，又怕信的内容会被某个印刷商或好事者断章取义，公之于众，致使朋友个个痛心疾首，我本人落个一世骂名，只好作罢。

前不久，偶然得到你的二十三页手稿，真可谓是大喜过望，此稿系你写给贵公子的手札，其中有你对自己家世与生平的记述，以一七三〇年为下限，还附有一些笔记，同样也是你的手笔[5]。随信附上抄件一份，如果你正在将它往后续写到最近一个阶段，希望它能使前后两部分连接起来，如果你还没有续写，我希望你切莫耽搁，正如牧师所言，人生难料，如果古道热肠、乐善好施的本·富兰克林离朋友而去，世界未能得到一部如此引人入胜、教益无穷的著作，一部将会娱悦万民，造福千秋的雄文，那世人将会何言以对?

这类作品对青年的心智影响极大，而且这种影响在任何地方也没有在我们这位名士朋友的札记中表现得如此彰明较著。他几乎在不知不觉地引导青年下定决心力求成为一个像札记作者那样善良杰出的人物。一旦你的作品出版，我认为它肯定能够出版，如果它引导青年竞相效仿你少年时代的勤奋和节制，那么那个阶层的人有了这样一部作品真可谓福至心灵。我知道当世没有一个人，即使众人相加，也没有你这么大的力量能够在美洲青年中弘扬一种勤奋、及早敬业、节俭和节制的伟大精神。并不是说我认为这部作品在世界上再无其他价值和用处，远非如此，然而那种无量的重要性真可谓首屈一指，难有其匹矣……

埃布尔·詹姆斯

我将前面这封信连同所附的抄件让一位朋友过目后，从他那里收到了下面一封信：

巴黎，一七八三年一月三十一日

最亲爱的先生，

拜读过您那位贵格会相识替您找回的生平大事的抄件之后，我曾经告诉过您，我要与您修书一封，表明为何我认为按您的期望将它写完出版是件造福万民的大事。前些日子事务冗繁，难以命笔，我不知对此信是否还值得寄予什么期望：然而眼下正好闲暇无事，我至少要从写信中给自己添情趣，使自己受教益；然而由于我爱用的措辞可能会冒犯您这种品位的人，我只能告诉您，

---

①译者主要依据的文本将两封信插在第一部分与第二部分中间，成为单独的一个部分。Norton Anthology 的文本将两封信归入第二部。

②埃布尔·詹姆斯（约 1726—1790），费城贵格会商人。

③本杰明·沃恩（1751—1836），父亲是牙买加商人。英国外交官。曾任谢尔本勋爵私人秘书，巴黎和平谈判期间（1782—1785）任富兰克林的个人密使。他编了第一部富兰克林作品总集（1779）。

④这封信是 1782 年写给在巴黎的富兰克林的，当时英国还在与北美殖民地作战。

⑤富兰克林在 1771 年开始写自传以后不久起草了一份提纲。提纲涉及他想写的各种话题，但未能一一写到。

对于一个像您一样善良、像您一样伟大但稍欠谦逊的人，我是怎样说话的。我会跟他说，先生，我恳请您写出您一生的经历，理由如下：

您的经历不同凡响，因为您若不写，别人肯定会写，这样一来造成的危害也许跟您自己编写造成的裨益不相上下。

更何况，您的自传将会展示自己国家的内情，这将会大力吸引品德高尚、身体健壮的人前来定居。再考虑到他们寻求这类信息的急切心情和您远播遐迩的声名，我不知道还有什么广告比您的传记更加灵验。

您的一切遭遇也与一个正在兴起的民族的风俗与境遇丝丝相扣；就此而论，我以为在一个人性和社会的洞鉴者眼里，恺撒与塔西佗的著作也不见得更加引人入胜。

然而，先生，依我之见，这些理由皆小小不言，因为更重要的是您的传记将会为造就未来的伟人提供机遇；您的《美德修养艺术》[1]（您计划出版的）将会改善个人的品格面貌，从而增进社会与家庭的幸福。

先生，我提到的这两部作品，尤其会提供一种关于自我教育的崇高规范。学校和其他教育常常按照一些虚假的原则进行，用一套笨设备瞄准一个假目标；而您的设备既简单，目标又真实；正当家长和青年对评估和筹划一种合理的人生道路别无良策之时，你却发现这件事很多人用一己之力就可以办成，这一发现真是功德无量！

对晚年个人品格的影响，不仅为时太晚，而且效果甚微。我们的主要习惯和成见都是青年时代培养而成的；我们关于职业、

---

①沃恩指的是富兰克林想写“一本有益于青年的小书”，名叫《美德修养艺术》。《自传》 第二部是对沃恩建议的部分回答。

追求和婚姻的决定是在青年时代做出的。因而青年时代是人生的转折点；青年时代甚至是对下一代的教育期，青年时代是公私两种人格的决定期；尽管人生的期限从青年延伸到老年，但人生应当从青年时代就有个良好开端；在我们对自己的主要目标做出决定之前，这尤为重要。

您的传记将不仅仅教人如何自我教育，而且教人如何把自己教育成一位智者；最大的智者也可以看见对另一位智者的行为的详细记述，从而接受启迪，改善进步。当我们看见自己的同类从远古时代起一直在黑暗中瞎摸乱撞而行，在这一方面几乎没有一位向导时，为什么还不让弱者得到那样的帮助呢？那么，先生，让儿子和父亲们都看看将会取得多么大的成果，并且引导所有的智者都像您自己；其他的人也会变得聪明睿智起来。

当我们看见政治家和军人对平民百姓如何残忍、杰出人物对待自己的相识又是如何荒诞时，又看到平和、默从的表现不断增多，发现伟大和平凡、招人羡慕与和蔼可亲是怎样水乳交融，真会使人心明眼亮。

您非讲不可的那些私人琐事，用处也不小，因为我们最缺乏的就是日常事务中谨言慎行的准则；人们非常好奇，都想看看您是怎样在这些方面身体力行的。就此而言，这将是开启人生大门的一把钥匙，而且解说人人都早该弄明白的很多事情，给大家一个机会，成为有先见之明的智者。

与亲身经历最接近的莫过于把别人的事情以一种有趣的形态摆在我们眼前；这肯定只能从您的笔端往外展现。您的事情和理事手段无论显得简单还是重大，无疑都能打动人心；所以我深信您处理它们时会独具匠心，与您往日主持政治和科学讨论时毫无二致；（考虑到人生的重要和失误）还有什么比人类生活更值得实验和体制化呢！

有的人瞎讲道德，有的人异想天开，有的人精明过人，但居心叵测；而先生，我相信，您 手提供的只能是熔智慧、实际和善良于一炉的瑰宝。

您的自述（因为我想我正在为富兰克林博士画的平行线不仅会具有品格的要点，而且会具有个人历史的要点）将会表明您不以出身卑微为耻；这件事尤为重要，因为您证明所有的出身与幸福、美德或者伟大关系甚微。

没有手段，谈何目的，所以我们将会发现，先生，即使您自己也制订了一个您赖以出人头地的计划；但同时我们可以看到，尽管结果令人欣喜，但手段却再简单不过，任何聪明的头脑都可以想得出来；也就是说，依靠天性、美德、思想和习惯。

将要证明的另一件事就是，每个人得等待时机在世界的舞台上显露头角，选择必须适当。由于我们的感觉大都固守于一时，所以容易忘记这一时过后，还有更多的时机接踵而来，因此，人应当合理安排自己的行为，以适应终身的需要。您的禀性似乎一直适用于您的生活，飞逝的时光总因洋溢着满足和快乐而叫人意气风发，而不是满载着愚蠢的忍耐和悔恨使人备受煎熬。那样的一种行为对这么一些人是轻而易举的，他们把美德和自身定为行为的准则，他们效仿其他往往以忍耐为其特点的真正伟人，使自己做到宠辱不惊。

您那位贵格会的通信者，先生（因为在这里我又要假定我这封信描述的对象和富兰克林博士十分相似），称赞了您的节俭、勤奋和克制，他认为这是全体青年的楷模；然而奇怪的是，他竟然忘了你的谦虚和无私，没有这两点，您绝对等不及您的发迹，也不会安贫乐道，怡然自得；这是一个深刻的教训，表明对荣耀的淡泊和调整心态的重要。

如果这位通信者对您的声誉的性质像我一样了解得透彻，那他就会说，您原先的文章和提案会把注意力引向您的传记和《美德修养艺术》；而您的传记和《美德修养艺术》反过来，又把注意力引向您原先的文章和提案。这是一种与一个多样人格相伴相随的优点，它带动所属的一切发挥更大的作用；所以它就更有用处，因为也许找不到改进思想品格的手段的人比找不到时间或意向去改进的人更多。

然而有一种最后的想法，先生，就是要表明您的生平作为一部单纯的传记的用途。这种写作样式似乎有点儿明日黄花的味道，然而仍然非常有用；您的样板也许特别地经久不衰，因为它将与形形色色明火执仗的杀人越货之徒和密谋策划之辈的传记，与荒诞不经的苦行僧或虚夸无聊的文痞们的传记，形成强烈的对比。如果您的传记能开一代新风，鼓动更多的同类作品出现，引导更多的人过一种值得一写的生活；它的价值将抵得上普鲁塔克名人传的总和。

然而我一直在心目中描绘这么一种性格，它的每一个特点只适合世界上的一个人，但又不能向他予以赞许，这种事我现在已经厌倦了；所以我亲爱的富兰克林博士，我将向足下提出一个小小的要求，从而结束这封小札。

我亲爱的先生，我恳切地希望您应当让世人了解您真正的性格特点，如其不然，政治骚动也许会给它披上伪装或者加以诋毁。考虑到年事已高，生性谨慎，思维方法与众不同，除了您自己，要别的什么人对您的生平事实或思想动机有充分的掌握，那是绝对不可能的。

除此之外，现阶段铺天盖地的革命浪潮势必把我们的注意力转向革命的发动者；当崇高的原则已经在革命中加以宣扬之时，尤为重要的就是表明那些原则真的产生了影响，由于您本人的品格将是接受考察的主项，因为它受万人景仰，能流芳百世也是顺理成章的（因为其影响不仅遍及您幅员辽阔而方兴未艾的祖国，而且遍及英国和欧洲），为了增进人类幸福，我一贯主张，必须证明人即使是现在也不是一种邪恶可憎的动物；但更有必要证明，良好的管理可以使他大大地改行从善，正是由于同样的原因，我急于看到下面这种意见得到确认：在人类的成员中存在许多优秀品格；目前，所有的人，无一例外，应当被看作弃儿，善良人会停止被认为无望的努力，而且有可能想在浑浑噩噩的人生中鬼混，或者至少也想独善其身，过得舒服一点就行了。

那么，我亲爱的先生，尽快着手做这件工作吧：表现出您固有的善良和您固有的节制；尤其要证明您自己从小就是个热爱正义、热爱自由、热爱和谐的人，在某种程度上，这已经使您的行为成了自然和一贯的作风，跟我们看见的您在最近十七年的表现毫无二致。让英国人不仅不得不尊敬您，甚至要由衷地喜爱您。当他们看好贵国的个人时，就快要看好贵国了；当贵国同胞看到自己被英国人看好时，他们也快要看好英国了。把您的眼光再放远一点；不要只着眼于讲英语的人，而是在解决了如此多的人性和政治问题后，考虑改善全人类的问题吧。

我没有读过拟议中的传记的任何部分，但我认识传主，所以我这是在瞎写一气。然而我相信，我所提到的传记和论文（关于《美德修养艺术》）必然会实现我的主要期望；要是您采取措施使这些作品迎合上述意见，那就更是大喜过望了。就算这些作品在您的真正崇拜者的心目中未能做到如愿以偿，但至少您会完成一些能引起人类思想关注的篇什，谁能给人一种于人无害的快感，谁就给人生的光明面增了色，因为人生被愁云遮得太暗，被疼痛伤得太深。因此我希望您会听取我在此信中向您发出的祈求，我求您予以认可，我最亲爱的先生，书不尽言，言不尽意。

本杰明·沃恩

[第二部]

生平自述续篇

一七八四年起笔于帕西[1]

①法国巴黎的一个郊区，富兰克林谈判结束北美殖民地和大不列颠战争的《巴黎和约》（1783）时在此居住。

接到上面两封来信已有些时日了，然而我至今忙得不可开交，压根儿没有想到满足信里的要求这件事情。如果我在家里，有札记唾手可得，可以帮助回忆、确定日期，事情就好办得多了。然而归期尚未定准，眼下稍有闲暇[①]，我想努力把想得起的东西先写下来；倘能活到回家以后，就可以修改和润色了。

眼下由于这里没有任何已经写成的稿子，所以我不知道是否记述过我建立费城公共图书馆用的一些手段，这座图书馆开始很小，现在规模已相当可观了，尽管我记得已经写到接近此事的时间一七三〇年了。所以我就从这里开始，先讲一讲图书馆的事，以后如果发现已经讲过，那就将它删除好了。

我在宾夕法尼亚自立门户的时候，波士顿以南的哪一个殖民地也没有一家像样的书店。在纽约和费城，印刷所其实就是文具店，只卖纸张、历书、歌谣和几种常见的学校课本。喜欢读书的人只好从英国邮购图书。共图社的社员每人手里倒是有几本书。我们最初是在一家啤酒馆聚会的，后来我们离开那里另租了一间屋子，作为社部。我提议大家都把自己的书送到那间屋子里，这样不仅可以在开会时随时查阅，而且可以让大家随意借出拿回家里阅读，这样可以互惠互利。于是这项建议便付诸实施，一段时间大家十分满意。发现这种小征集有大好处，我又建议把这种共享图书、互利互惠的局面进一步推广，办法就是创建一所会员制收费图书馆。我拟了一个草案和几条必要章程，再请一位契约起草专家查尔斯·布罗克登先生将全部内容改写成正规的协定条款让大家签署；按条款规定，每个签署人必须缴一定的款项以购买第一批图书，然后一年缴一次费用来添购图书，那时候费城读书的人为数寥寥，我们大多数人又穷得丁当响，所以经我多方奔走才勉强找到五十来个人，大部分是年轻的商人，愿意缴纳这笔每人四十先令、以后每年十先令的专款。我们就靠这笔小小的经费开张了。图书是进口的。图书馆每周开放一天，只给认捐者借书，根据他们的期票如不按时归还，则要按书价加倍罚款。这个机构很快显示出了它的用途，别的城镇和地区也竞相仿效，有了捐款，图书馆规模就越来越大，读书蔚然成风，广大民众由于没有公共娱乐转移学习的兴趣，便跟书结下了难解之缘，没过几年，外地人便注意到这里的人比别的国家同一阶层的人教养更高，头脑更灵光。

就在我们打算签署上面提到的条款的时候，由于它们将要约束我们乃至我们的子孙后代达五十年之久，契约起草专家布罗克登对我们说："你们都是年轻人，但你们不大可能人人都活到本契约规定的期限届满的时候。"②然而我们中间的很多人至今仍然健在：但没过几年，该契约就被一纸组成团社并不得转让的特许证宣布失效了。

我在拉赞助的过程中遇到的反对和勉强使我很快感觉到：提出任何一项也许会被人认为能使提倡者的声誉高出自己的四邻一丁点儿的有用的计划，而又需要四邻帮助来完成这一计划时，如果此人摆出一副该计划发起人的面孔，那就太不识时务了。因此我尽量把自己放在不显眼的地方，声称那是几个朋友的计划，是他们要求我跑跑龙套，把它提交给他们认为爱读书的人的。这样一来，我的事情就进展得顺利多了。而且以后遇到这样的情况我还是如此办理，由于屡屡获得成功，我就可以放心地将它推荐出去了。眼下牺牲一点虚荣，往后会得到厚厚的回报。

---

① 与不列颠的和约是 1783 年 9 月 3 日在巴黎签定的。富兰克林请求国会批准回国，但他仍留任公使一职，直到 1785 年托马斯 · 杰斐逊接任为止。他于当年 7 月离开巴黎返美。他写这一部分自传时，已经七十八岁了。

② 在第一部里，直接引语一般不用引号，这里开始使用引号了。

如果一时难以确定是谁的功劳，那么某个比你还要虚荣的人就会觉得理直气壮，便当仁不让，到那时候，连嫉妒也愿意还你一个公道，拔掉这些冒领的羽毛，还给它们真正的主人。

这个图书馆给我提供了勤学苦读、不断改进的途径，为此我每天匀出一两个小时；这样便在某种程度上弥补了我父亲一度想让我接受的高等教育的缺失。读书是我让自己享受的唯一乐趣。我不在酒馆、赌场或任何游乐场合消磨时光。我仍然兢兢业业、孜孜不倦地埋头苦干。我开办印刷所背了一身债，年幼的孩子逐渐开始要接受教育[①]。在生意上我还得与当地两家比我开业早的印刷所竞争。虽然我的景况一天好似一天，但原来的节俭习惯依然未改。小时候，父亲对我谆谆教导，所罗门的一句箴言被屡屡重复：“你看见办事殷勤的人吗？他必站在君王面前，必不站在下贱人面前。”[②]从那时候起，我就把勤奋看成谋求财富和功名的手段，这句话给我很大的鼓励：尽管我并不认为我真的要站在君王面前，不过，后来这种事还真的发生了——因为我曾在五位君王面前站过，甚至还有幸坐下来跟一位丹麦国王同席共餐。[③]

我们有句英国谚语说，

要致富，
求妻助。

幸运的是，我有一位跟我一样勤奋节俭的妻子。她任劳任怨做我的贤内助，折页子，订册子，看铺子，替造纸商收破布子，等等等等。我们不雇一个闲工，我们吃的是家常便饭，我们的家具是最便宜的。举个例

① 富兰克林的儿子威廉约生于 1731 年，弗兰西斯生于 1732 年；女儿萨拉生于 1743 年。
②《圣经 · 旧约 · 箴言》第 22 章第 29 节。
③ 这五位国王是法国的路易十五和路易十六，英国的乔治二世和乔治三世，还有丹麦的克里斯蒂安六世。

子，很长一段时期，我的早餐就是面包牛奶（不喝茶），用的是两便士的盛粥的陶碗和一只锡汤匙，不过还是注意一下奢侈是怎样对我的原则不管不顾、潜入我的家庭，并且跬步寸进的吧。一天早晨，我被叫去吃早饭时，我发现饭盛在一只瓷碗里，里面还有一只银勺子。这些东西是我妻子瞒着我为我买的，花了她老鼻子的钱，二十三先令啊，对此她没有别的借口可以辩解，只能说，她认为她的丈夫像别的任何邻里一样，应该有一只银勺子和瓷碗。这是我们家头一次出现银器和瓷器。后来数年内，随着我们家财富的增加，这类东西也渐渐多了起来，价值达到了几百英镑。

在宗教方面，我受的是长老会教徒的教育；那种教派的某些教条诸如神命永恒、特选子民、永世受罚之类我觉得不可思议，别的一些教条也令人怀疑，而且因为礼拜天是我的学习日，我早就不参加那个教派的公共集会了，尽管如此，我从来都不是没有某些宗教原则的；譬如说，我决不怀疑上帝的存在，决不怀疑是他创造了世界，世界是由他的旨意统治的；决不怀疑对上帝最可取的侍奉就是与人为善；决不怀疑我们的灵魂是永生的；决不怀疑罪恶将得到惩罚、美德将获得奖励，不在今生，就在来世；我认为这些就是每一门宗教的精髓，由于它们在我国的所有宗教中都可以找到，所以我统统予以尊重，不过尊重的程度有所不同，因为我发现它们或多或少夹杂着一些别的条规，这些条规无意激发、促进或巩固道德伦理，却主要用来分化瓦解我们，挑斗我们彼此为敌。由于怀有这么一种看法：认为最坏的宗教也有某些良好的效果，所以这种对所有宗教的尊重促使我避免发表一切有可能贬低别人对自己的宗教褒奖的言论；我们这一地区人口日益增多，需要不断增加新的礼拜场所，这些场所一般是由自愿捐赠修建的，我在这方面的微薄捐赠，无论哪门宗教提出来，总是有求必应的。①

---

① 1788 年费城修建一座犹太教的会堂时，富兰克林是最大的捐赠人之一。

尽管我不大参加任何公共礼拜，但仍然认为如果这种活动搞好了，就既适当，也有用，所以我每年按时交纳一笔捐赠，支持费城唯一的一位长老会牧师或聚会所。这位牧师有时候以朋友的身份前来看望我，并劝我参加他主持的礼拜，盛情难却，我时不时地也去一回，有一回还一连五个礼拜日一次不落。如果按我的看法，他是个优秀的宣教士，也许我会继续参加的，哪怕我抽出礼拜天这个空是专门用于学习的，可是他布道的主要内容不是教派论战，就是对我们这个教派特有教义的解释，我觉得全是干柴棒子，既无趣味性，又无启迪性，因为没有灌输或加强一条道德原则，其目的似乎就是把我们培养成长老会教徒，而不是好公民。后来，他把《腓立比书》第四章的一节作为讲道的题目：弟兄们，凡是真实的、可敬的、公议的、清洁的、可爱的、有美名的，若有什么德行，若有什么称赞，这些事你们都要思念。①可我以为一篇以这为题的布道文不能缺失某些道德内容：可是他仅按《使徒行传》的意思局限于五点，即：一，敬守安息日。二，勤读《圣经》。三，按时参加公共礼拜。四，分享圣餐。五，尊敬上帝的牧师。这些都可以说是善事，但不是我从那个题目所期望的那种善事，于是我死了心，不指望会从别的任何题目下遇到我所期望的东西，从而产生了厌恶情绪，再也不去听他讲道了。几年前，也就是一七二八年，我编了一本小小的祈祷书供自己个人使用，名叫《信条与教义》。我又重新启用这本书，不再去参加公共集会了。我的行为也许该受责难，但我随它去，不做进一步的辩解，因为我眼下的目的是陈述事实，而不是替它们辩护。

大约就在这个时候，我酝酿了一个达到道德完善的大胆而又艰巨的计划。我希望任何时候，不犯任何错误地生活；我想克服天性、习惯或伙伴可能给我造成的一切缺点。因为我知道或者自以为知道什么是对的，什么是错的，所以我看不明白为什么我就不可以见对就做、遇错就

①《圣经 · 新约 · 腓立比书》第 4 章第 8 节。

躲呢。然而很快我就发现我干了一件超出我的想象的难事。我处处留心提防这儿出差错，可往往又挨了那儿一个差错的闷棍。一不留神，习惯又占了上风。习性太强，理性无可奈何。我终于得出结论：相信做到功德圆满是我们的利益之所在，这纯属想入非非，它并不足以防止我们跌跤；必须破除陋习，树立良风，我们方能对一种沉稳一贯的正直行为有所依赖。为此我想出了下面的一种办法。

我在读书时遇到的关于美德的细目各种各样，我发现作者不同，名目也多少各异，同一名目下包罗的概念也多少不一，譬如说“节制”，有人只限谈饮食，有人却推而广之，意思是缓和别的任何肉体或精神方面的享乐、欲望、习性或激情，甚至延及贪婪和野心。为了清楚起见，我向自己建议宁肯多设名目，少附概念，也不可少设名目，多附概念；我把当时觉得必要或可取的美德归入十三个名目，每一个名目附上一条简短的规诫，充分表达我所下定义的范围。

这些美德名目及其规诫是：

一，节制。

饭不可吃胀。

酒不可喝高。

二，缄默。

于人于己不利的话不谈。避免碎语闲言。

三，秩序。

放东西各归其位，办事情各按其时。

四，决心。

决心去做该做的事情，做就做到心想事成。

五，节俭。

不花于己于人没有好处的闲钱，杜绝浪费。

六，勤奋。

珍惜时光。手里总忙有益之事。剪除一切无谓之举。

七，诚信。

不害人，不欺诈。

思想坦荡，公正；说话实事求是。

八，正义。

不损人利己，伤天害理的行为永不沾边，利公利民的应尽义务切勿放手。

九，中庸。

避免走极端。忍让化冤仇。

十，清洁。

身体、衣着、居所，不许不干不净。

十一，平静。

不可为小事、常事或难免之事搅乱了方寸。

十二，贞洁。

少行房事，除非为了身体健康或传宗接代；千万不可搞得头脑昏沉，身体虚弱，或者伤害自己或他人的平静或声誉。

十三，谦卑。

效法耶稣和苏格拉底。

我的意图是把这些美德养成习惯，所以我认为最好不要同时全面开花，分散了注意力，而应当一次专注于一项，等把这一项掌握透了，然后再试下一项，这样循序渐进，直到我把十三项统统做到。由于先养成几项可以方便另外几项的养成，于是我根据这种看法按它们上面的地位做了安排。节制先行，因为它有助于头脑冷静，思维清晰，这在常备不懈高度警惕、防范旧习持续的吸引、抵御强大永久的诱惑的地方是不可或缺的。这一项养成巩固之后，缄默就更容易做到了，由于我的愿望是提高美德和获取知识齐头并进，考虑到谈话中，获取知识靠的是耳朵听，而不是嘴巴讲，因此就希望破除我正在养成的唠唠叨叨要嘴皮子的习惯，因为这种习惯只能使我与轻嘴薄舌之徒为伍，所以我把缄默放在第二位。这一项和下一项秩序，我希望会使我有更多的时间关照我的计划和我的学习；决心一旦变成习惯，将会使我坚定不移地努力获取随后的所有美德；节俭和勤奋，由于使我摆脱了剩下的债务，获得了独立和富裕，所以使我更容易实施诚信和正义等等。由于当时认为，按照毕达哥拉斯①《黄金诗》里的忠告，每日自查不可或缺，我便想出下列办法进行自查。

我订了一个小本子，一项美德占一页。每一页用红笔画上竖线，形成七行，一行代表一周中的一天，每天用一个字表示。再用红笔画十三条横线，与七条竖栏交叉，每一条横线的开头写上一项美德的头一个字，每天在自查中发现哪项美德方面一有过错，就在相应的竖栏中的横

---

① 毕达哥拉斯（公元前6世纪人），古希腊禁欲主义哲学家和数学家。富兰克林在这里加了这么一条注："将指导自查的这几行插入一条注里"，并希望包括诗句的译文："让睡眠合上你的眼睛前先将当日的工作检查三遍：我在何处偏离了正道，我做了些什么事，我漏做了什么善事？"

线上画一个小黑点。

我决心一周对一项美德严密监视，依次执行。这样第一周我就严防死守，对节制不可有丝毫的触犯，别的美德就顺其自然了。只是每天晚上标出当天的过错。这样，如果第一个礼拜我能使标明“节制”的第一条线没有黑点，我就认为那一项美德的习惯大大加强，它的对立面削弱了，因此我可以放心大胆地把注意力延伸，把下面一项也包括进去，争取下礼拜两条线上都没有黑点。就这样逐一进行，直到最后一项，我可以在十三周之内走完全程，一年四个流程。就像一个人给花园锄草，他就没有打算一下子把所有的莠草铲尽锄绝，因为他没有这个能耐，但他可以一次锄一畦，锄完第一畦，再锄第二畦；所以我由于从本子上看到线上的黑点连续清除表明我在美德修养上取得了进步，从而应当感到（我希望）欢欣鼓舞，最后，经过几个流程，经过十二个礼拜的天天查，我看到的是一本干干净净没有黑点子的本子，我感到由衷的高兴。

我在这个小本子上抄写了艾狄生《卡托》里的几行诗作为题词：

在这里我愿意相信：如果我们头上有一种神力，
（确实有，整个大自然通过她的造物高呼）
他肯定会对美德格外喜欢，
而且他喜欢的对象也一定快活。①

还有西塞罗的话：

O Vitœ philosophia Dux! O Virtutum indagatrix, expultrixque vitiorum! Unus dies bene, et ex preceptis tuis actus, peccanti

---

①引自约瑟夫·艾狄生《卡托，一出悲剧》第5幕第1场第15—18行。富兰克林也用这几行诗做他的《信条与教义》的卷首引语。

每页表格格式①

	节制 饭不可吃胀 酒不可喝高						
	日	一	二	三	四	五	六
节							
缄	● ●	●		●		●	
秩	●	●	●		●	●	●
决			●			●	
节		●			●		
勤			●				
诚							
正							
中							
清							
平							
贞							
谦							

①按正文，黑点画在线上而不在格子里，这里依照 Norton Anthology 版的表格形式。

*immortalitati est anteponendus.*①

还有出自所罗门《箴言》的引文，讲的是美德或智慧：

> 她右手有长寿，左手有富贵。她的道是安乐，她的路全是平安。
>
> 第3章第16—17节

由于认为上帝就是智慧的源泉，于是我想求他帮助获得智慧不仅正当，而且必要；有了这一目的，我做了下面一段小小的祈祷文，置于我的自查表前面；天天使用。

> 啊，万能的上帝！慷慨的天父！仁慈的向导！给我增强那种智慧吧，因为它能揭示我至真的利益。加强我的决心吧，好让我执行那种智慧的指令。笑纳我对您的其他子民的诚心服务吧，这是我对您绵绵恩佑力所能及的唯一报答。

有时候，我还选用汤姆逊的诗作为一段小小的祈祷文：

> 光明与生命之父哟，您是至善，
> 教我如何为善，您亲自教教我！

---

① 马库斯·图留斯·西塞罗（前106—前43），古罗马哲学家、演说家。引文出自《图斯库卢姆辩论录》第5卷第2章第5节。Vitiorum 后有几行略去。拉丁引文的意思是："哲学啊，生活的指南，你是美德的求索者，罪孽的祛除者！……宁肯按照你的规诫好好活一天，也不愿过一种罪恶的永生。"

脱离所有低级的追求，用知识、
宁静、纯德充满我的灵魂，
赐予我神圣、充实、永不凋零的福祉！①

秩序的规诫要求办事各按其时，所以我那小本子的一页上就有下列一天二十四小时的活动计划。

晨问，今日我将做什么好事？	5	起床，洗漱，祈祷万能的上帝；考虑当日事务，对一天的事情做出决定；就便学习；早餐。
	6	
	7	
	8	工作。
	9	
	10	
	11	
	12	读书或查账，然后吃饭。
	1	
	2	工作。
	3	
	4	
	5	
	6	东西归位，晚饭，音乐，或娱乐，或者交谈，当日自查。
	7	
	8	
	9	
	10	睡觉。——
	11	
夕问，今天我做了什么好事？	12	
	1	
	2	
	3	
	4	

我开始实行这份自查计划，实行的过程中偶尔会中断几天。我惊讶地发现自己的过错比原先想象的多得多，但也满意地看到它们在日益减少。我的小本子由于要擦去纸上老过错的记号为新一轮新过错的记号腾

①引自詹姆斯·汤姆逊（1700—1748）《四季》中的《冬季》（1726）第218—223行。

地方，擦来擦去弄得上面千疮百孔：这样就时不时地要以新换旧，为了避免这个麻烦，我把表格和规诫转移到一个记事簿的高级白板纸页子上，用红笔画上线条，使条痕能够持久，再用黑铅笔在线上标出我的过错，这些记号用一块湿海绵很容易擦掉。过了一段时间，我只用一年时间就走完一个流程，后来几年才能走完一个，到最后，由于冗务缠身，漂洋过海出差办事，就彻底放弃了，不过我总是随身带着我的小本子。

我的秩序计划最让我劳神犯难，我发现，虽然在一个人可以自己随意安排时间的事情上这是行得通的，譬如说，印刷工就是这样，但要一位老板严格遵守，那是不可能的。因为他必须和满世界的人打交道，接待生意人往往要看人家的方便。还有与东西、纸张等等归位相关的秩序，我发现要做到也是难如登天。早先我对章法很不习惯，因为我的记忆力好得惊人，就意识不到缺少章法带来的不便。所以这一项叫我费心留神伤透了脑筋，在上面犯过的错误也叫人窝心，而且改进也十分有限，又是屡改屡犯，以致我几乎准备知难而退，在这一点上，想抱残守缺安于现状算了。就像有个人从我的一位铁匠邻居那儿买斧头一样，他希望斧头全身都像斧刃那样明光锃亮；铁匠答应给他磨光，如果那人愿意给他摇砂轮的话。于是他转动砂轮。铁匠把宽阔的斧面狠劲抵住石轮，这样一来转动砂轮就非常吃力。那人时不时地从砂轮旁边跑过来看磨得怎么样了；最后只好把斧头照原样拿走，再不往下磨了。不行，铁匠说，接着摇，接着摇，不一会儿就磨光了，现在还是个麻脸呀。不错，那人说，不过——*我想我最喜欢的就是一把麻脸斧头*。我相信很多人都是这种情况，他们由于缺少我用的手段，发现树立良风破除陋习十分艰难，在善与恶的其他一些交锋上放弃了斗争，还说什么*麻脸斧头是最好的*。因为某种谎称理性的东西时不时向我提示，像我这样在道德上对自己求全责备，也许会为世诟病，讥为犯傻，一旦为人所知，将会传为笑谈；还提示，一种完美的品格会惹来遭人嫉妒的麻烦：而且一个善人应当允许自己有点毛病，好给他的朋友留点面子。

说实话，在秩序这一项上，我发现自己已经无药可救了，现在我人老了，记忆力也差了，非常明显地感觉到自己办事缺乏秩序。然而，总体来讲，虽然我从来没有达到我曾经雄心勃勃要达到的那种完美境界，而且还相去甚远，但我通过努力成为一个比较优秀、比较快乐的人，若不努力我是做不到这一步的；就像有些人临摹字帖，一心要练就一笔好字，尽管他们永远达不到他们希望达到的字帖的那种优秀水准，但通过努力书法大有长进，字写得漂亮清晰，也算说得过去了。

让我的子孙后代得知，他们的这个先辈直到这篇自述写成的第七十九个年头，一生福气绵绵，除了上帝的恩佑，靠的就是这点小小的本领，这未尝不是一件好事。余年还有什么不测，皆在上帝手中：即使这些不测出现，对往日享受的幸福加以反思应当帮助他以乐天知命的心态将它们一一扛过去。他把长期持续的健康归功于节制，它至今还给他留下一副好身板。多亏了勤奋和节俭，他早年景况顺遂，获取了财富，还学得了种种知识，使他成为一位有用的公民，为他在学术界赢得了一定的声誉。他把祖国委任他的光荣职务归功于诚信和正义。这一整套美德，哪怕还处在他能获得的那种不完善的状态下，也多亏了它们的联合影响，使他能够脾气平和，谈笑风生，所以他一直人缘很好，甚至深得年轻朋友的喜欢。①所以我希望我的某些子孙不妨学习学习，从中获得好处。

应当说明的是，尽管我的计划并不是完全没有宗教色彩，但里面绝对没有任何一个教派的特殊信条的标记。这些东西我是有意回避的；因为我充分相信自己方法的实用和卓越，对信仰所有宗教的人都适用，由于有意在什么时候将它印行，所以我不想让其中的任何内容引起任何教派中的任何人对它产生反感。我有意对每一项美德写一点短评，表明

① 注意这段文字中第三人称的使用。这样做意在拉开叙事人和读者的距离，收到更加客观的效果。

具备这种美德的好处和从事与之相反的恶行的坏处；我本来要把自己的书命名为《美德修养艺术》，因为它将显示获得美德的方法和方式，它将有别于单纯的劝善，因为劝善并不教导和指明方法，而是像使徒行传里的口头善人一样，不是给缺衣少食者指明怎样或者何处可以得到衣食，而只是一味地劝导他们要吃饱穿暖。《雅各书》第 2 章第 15—16 节。①

然而，我写作、出版这种评论的意向并未实现。我确实时不时地记下一些感受、推理等方面的简短提示，准备在评论中使用；其中有些提示至今还保存着：可是早年对于私人事务，后来又对公众事务的必要和密切的关注，将此项工作拖延了下来。由于它在我心里是与一项需要人全身心地实施的伟大而深远的计划紧密相关的，而一系列出乎意料的事务又使我无法顾及，所以时至今日它仍然没有完成。

在这篇自述中，我的计划就是解释并强化这样一个道理；单独就人性考虑，恶行并不是因为遭禁才有害，而是因为有害才遭禁，因此具备美德是每个人的利益之所在，因为人人都希望今生幸福，从这种情况（世界上总有许多富商、贵胄、皇亲国戚，他们需要管理自己事务的诚实工具，而这种工具又如凤毛麟角），我尽力让年轻人相信，要使一个穷人致富，什么品质也不可能像诚实那么有效。

我的美德名目起初只有十二项；可是一位贵格会朋友好心好意告诉我，人们一般都认为我目中无人；而且我的傲慢往往从言谈中表露出来；无论讨论什么问题，我就是占住理了仍不过瘾，还要摆出一副盛气凌人、老子天下第一的架势；他怕我不信，还举了好几个例子，说得我口服心服；于是我努力在根治别的毛病的同时，尽我所能根治这一恶行或愚行，我便在名目上增添了谦卑一项，并对这个词赋予了一种广泛含

---

①《圣经 · 新约 · 雅各书》第 2 章第 15—16 节："若是兄弟或是姐妹赤身露体，又缺了日用的饮食，你们中间有人对他们说'平平安安地去吧，愿你们穿得暖吃得饱'，却不给他们身体所需用的，这有什么益处呢？"

义。我不敢吹牛说我在取得这项美德的实质上多么成功，但在外表上取得了很大进步。我给自己立了一条规矩，克制一切跟别人针锋相对的言论和我自己的武断说法。我遵照我们共图社的老规矩，甚至不许自己在语言中使用表示确定看法的词语；诸如肯定、无疑之类，代之以我心想、我的理解是，或我认为一件事情如何如何，或者这事情我眼下觉得如何如何。当别人主张某种意见，我认为错了的时候，我不图一时痛快，打他一顿拦头棍，立马挑明他的意见的荒谬之处；而是在回答的时候，一开始就说，在某种情况下他的见解可能是对的，但在目前看来，我觉得情况似乎或好像有所不同等等。很快我就发现了我这种改变态度的好处。我所参与的谈话进行得更加惬意了。我发表意见表现出的谦虚态度使人家更乐意接受，反驳大大减少了；这样一来，即使发现自己的意见错了，也不至于下不了台，要是自己的意见碰巧对了，我也容易说服别人放弃他们的错误看法和我达成共识。这种办法一开始采用的时候，有点牛不喝水强按头的架势，最后却到了习惯成自然的程度，也许在过去五十年间，谁也没有听到我随口说过一句武断的话。多亏了这种习惯（仅次于我的正直品格），当我早年提倡新体制或改变旧体制的时候在同胞中说话很有分量；后来当了议员，在议会里又很有影响。我笨嘴拙舌，从来做不到口若悬河，措辞常常讷讷难言，语病层出，但一般还能说服别人同意自己的观点。

实际上，在我们的性情中最难制服的也许就是骄傲了，你尽可以千方百计地将它伪装，跟它拼搏，把它打翻在地，掐住它的脖子，将它狠狠羞辱一顿，但就是弄不死它，一有风吹草动，它又窥间伺隙表演一番。在这本传记里你也许会常常看见它。哪怕我自以为已经彻彻底底战胜了它，我也许又该为自己的谦卑而居功自傲了。

以上一七四八年写于帕西。

[第三部] ①

① 自传第三部是富兰克林在费城写的，时间在 1788 年到 1789 年 5 月底之间。

一七八八年八月，我现在准备在家里写了，可是得不到我所期望的文稿的帮助，因为很多都在战争中丢失了：不过我还是找到了下面的这一部分。

我提到过我酝酿着一个伟大而深远的计划，似乎这里有必要对那项计划和它的目标做一些记述，它初次在我心里浮现的概况记录在偶然保存下来的一片纸头上面：

一七三一年五月九日图书馆

读史感言

“世界大事、战争、革命等等皆由政党推动、完成。

“这些政党的着眼点就是它们当前的普遍利益，或者是它们所认为的那种利益。

“政党不同，着眼点各异，这就引起一片混乱。

“尽管一个政党在推动一项总计划，各人却有各人着眼的具体私利。

“一旦一个政党达到了自己的总目标，每个成员就开始关注一己的私利从而妨碍了其他成员，这就造成了政党分裂，招致了更多的混乱。

“在公众事务中，很少有人做事纯粹从国家利益着眼，不管他们说得多么天花乱坠；即使他们的作为给国家带来了真正的利益，人们仍然主要考虑他们一己的私利与国家的公利是联为一体的，而不是从一种慈善原则出发行事的。

“在公众事务中更少有人做事是从人类利益着眼的。

“我觉得目前亟需创建一个联合美德党，也就是把各国品德高尚的善良人士组织成一个正规团体，按一些适当的善良、明智的章程来管理，善良明智之士也许在遵守自己的章程上，比普通人遵守法规更加步调一致。

“我目前认为谁若对此做出正确的尝试，而且能够胜任，谁就肯定能取悦上帝，获得成功。

本 · 富”

我在心里反复琢磨这项计划，以便日后情况允许，有一定空闲时能付诸实施，所以时不时地将浮现出的相关想法记在纸上。这些纸头大多已经佚失；但我找到了一页，它表明了一种拟议中的信条的实质，包含着我当时认为的每一种已知宗教的精义，但没有一点可以震惊任何宗教信徒的内容。它是以这样的语句表述的：

“只有一个创造万物的上帝。

“他以他的天道统治世界。

“他应当受到以敬爱和感恩等形式表示的崇拜。

“最可取的对上帝的侍奉就是对人行善。

“灵魂是永生的。

“上帝必定会惩恶扬善，或在今生或在来世。”

我当时的想法是，这样一个教派一开始应当在年轻的单身汉中间创建和发展；每个加入教派的人不仅要宣布他认同那种信条，而且应当按前面提到的方式对各项美德进行十三个礼拜的自查和实践；这样一个教派的存在应当保密，直到它形成一定气候为止，还应当阻止动员不合格的人员加入；然而每个成员应当在自己的熟人中寻找聪明向善的青年，小心谨慎、循序渐进地把计划传达给他们：成员们应当相互劝勉，互帮互助，以促进彼此的利益、事业和生活进步；为了与众不同，我们不妨把这个教派称为解放自由社；所谓解放，就是由于对各项美德修养成习，便从恶行的主宰下解放出来，特别是由于实行勤奋和节俭，从债务中解放出来，因为债务把一个人囚禁起来，成为债主的奴隶。关于这项计划，现在我能记起的只有这些了，另外，我还把计划的部分内容向两个年轻人做了传达，他们倒是热情满怀地身体力行了。但是由于我当时境况艰难，只能死死盯住生意，不敢旁骛，所以那个时候就把计划的进一步实施拖延下来，我又公私兼顾，职务繁多，致使计划一拖再拖，到最后精力、活动能力均已不济，无法推行这么一项事业，这件事就更无从说起了。不过我现在仍然认为这是一项切实可行的计划，由于可以造就很多优秀公民，所以也是一项非常有用的计划：这项事业看上去恢弘艰巨，但我并不气馁，因为我一直认为，一个能力尚可的人可以在人类中促成大变革，成就大事业，只要他首先制订一个好计划，然后剪除一切娱乐活动或其他可以让他分心旁骛的事务，把推行这一计划当作他唯一的研究和事业。

一七三二年，我首次以理查德·桑德斯①的名义出版了我的历书，我将它续编了二十五年左右，一般管它叫《穷理查历书》。我尽力把它编写得既有趣又有用，所以需求量很大，每年销售近万册，我可从中大赚了一笔。注意到它非常风行，本地区几乎家喻户晓，于是我认为它不失为一个教导大众的适当工具，因为老百姓几乎不买别的什么图书，于是我就在历书重要日子之间出现的空白处填上一些谚语警句，主要劝导

---

① 理查德·桑德斯是 17 世纪伦敦历书编写者和占星学家。富兰克林也许还记得一本从 1661 年到 1766 年出版的伦敦历书，叫作《穷罗宾历书》。

人把勤奋、节俭当作致富手段，进而培养美德，因为对一个穷人而言，总是老老实实地做事更难，因为（这里试用一句谚语）空袋子，难立直。这些谚语包含着历代多国的智慧，我把它们收集起来，编成一篇连贯的文章，当作一位逛拍卖市场的智叟的演说，放在一七五七年历书的卷首。①把所有的零散的忠言集中起来能给人留下更深刻的印象。这篇文章举世叫好，欧洲大陆的报纸纷纷转载，英国把它印成海报家家户户张贴，有两种法文译本，很多被牧师和乡绅买去免费分发给贫穷的教友和佃农。在宾夕法尼亚，由于这篇文章劝人们不要白花钱买外国的闲货，所以有人认为它对本地区钱财增长有一定影响，因为这种情况在文章发表后连续几年就看出来了。

我把我的报纸看成传播教育的又一种工具，基于这种观点，我便在报纸上频繁摘要转载《旁观者》和其他劝善作家的文章，有时候也登一点自己写的小篇什，这些都是先作出来在共图社宣读的。其中一篇是苏格拉底式的对话录，意在证明一个人无论才能有多高，如果缺德，就不配称为一个有见识的人。还有一篇是论自我牺牲的，指出美德只有修养到了习惯成自然的程度，彻底摆脱了与之对立的倾向，才能算牢固可靠。这些文章可以在一七三五年初前后的报纸上找到。②在办报的过程中，我小心谨慎，诽谤中伤和人身攻击的文字一律不登，近几年来，这类文字已成了我们国家的奇耻大辱。总会有人求我插入这类文字，作者还振振有词进行辩解，打出出版自由的旗号，说什么报纸就像公共马车，谁掏钱，谁就有权入座，遇到这种情况我的回答是，如果想印，我愿意另印，想印多少就印多少，但由作者自己负责发行，这样一来我就不会承担扩散他的诽谤的责任了。况且，我已经与订户有约在先，给他

① 作于 1757 年夏天，在富兰克林赴英航行期间，但印在 1758 年的历书上。这篇著名的前言文本不同，叫法各异，有的叫“亚伯拉罕大爷的讲话”，有的叫“致富之路”（法文叫“La Science du Bonhomme Richard”），在 18 世纪结束之前用七种不同的语言至少重印了 145 次，此后的重印更是难以计数。

②《宾夕法尼亚报》，1735 年 2 月 11 日和 18 日。

们提供的东西要么有益，要么有趣，所以不可让报纸充斥与他们无关的私人口角，如其不然，就是对他们明显的不公。现如今我们的好多出版商只顾满足某些人的恶意，不惜造谣中伤我们中间的一些优秀人物，煽风点火，加深仇恨，甚至到了挑起决斗的程度，更有甚者，竟然轻率到刊印谩骂攻讦邻州政府的杂感文章，甚至对我们最好的盟国也不放过，这可能造成极其恶劣的后果。我之所以提这些事，是为了给年轻的出版商敲个警钟，千万不可做这种不光彩的事情，把自己的报刊搞得乌烟瘴气，给自己的职业抹黑，所以这类文字应断然拒绝；他们也许会从我的例子中看出，这样一种办报方针总的来说是不会损害他们的利益的。

一七三三年，南卡罗来纳的查尔斯顿需要一家印刷所，我派了一名工人过去。按一个合伙协议，我给他配备了一台印刷机和一套铅字，我支付三分之一的费用，将来收取三分之一的利润。此人有学识，人也老实，但不懂财务；尽管有时候他给我汇一些款过来，但在他生前我从未从他那里接到任何账项记录，也得不到我们合伙经营的一个令人满意的情况说明。他一死，生意由他的遗孀接手。她是在荷兰出生长大的，我听说那里将财会知识列为妇女教育的一个组成部分，她不仅把她能找到的过去业务状况做了一个明晰的报表，而且以后每个季度都会寄来一份极其正规、准确的账目；她把这项生意经营得卓有成效，不仅靠它把一大家子女养大成人，有口皆碑，而且在合同期满时有能力从我手中把印刷所盘下，让她儿子独立经营。我提及这件事，主要是为我们的年轻女性推荐那一门教育学科，在她们万一孀居的情况下，它对自身和子女可能比音乐舞蹈更有用处，因为它可以保护她们不会被狡诈的男人哄骗而蒙受损失，还因为它能够使她们继续经营一家有固定生意往来的有利可图的商铺，直到儿子长大成人能接过去继续经营，做到事业永兴，家庭富裕。

大约在一七三四年，从爱尔兰来了一位年轻的长老会宣教士，名叫亨普希尔[①]，他声音优美动听，发表了一些显然是即兴的极其精彩的演说，把大批不同教派的人士吸引到了一起，收到了众口交赞的效果。我也常常前去聆听，他的布道文我格外欣赏，因为很少死背教条，而是大力灌输美德的修养，或者用宗教说法，叫作善事。然而，我们的教友中，有一些以正统长老会信徒自命，他们不同意他的理论，而且与大多数老派教士串通一气，在教会主管会议上指控他为异端，想让他销声匿迹。我成了他的热情支持者，并竭尽所能拉起一个帮派声援他，我们为他战斗了一些时日，抱着成功的希望。为此我们打了不少笔墨官司，这时候才发现他宣道时出口成章，写作时却涉笔无趣，我便替他捉刀，写了两三本小册子，有一篇文章登在一七三五年的《宾夕法尼亚报》上。这些小册子，就像辩论文章的惯例一样，尽管当时人们竞相阅读，但很快就成了明日黄花，我估计现在一本也不会有了。

正在争论期间，发生了一件不幸的事情，从而砸了他的锅。我们的一个对手听过他宣讲的一篇有口皆碑的布道文后，觉得以前在什么地方看到过，或者至少看过其中的一部分。找来找去，他终于在一期《英国评论》上找到了，那一部分，原来是从福斯特博士[②]的演讲中直接引用的。这一发现使我们一派的很多人像吃了苍蝇似的恶心，从此对他的事便撒手不管了，这也更快地使我们在宗教主管会议上一败涂地。不过我对他仍然不离不弃，因为我宁肯听他宣读别人创作的好布道文，也不愿听他自己炮制的坏东西；尽管后面这种情况是我们普通教士的一贯做法。后来他向我承认他宣讲的东西没有一篇是他自己写的；还说他记忆力惊人，任何布道文都能做到过目成诵。我们败阵以后，他就离开了我们，在别的地方撞好运去了。我也退了会，此后再也没有加入过，尽管多年来我还是一如既往地捐资支持该会的牧师。

---

①塞缪尔·亨普希尔，爱尔兰长老会牧师，他于1734年在费城宣教。

②詹姆斯·福斯特（1697—1753），一名不顺从国教的英国教士，洗礼会教徒，当时最雄辩的宣教士之一。

我在一七三三年就开始学习外语。我很快就精通了法语，能够轻松地看法文书。然后我又学了意大利语。有一个熟人也学意大利语，他常常引诱我和他下棋。发现这么做占去了我为学习匀出来的过多时间，我最后再也不下棋了，除非满足这么一个条件：每盘棋的赢家有权布置任务，输家必须保证在下一次见面时完成，或者背会一部分语法，或者翻译出一段文章，等等。由于我们的输赢大致相当，这样便相互逼着掌握了那种语言。后来我又下了一点苦功学西班牙语，也能够读原著了。

我已经说过，我只上过一年的拉丁文学校，那时候年龄很小，此后就把这种语言完全撂下没有管过。但当我学会了法语、意大利语和西班牙语之后，我翻阅一本拉丁文《新约全书》时，惊讶地发现我对这种语言的理解比我想象的要多得多；这就鼓励我再次下工夫去学习拉丁文，因为前面几种语言为我铺平了道路，所以取得了更大的成功。我从这些情况想到，我们教授语言的常见方法不大协调。我们听说先从拉丁文开始，学好了拉丁文再学现代语言就容易多了，因为它们都是从拉丁文衍生出来的；可我们并没有为了易于学会拉丁文而先学希腊文。诚然，如果你能不走台阶爬到楼梯顶端，那你一级台阶一级台阶地走下来时就容易得多：可是，如果你从最低的一级台阶开始爬，爬到楼顶肯定会更轻松。因此，我把它提出来供主管青年教育的人考虑：既然很多从拉丁文开始的人花了几年工夫以后由于没有怎么精通就拉倒了，他们学的东西几乎毫无用处，因此时间算是白花了，那么先从法语学起，再学意大利语等等是否好一点呢，因为虽然花费了同样多的时间后，他们中止了语言学习，而且永远不会学拉丁文，然而他们掌握了一两种现代使用的语言，这在他们的日常生活中兴许还是有用处的。

离开波士顿十年之后，在境遇更加顺遂的情况下，我才返回故里，探亲访友，因为我是没有钱早去的。在返家途中，我专门到新港去看望哥哥，那时候他连家带印刷所都安置在那里。我们已经冰释前嫌，哥儿俩相见亲切而又动情，他的健康正在迅速恶化，他担心大限不远了，所以要求我，万一他死了，就把他的刚刚十岁的儿子带回家，扶养大后让他从事印刷业。我按他的要求办了，先让他儿子上了几年学，再让他进印刷所。他母亲继续经营，直到他长大成人，我用一套各种型号的新铅字扶助他，因为他父亲的铅字已经磨损了。我过早地离开了哥哥没有给他效力，现在也算做了一些丰厚的补偿。

一七三六年，我失去了一个儿子[①]，一个四岁的漂亮男孩，死于由常见的渠道染上的天花。长期以来，我悔恨万分，现在仍然悔恨没有给他接种疫苗；我之所以提这件事，是为了提醒忘记给孩子接种的父母，万一孩子死于天花，他们将永远不会饶恕自己。我的例子表明，如果两种做法都可能造成同样的悔恨，还是应当两害相权取其轻。

大家发现我们的俱乐部共图社用处很大，成员们个个满意，于是有几位想介绍自己的朋友也来入社，这事儿不太好办，因为我们原来定了个适当的限额：十二名。这样一来，就会超员。从一开始我们就定了一个规矩，给组织保密，大家都遵守得很好。用意无非是避免不适当的人申请入社，万一有人申请，有些人也许就难以拒绝。我是那些反对增加社员的成员之一，不过倒是拿出了一个书面建议，每位社员应当另行设法组织一个附属俱乐部，涉及讨论问题的规章与原先相同，但不能向他们透露与共图社的关系。我指出这样做的好处是利用我们的组织机构提高更多年轻公民的素质，我们也可以随时随地更好地了解民意民情，因为共图社成员可以提出我们渴望讨论哪些问题，也可以把各分社的情况向共图社汇报；这样集思广益可以增进我们事业的具体利益；还可以通过好几个俱乐部把共图社的主张扩散开来，从而增大我们在公众事务中的影响和做好事的力量。这个提议得到大家的赞同，每个成员便着手组建自己的俱乐部：但并不是个个成功。组建成功的只有五六个，各有各的名

---

①弗兰西斯·福尔杰·富兰克林。为了辟谣，富兰克林在报纸上登了一则文告，说孩子的夭折是传染（“常见的渠道”）上了天花，而不是接种疫苗所致；他的接种被推迟，因为他患有肠疾，正在恢复。

称，诸如“藤蔓”、“联合”、“群众”等等。它们不仅对自身有益，也给我们提供了不少乐趣、信息和教益，而且在很大程度上达到了在一些特定场合影响舆论的目的，这一点我将在事情发生的过程中举例说明。

我于一七三六年被选为议会秘书，这是对我的第一次提拔。当年的那次选举是没有异议的；但是第二年，我再次得到提名（这个选举，跟议员选举一样，一年一次）的时候，一位新议员做了一次长篇发言，反对选举我，有意让另一名候选人当选。不过我还是当选了，这当然使我更加高兴，因为除了秘书一上任就有薪水之外，这一职位能给我一个更好的机会，在议员中享有威望，这样一来，我就可以稳稳当当地拿到印刷选票、法律文件、纸币和其他公家的零活的生意，总的来说，这些都是有钱可赚的。因此，我不喜欢这位新议员的反对。此公是位绅士，家境富裕，教育良好，才气不凡，这些到时候很可能使他在议会中形成大气候，后来情况果真如此。但我也不打算低声下气以讨得他的欢心，而是过了一段时间采用了这么一种另类办法。听说他的藏书中有一件稀世珍本，我便给他写了个条子表达了一睹为快的渴望，并要求他惠允我借阅数日。他立即派人把书送过来；大约一个礼拜后我将书归还，又附了一张条子，表达了强烈的感恩之情。我们再次在议会里见面时，他主动跟我攀谈（这是他前所未有的举动），而且很有礼貌。此后他时时处处都表示乐意为我效劳，最后我们成了莫逆之交，我们的友谊一直延续到他去世的那一天。这又一次证实了我学的那句至理名言，*谁若一次施恩与你，必将二次施恩与你，其乐意之情为受恩于你者所不及也*。这也表明冤仇宜解不宜结，冤冤相报弊无穷。

一七三七年，弗吉尼亚前任总督、时任邮政管理局局长的斯波茨伍德上校[1]对他在费城的代办玩忽职守和账目不清的行为十分不满，便

---

[1] 亚历山大·斯波茨伍德（1676—1740），1710—1722 年间任弗吉尼亚军事领导人和代理总督。

将其革职，叫我继任。①我欣然接受了这一任命，发现此职好处极大；尽管薪金微薄，但它方便联络，可以改进我的报纸，增加需求量，要刊登的广告也相应增加，这样一来，我的进项就十分可观了。我那位老竞争对手的报纸则相应地江河日下，我感到十分满意，对他任邮政局长期间不许邮差投送我的报纸的事也没有采取报复措施。他该报账时不报账，可算是栽了个大跟头；我之所以提这件事，无非是给受聘替别人管理事务的年轻人上上课：他们应当始终如一地报账、缴款，做到清楚透明、如期准时。为人做事能信守这一准则，人们就会有口皆碑，不愁找不到新工作，做不成大事情。

这时候，我开始对公共事务有点儿上心了，不过还是从小事做起。巡夜是我认为需要规范的首批事项之一。这项工作是由各区的警察轮流管理的。警察先通知一些户主陪他巡夜。不想奉陪的人一年给警察交六先令就可以免差，据认为这笔钱是用来雇用替补的；但实际上这笔钱远远超过了雇人所需的数目，这就使警察一职成了个肥缺。而警察为了喝几口小酒，就往往找几个小混混陪他巡夜，所以有头有脸的户主是不屑于跟这些人一起厮混的。说是巡夜，巡逻往往被忘在脑后，夜里大部分时间都耗在灌黄汤上了。由此我写了一篇文章在共图社宣读，历数了这些不规行为，特别强调警察收的六先令税款极不公平，因为纳税人的情况天差地远，一个穷寡妇当家，巡夜保护的全部家产也许不值五十英镑，而一名富商铺子里却有数千英镑的货物，二者却缴纳同样数目的税款。总而言之，我提出了一条更加有效的巡夜制度，那就是雇用合适人选常年从事这项工作，我还提出了一种补助这项开销的更加公平的办法，那就是课税多少应与财产的多少挂钩。这种观点得到了共图社的赞同，而且传达到了其他分部，不过只作为各自的意见提出来罢了。尽管

---

① 安德鲁·布雷福德在任职的最后九年，一直没有提交过账目。1737 年，富兰克林接替他的职务。

这项计划没有立即付诸实施，但在人们心里做好了变革的思想准备，为几年后的立法铺平了道路，因为到那个时候，我们各个俱乐部的成员已经能形成较大的气候了。①

大约就在这个时候，我写了一篇文章（先在共图社宣读，后来再发表），谈房屋失火的各种意外和疏忽，还讲了一些防火措施。②这篇文章发表后人们议论纷纷，认为是一篇实用的文章，于是很快促成了一项计划的产生，那就是组成一个团队，以便更加迅速地灭火，并且在危险关头互帮互助，转移、保全财物。很快就发现这一计划的参与者达到了三十名。我们的协议条款③要求每个队员常备不懈，准备好一定数量的皮桶，以及结实耐用的袋子和筐子（用来装运物品），一有火情，立即带往火场使用；我们说好一月碰一次头，搞一次联欢晚会，讨论交流我们想到的关于火灾问题的各种意见，也许在那些场合可以运用到我们的行动当中。

这个机构的用途很快就显露出来了，很多人争先恐后要求加入，我们认为一个消防队人太多有所不便，便劝他们再组建一个，他们照我们的意见办了。这样一来，新的消防队便接二连三地组建起来，最后数目越来越多，把大多数有产业的居民都包罗进去了；现在就在我撰写本文的时候，尽管离它的成立已经五十余年了，我第一个组建的名叫“联合消防队”的机构仍然存在，而且非常兴旺，虽说除了我和一位比我大一岁的人，它的初创成员皆已作古。当初队员因缺席每月聚会而处的那笔小小的罚金，已被用来为每个队员购买灭火器、云梯、救火吊钩及其他有用的工具，所以我怀疑世界上是否有哪个城市在刚起火时有比费城更好

---

①富兰克林说的“几年”实际上是 17 年。他写这篇共图社稿子时约在 1735 年；费城的一个大陪审团回应他关于巡夜的申诉是 1743 年；宾夕法尼亚总督和议会通过授权法在 1751 年，费城市议会按富兰克林的提议发布规范巡夜的命令是 1752 年 7 月 7 日。

②最初刊登在 1735 年 2 月 4 日《宾夕法尼亚报》上。

③联合消防队的条款由富兰克林和另外十几名创始队员于 1736 年 12 月 7 日签订。

的制止手段；实际上自从这些机构建立以来，这座城市一次起火最多只会损失一两座房屋，而火焰往往在房屋被烧掉一半以前就被扑灭了。

一七三九年怀特菲尔德牧师先生[①]从英国来到我们这里，他在英国已经把自己打造成了一名杰出的巡回宣教士。起初，他被允许在我们的一些教堂里宣教；但是教士们对他十分反感，很快就拒绝他登上讲坛，他十分无奈，只好在露天场地上宣教。听他布道的人各宗各派，应有尽有，真可谓人山人海，我作为听众中的一员，注意到他的演讲对听众有振聋发聩的影响力，尽管他口口声声辱骂他们，让他们相信他们天生一半人是野兽，一半人是恶魔，但他们还是佩服得五体投地，看到此情此景真让人浮想联翩。很快居民的习俗发生了变化；原来对宗教不是没想过，就是无所谓，现在似乎全世界都是一派宗教气氛；晚上你从城里走过，总能听到条条街道上家家户户都在唱圣歌，看到这种景象真令人叹为观止。由于在露天集会，天寒地冻或刮风下雨，很不方便，于是修建一座聚会堂的建议一经提出，就立即指定了接收捐赠的人员，很快收到足以买地皮、建大楼的大宗款项，这座建筑长一百英尺，宽七十英尺，大小与威斯敏斯特教堂相当；人们的干劲冲天，工程进度神速，工期之短远远超出了原先的预料。无论建筑还是场地都归受托管理人管辖，明文规定任何宗派的任何宣教士想对费城居民说些什么，都可以使用，由于建筑的设计不是为了适应一宗一派，而是为了满足全体居民的需要，所以哪怕是君士坦丁堡的穆夫提[②]，要派一名传教士来给我们宣讲穆罕默德教，他也会发现讲坛可以由他随便使用。[③]

怀特菲尔德先生从我们这里离开以后，一路在各个殖民地宣教，一直到了佐治亚。这个地区的移民定居才刚刚开始不久；然而到这里来

---

① 乔治·怀特菲尔德（1741—1770），一位狂热的加尔文教派宣教士，在被称为“大觉醒”的宗教奋兴期间到美洲负责福音教会传教使命。

② 伊斯兰教教法说明官。

③ 建筑叫“新楼”。后来被费城学院（即后来的宾州大学）占用。该建筑就是为新教礼拜而设计的。富兰克林这种说法有点夸大其词。

的移民并不是吃苦耐劳、勤奋肯干的庄稼汉，只有他们才适合从事那种艰苦卓绝的事业，可来的都是拖家带口的破产商户和别的一些逃债人，许多还刚从监狱里出来，一个个好吃懒做、游手好闲，这类人在荒野里安家落户，既无能力开垦土地，又受不了新的定居点的艰难困苦，结果死亡甚众，撇下了大批孤苦伶仃的孩子无人供养。见到这么一幅伤心惨目的景象，怀特菲尔德先生仁心大发，浮现出在那里办孤儿院的念头，这样一来这些孩子就可以有人扶养，有人管教。返回北方后，他大力鼓吹这一慈善计划，募集到大宗款项；因为他出众的口才有一股神奇的力量，听众莫不心折首肯，慷慨解囊，我也不会例外。我并不是不赞成这项计划，而是因为当时佐治亚既缺建材，又少人工，要把两者从费城运往该地可是一笔极大的开销，因此我认为更好的办法是把孤儿院建在费城，再把孩子们接过来。我提出这样的劝告，但他决心已定，不改初衷，把我的忠言当成耳旁风，因此我拒绝捐款。不久以后，我碰巧去听他的一次布道，在听讲的过程中，我发现他打算以一次募捐来结束布道，我暗下决心，他休想从我手里抠去一个子儿。我口袋里有一把铜币，三四枚银币，还有五枚金币。他讲着讲着，我心软起来，决定把铜币给他算了。经过他又一阵慷慨陈词，我觉得一把铜币羞于出手，又决定捐出银币，他的结束语更是让人倾倒，使得我倾尽囊中所有，包括金币，统统倒进募捐盘内。前来听他布道的还有我们俱乐部的一个成员，在佐治亚修孤儿院的问题上他和我意见相同，他也怀疑布道有募捐之嫌，所以未雨绸缪，从家里出来时先把口袋掏空；然而演讲临近结束时，他觉得不捐实在说不过去，只好请求站在旁边的一位邻居借点钱让他去捐。不幸的是，请求的对象也许是在场唯一一个意志坚定不为宣教者所动的人。此人的回答是，霍普金森①朋友，换了别的什么时候，你

① 托马斯·霍普金森（1709—1761），共图社成员，富兰克林做电的实验时的同事。美洲科学学会的第一任会长。

可以随便向我借;但现在不行，因为你好像脑子犯潮了。

怀特菲尔德先生的某些冤家对头总以为他会把这些捐款中饱私囊；不过我熟悉他的为人（我承印过他的布道文和日记等等）[①]，所以对他的清廉奉公没有半点怀疑。而且时至今日，仍然坚决地认为，从他的种种行为举止上看，他是一个完完全全的诚实人。依我看，我褒扬他的证词更有分量，因为我们没有任何宗教上的关联。他确实有时候求我改宗，但就相信他的祈求得到听从这一点上，他从未满足过。我们的友谊仅仅是世俗性的，双方以诚相待，一直延续到他去世为止。

下面的例子将会说明我们的一些交情。有一次他从英国抵达波士顿，便写信告诉我不久要来费城，但不知道来了以后在哪里投宿，因为他听说他的好心的老房东贝尼泽特先生[②]搬到德国城去了。我的回答是：你知道我的住处，如果你能在寒舍将就几天，你会得到最热诚的欢迎。他回信说，如果我看在基督的分上出此义举，我将不会错过一份回报的。我回话说，别弄错了;那并非看在基督的分上，而是看在你的分上。我们俩都认识的一位熟人开玩笑说，大家都知道圣徒们有个习惯，该他们领情的时候，他们总觉得这份人情自己担待不起，便将这个包袱从自己肩头移开，搁到天上，我倒是想方设法把它死死放在地上。

我最后一次是在伦敦见到怀特菲尔德先生的，当时他跟我商量他的孤儿院的事情，说他打算把它改建为一所学校。

他的声音洪亮清晰，一字一句毫不含糊，所以老远老远都可以听得明明白白，尤其在听者人数众多却鸦雀无声的时候。有一天晚上，他站在法院门前台阶的最高处讲道，这些台阶位于市场中段和第二大街西端相交的十字路口。两条街被听众挤得水泄不通，老远老远的地方都站

---

①富兰克林印过怀特菲尔德的 8 册日记和收有他的布道文及其他作品的 9 本书，几乎都是在 1739 年至 1741 年间发行的。

②约翰·斯蒂芬·贝尼泽特（1683—1751）来到费城时是个贵格会教徒，但搬到德国城时改信摩拉维亚教派或联合弟兄会教派。富兰克林与怀特菲尔德的书信（现不存）来往也许是 1745 年。

满了人。我站在市场街最后面的人群当中，我心生好奇，想知道他的声音到底能传多远，于是顺着街向河的方向退，一直快退到滨河街①，我仍然发现他的声音清晰可闻，后来街上起了一阵喧闹声才把它压了下去。当时我想象以我和他之间的距离为半径画一个半圆，里面站满了听众，一个人占二平方英尺，算下来有三万多人能听清他的声音。报纸上报道他在露天场地上给两万五千人布道，古代史上也有将领给全军慷慨陈词的记载，对于这些我有过怀疑，现在我算是信服了。

由于常听他的布道，我逐渐能轻而易举地将他新作的布道文与在旅行的过程中常常宣讲的布道文区分开来。后者由于屡屡重复宣讲，不断得到改进，以致声音抑扬顿挫，百转千回，达到了炉火纯青的境界，一个人哪怕对主题不感兴趣，光听演讲也觉得心旷神怡，其感受就像听了一段优美的音乐一样。这就是巡回宣教士的优势，为固定宣教士望尘莫及，因为后者无法通过如此多的演练来大力改进自己的讲道。

他的写作和出版却时不时地授柄于对手。宣讲时往往口无遮拦，甚至观点有误，随后却可以解释，或者偷换概念和个稀泥，或者干脆矢口否认；然而 litera scripta manet②。批评者猛烈抨击他的文章，表面上振振有词，就是要减少他的门徒的数量，防止继续增加。我倒是有这么一种看法，如果他从来没有写过任何东西，他反而会留下一个人数多得多、重要性大得多的教派。要是那样，他的声名也许还在蒸蒸日上，即使在他辞世以后；因为他没有文章，就不好挑刺；没有文章，就没法贬低他的人格，他的追随者就可以随心所欲替他涂脂抹粉，树碑立传，全看他们热烈崇拜的心理需要了。

那时候，我的生意越做越大，日子也过得一天比一天滋润，我的

① 离法院台阶约 500 英尺。富兰克林高估了人群的规模。怀特菲尔德吸引的听众在 6000 到 8000 之间——这对于一个约有 1 万人口的城市来说，仍然十分可观。

② 摘自中世纪一句拉丁名言：vox audita perit, litera scripta manet（说的话无影无踪，写的字永世长存）。

报纸很能赚钱，因为一度几乎是本地区和相邻地区唯一的一家报纸。对这句至理名言我也深有体会：第一个一百镑赚到手，再赚一百就很顺溜。钱生钱，利滚利，天经地义。

由于卡罗来纳的合伙生意十分成功，我大受鼓舞，便想一鼓作气，再接再厉，继续往下搞，于是提拔了几名表现好的工人，让他们在各个殖民地建立印刷所，条件与卡罗来纳的一样。①其中大多数都搞得不错，等到我们六年的协议期满后，他们都有能力买下我的铅字，继续独立经营，养活好几个家庭。合伙经营往往产生口角，闹得不欢而散，但我在这一方面十分愉快，我的合伙生意从进展到结束都一团和气；我想这主要归功于采取了预防措施，我们在条款中把一切都规定得明明白白：彼此该做什么，想得到什么，没有任何可以争执的余地。因此我特意向所有经营合伙生意的人推荐这种预防措施，因为在签订合同时无论合伙双方多么互敬互信，但在生意的打理和负担上总会有不够平等的想法，于是难免产生一些小小的猜忌和厌恶，这就往往造成了友谊破裂，关系断绝，也许还少不了对簿公堂，还造成其他种种不愉快的后果。

总的来讲，我对自己在宾夕法尼亚成家立业感到满意，是有充分理由的。然而有两件事我深感遗憾：这里没有防卫措施，也没有完善的青年教育机制；也就是没有民兵，没有学院。因此我在一七四三年起草了一份建立一所学院的建议②，而且当时认为赋闲在家的彼得斯牧师先生③是主管该机构的合适人选，所以我把这一计划告诉了他。然而也许考虑到为领主们④效力更加有利可图，因为可以发迹，所以他婉言谢绝

①富兰克林帮助在纽约、新港、南卡罗来纳的查尔斯顿、宾夕法尼亚的兰开斯特和英属西印度群岛的多米尼加和安提瓜两岛上建立了印刷所。

②该建议已不可考，但显然包括利用为怀特菲尔德修建的“新楼”的方案。

③理查德·彼得斯（约1704—1776）被称为“宾夕法尼亚最有学问的人”。

④指宾夕法尼亚殖民地的创建者和第一代领主威廉·宾（1644—1718）的后代。

了这项任务。由于当时再找不到可以受此委托的合适人选，这项计划只好暂时搁置起来。第二年，即一七四四年，我建议成立一个科学学会，取得了较好成效。我为此写的文章一俟我的作品结集，将会在里面找到。①

说到防卫，几年来西班牙一直跟英国打仗，最后法国也加入了，这就使我们处境更加危险②；我们的总督托马斯③做出了长期艰苦的努力，试图说服我们的贵格会议会通过一条民兵法，并为确保地区安全采取别的措施，但这些努力统统泡汤，于是我决定尝试尝试，看自愿的民间社团能做些什么。为了促成此事，我首先撰写、出版了一本小册子，题名《明白的真相》，在里面我将我们毫无防卫的局面说得透彻明白，并说明了联合训练对于我们的防卫的必要性，而且许诺数日内将建议成立一个社团，广泛征求签名加入。④小册子产生了一鸣惊人的效果。我被召去起草社团章程：我跟几个朋友拟好章程草稿以后，便在前面提到的那座大楼召开了一次市民会议。楼里坐得满满当当。我已经印了好多份章程，屋子里到处摆放着笔墨。我直奔主题，讲了几句话，宣读了章程，并做了一番解释，然后把印好的章程一份一份发了下去，大家签名踊跃积极，没有表示一点异议。散会以后，我把文件收上来时，发现有一千二百多人签了名；还在乡下散发了一些，签名赞同者最后达到了一万多。这些人都能尽快自备武器，组成连和团，选好自己的长官，每个星期集合起来学习操练和别的一些军训项目。妇女也通过募捐准备好锦

---

① 名为《在美洲英属殖民地提倡有用知识的建议》（1743 年 5 月 14 日）。也许这个创意来自植物学家约翰 · 巴特拉姆。“美洲科学学会”是北美第一个学术性学会 。富兰克林和杰斐逊担任过前期会长。

② 大不列颠 1739 年对西班牙宣战，1744 年对法国宣战。1747 年法国和西班牙武装民船在特拉华湾出现，引起遭到进攻的恐惧，1748 年达成《亚琛和约》的消息传到费城，恐惧才算结束。

③ 乔治 · 托马斯（约 1695—1774），1738—1747 年任宾夕法尼亚总督。

④《明白的真相；或费城市及宾夕法尼亚地区现状之严肃考量》，“费城一商人”著（1747 年 11 月 17 日）。

旗赠送各个连队，旗上还要画上我提供的各种图案和口号。这些连组成了费城民团，连长们集合起来选我当他们的上校团长；不过我认为自己不合适，便谢绝了这个职位，并推荐了劳伦斯先生①，他是一个出色的人物，又有威望，因此得到了任命。

然后我建议发行彩票以支付在城南修建一座炮台并且安装大炮的开销。银钱迅速地凑齐了，不久炮台也建起了，台墩以圆木为框，里面用土填实。我们从波士顿买来了几门旧炮，但还不够用，便写信到英国再订购几门，同时又请求我们的领主们提供一些帮助，尽管未抱多大希望。与此同时劳伦斯上校，威廉·艾伦和亚伯拉罕·泰勒两位先生和我被社团派往纽约，我们的任务就是从克林顿总督那里借几门炮。他起初一口回绝，不容分说，但跟他的咨议会成员一起吃饭时，按照当时当地的习俗，痛饮过一巡白葡萄酒后，他渐渐地松口了，说可以借给我们六门。又满满喝了几杯之后，他增加到了十门。最后他兴致来了，同意借十八门。这些都是高级大炮，能发射十八磅重的炮弹，还配备着炮车，我们很快就运来安装到我们的炮台上。英国与西、法两国交战期间，社团成员每夜站岗放哨：我也作为普通一兵定时定点换班值勤。

我积极参与这些活动深得总督和咨议会的赏识；他们对我十分信任；他们每采取一项措施都要和我商量，因为对措施意见一致被认为对社团是有好处的。请求支持宗教时，我向他们建议宣告一个斋戒日，以促进宗教改革，并祈求天佑我们的事业。他们接受了我的动议，但由于被认为是本地区的第一次斋戒，秘书起草公告时没有先例可援。我是在新英格兰受的教育，那里每年都要宣告一个斋戒日，所以在这里就占了一定的便宜。我便按通行的格式起草了一份公告，又把它译成德文，再

---

①托马斯·劳伦斯（1689—1754），纽约人，他其实是费城民团的中校。亚伯拉罕·泰勒是上校。

把它印成两种文字在整个地区发布。这就给各个教派的教士一个影响各自的会众参加社团的机会；如果不是很快实现了和平，社团也许就会在除贵格会以外的所有教派中遍地开花。

我的有些朋友认为，由于我在这些事务中的活动，我会得罪那个教派，因而失去我在议会中的影响，因为他们在议会中占了大多数。一位年轻绅士在议会里同样有一些朋友，他希望接替我当议会的秘书，于是告诉我，已经决定他要在下次选举中取代我，所以他好心劝我辞职，因为这比罢免掉体面得多。我对他的回答是，我在什么地方读到或者听到有这么一位官场人物，他立下一条规矩，决不伸手要官，官帽落到头上时，也决不拒绝。我说，我赞成他的规矩，而且要身体力行，还要补充一点：我决不要官；决不拒官，也决不辞官。①如果他们要把我的秘书职位交给别人，他们必须先从我手里拿走才行。我不会由于失去职位而丢弃跟对手秋后算账的权利。然而我此后再也没有听到有人说过这种话。下一次选举，我一如既往又是全票当选。长期以来，历任总督和议会在军备问题上争论不休，这让议会伤透了脑筋，咨议会的成员们在这一场争论中一直和总督们一个鼻孔出气，最近我又和这班人打得火热，可能议会对我的这种做法十分反感，所以如果我能自觉自愿地离开，也许会正中他们的下怀；不过他们并不喜欢仅仅因为我热心于社团就把我拉下马；可是他们又找不出别的堂而皇之的理由。其实我有理由相信，区防事务对哪一个议员也不是件头痛事儿，如果不要求他们参与的话。而且我还发现他们很多人尽管反对侵略性战争，却旗帜鲜明地支持防御性战争，这种人多势众，是我始料不及的。关于这个问题，出版的小册子不在少数，有赞成的，有反对的，有些还是拥护防务的优秀贵格会教徒写的，我相信这就使他们的大多数年

① 尽管富兰克林发誓决不要官，却在1736年向议会申请秘书一职，在1751年申请邮政管理局副局长一职。

轻教徒心悦诚服了。

发生在消防队里的一件事使我对他们的世故人情有了某种透彻的认识。有人提议，我们应当把当时现有的六十英镑家底拿出来购买彩票，以鼓励修炮台的计划。按照我们的规章，建议提出后必须先上会，钱款才能动用。消防队有三十名队员，其中二十二名为贵格会会员，其他教派成员仅有八名。我们八个准时到会，虽然我们认为有些贵格会会员赞同我们的意见，但没有把握形成多数。只有一名贵格会会员詹姆斯·莫里斯先生①似乎反对这项措施。他对提出这样的建议深表遗憾，因为他说教友们②一律反对，这样一来就会制造不和，从而导致消防队瓦解。我们告诉他，我们认为没有这样的道理；因为我们是少数，如果教友们反对这项措施，投票压倒了我们，遵照所有社团的惯例，我们必须服从，也理应服从。议决时间到了，有人提议投票表决。他同意我们照章办事。但他向我们保证有些成员准备到会反对，再等一会儿让他们露面才算公正。正当我们为此争论不休的时候，一名服务员跑来告诉我，下面有两位绅士想跟我说话。我下楼一看，发现是我们的两位贵格会成员。他们告诉我，他们八位刚好在旁边一家酒馆聚会；还说如果有必要，他们决定过来投票支持我们，不过他们希望不要出现这样的情况，却希望如果我们在没有他们出席的情况下能投票通过，就不要叫他们过来协助，因为他们投票赞成那样一项措施可能会惹出与长辈和教友们的纠纷。这样的话，赢得多数已十拿九稳，我便上楼，先装出一副举棋不定的样子，然后才同意再往后推一个小时。莫里斯先生承认这算是公平到家了。他的持反对意见的教友一个也没有露面，他对此大为惊讶；一个小时到了，我们以八对一的票数通过了决议，在二十二位贵格会成员中，八位准备投票支持我们，十三位缺席，表明他们无意反对这

①詹姆斯·莫里斯（1702—1751），费城杰出的贵格会信徒，议员，北美第一家收费图书馆会社的成员。

②贵格会又称“教友会”。和平主义是他们的一项基本信条。

项措施。我后来估算贵格会教徒死心塌地反对防卫的只是一比二十一。因为这些都是该会的中坚分子，名声又好，而且接到了在会上讨论提议的正式通知。[①]

德高望重、学识渊博的洛根先生[②]一直属于那个教派，他向教友们写了一篇发言稿，声明他赞成防御性战争，并且言之成理，持之有故；他给了我六十英镑专门为修炮台购买彩票[③]，并且叮嘱不管中什么奖，都要全部用到这件事情上。关于防务，他给我讲了他的老主人威廉·宾[④]的一件轶事。他年轻的时候，跟着那位领主从英国来，当他的秘书。那是战争时期，他们的船遭到一艘据认为是敌方军舰的追逐，他们的船长准备自卫，但是又对威廉·宾和他的贵格会同伴说，他不指望他们的帮助，所以他们尽可以躲到船舱里去；大家都躲进去了，只有詹姆斯·洛根宁肯站在甲板上，于是他被指派掌管一门大炮。结果证明所谓的敌人却是一位朋友；当然也就没有战斗了。然而当秘书下去传达这个消息时，威廉·宾却把他痛斥了一顿，因为他站在甲板上参与了保卫该船的任务，这跟教友会的原则是背道而驰的，尤其是在船长没有提出要求的情况下。这样当众训斥，叫秘书下不了台，他回答说，*我是您的仆人，您为何不命令我下去？当您认为危险在即的时候，您是愿意我待在上面帮助与来船战斗的吧。*

然而我在议会供职的多年里贵格会会员一直在议会中占多数，这就使我屡屡看到，每当政府根据国王关于提供军援的命令向他们提出申请时，他们的反战原则使他们陷入左右为难的窘境。一方面，他不愿意

---

① 还有一家消防队也买了彩票，但第三家由于贵格会教徒占多数，以 10 比 3 的票数决定不买。

② 詹姆斯·洛根（1674—1751），殖民地政治家。他于 1699 年作为威廉·宾的秘书来到费城，监管宾的事务达五十年。尽管他是一位虔诚杰出的贵格会会员，但他相信防御性战争是正义的。

③ 实际上是 250 英镑。

④ 威廉·宾（1644—1718），宾夕法尼亚的创建者和领主。

断然拒绝，从而得罪政府；另一方面，他们也不愿意违背自己的原则，有求必应，从而得罪贵格会的大批教友。于是他们千方百计虚与委蛇，虚的实在玩不过去时，便又巧立名目，瞒天过海，最后常用的办法就是以国王专用的名目拨款，却从不过问这笔款项用于何处。然而，如果需求不是直接来自国王，这个名目就欠妥了，那就只好再编造一个出来。当需要火药时（我想是路易堡要塞用的）①，新英格兰政府请求宾夕法尼亚能提供一些，托马斯总督敦促议会成全此事，但他们就是不肯拨款购买火药，因为火药是战争的一个要件，但他们投票援助新英格兰三千英镑，交给总督去购买面包、面粉、麦子，或其他杂面粗粉。咨议会的一些成员想进一步让议会坐蜡，便劝总督不要接受这笔粮款，因为这不是他所要求的东西，但总督答道，"到手的钱怎么能不要，我明白他们的用意；其他杂面粗粉就是火药"；于是他买了火药；他们也从来没有反对过。这算是给了后面这么一件事一点启示。在我们的消防队里，正当我们害怕购买彩票的提议难以通过的时候，我曾对消防队队员辛格先生②说过，要是通不过，我们就提议用这笔钱买一架灭火器；对此贵格会队员是不会反对的，然后，我提你，你提我，咱们两人组成一个采购委员会，我们就可以买一门大炮，这当然是一种火器了：他说，我看你长期在议会里干事，可真长了本事啦；你那模棱两可的计划，堪与他们的麦子和其他杂面粗粉相媲美。

贵格会信徒之所以吃尽了左右为难的苦头，是因为他们确立并公布了这么一项原则：任何战争都不合法，一经公布，就算以后他们可以改变主意，也不好轻易将它摒弃，这就使我联想起我们中间的另一个教派，我认为他们的行为就比较慎重；我说的是登卡尔派的行为。这个教

① 路易堡，在布雷顿角岛上，建于 1720 年，以防从海路入侵圣劳伦斯河。新英格兰军队于 1745 年将它占领。1748 年按《亚琛和约》归还法国。它在 1754—1763 年的法国与印第安人战争中也很抢眼。

② 菲利普·辛格（1703—1789），共图社成员，银匠。

派出现后不久，我结识了它的创建人之一迈克尔·韦尔菲[1]。他向我抱怨说他们遭到其他教派的狂热信徒的恶言中伤，感到十分痛心，他们的原则和实践给人加上了莫须有的罪名。我告诉他新教派总会遇到这种局面；还说为了制止这种无端的诋毁，我想不妨把自己的信条和戒律公之于众。他说他们有人也提过这样的建议，但未能达到一致，其理由是，“我们起初被吸引到一起形成一个社团时，他说，上帝感到高兴的是能把我们的心灵照得如此亮堂，从而看出某些我们一度奉为真理的教义原来是谬误，有些我们视为谬误的东西反而是真理。能时不时地给我们提供更加远大的光照，上帝一直感到欣喜，所以我们的原则一直在改进，我们的谬误一直在减少。现在我们也不敢肯定我们已经到达前进的终点，达到了灵知或神学的完善；我们担心，如果我们把自己的信条刊印出来，我们会觉得被它捆住了手脚，也许就会不思进取；而后继者更会墨守成规，把先辈和首创者完成的一切奉为圣贤的金科玉律，必须字字句句照办，不可有半点差池。”一个教派竟然如此谦虚谨慎，真可谓史无前例，别的教派也个个认为自己集一切真理于一身，谁若差之毫厘，必定谬以千里：犹如一个人在雾天行路，他看见走在他身前身后有一定距离的人，都裹在雾里，左右两边田野里的人也是如此；但他跟前的人个个显得清晰可辨。其实他在别人眼里也同样罩在雾里。为了躲避这种尴尬局面，近年来，贵格会会员逐渐在请辞议会和行政部门里的公职，他们宁可不要权力，也不肯放弃原则。[2]

如果按时间顺序，我前面就应该提到这么一件事情，那就是我在一七四二年发明了一种敞口壁炉，这种火炉不仅能使房间更加暖和，而

---

①正确的名字应为迈克尔·沃尔法特（Michael Wohlfahrt，1687—1741），宾夕法尼亚埃夫拉塔安息浸信会领袖。登卡尔派（源于德文 Tunkers，意为“受浸者”）是信奉领受全身浸入水中的洗礼的德国浸礼宗教会（又叫“友爱会”）的绰号。这些信徒于 1719 年来到宾夕法尼亚。

②1756 年，有十名贵格会和平主义者辞去了宾夕法尼亚议会里的职务，有三名拒绝参加再次竞选。

且可以节省燃料，因为新鲜空气一进来就被加热了。我做了一个模型作为礼物送给我的一位老朋友罗伯特·格雷斯先生。他有一台炼铁炉，发现为这种火炉铸造铁板倒是件赚钱的买卖，因为人们对这种壁炉的需求越来越大。为了扩大这种需求，我撰写并发行了一本小册子，标题为：《新发明宾夕法尼亚壁炉说明书：构造与使用方法之详述；优于其他任何房间取暖方法之演示,反对使用意见之回答与消除等》。[①]这本小册子产生了良好的效果。托马斯总督对我在里面描述的这种炉子的构造十分欣赏，所以主动提出给我在几年的期限内独家销售的专利权；但我谢绝了，因为遇到这种情况，我很看重这么一条原则，那就是，由于我们享受着别人发明带来的巨大好处，我们有机会用自己的任何发明为别人服务也应当高兴，而且应当无偿地、慷慨地去做。然而，伦敦的一个五金商人[②]窃取了我的小册子里的许多内容，改头换面弄成了他自己的东西，又在机关上做了一些变动，结果损害了壁炉的功能，他却拿到了那里的专利权，据说以此发了一笔小财。而这并不是别人利用我的发明取得专利的唯一事例，尽管不一定每次都是同样的成功：我也从来不去抗争，因为无意利用专利来肥己，也讨厌争得你死我活。这种壁炉在本地区和邻近各个地区的很多人家都在使用，居民从过去到现在节约了大量木柴。

和平终于实现了，社团事务因而也就结束了，我又把心思转向建立一所学院的事情上。我迈出的头一步就是联络一些积极活跃的朋友，其中大部分是共图社成员，先设计出一个蓝图来；下一步就是编写、印

---

① 富兰克林于1744年初次为这本小册子做广告。他早在1739—1740年的冬天就使用了这种壁炉。这种壁炉减少了从烟囱里溢出的热量损耗。富兰克林声称，使用这种壁炉比传统的敞口壁炉能使房间“温暖一倍……只用四分之一的木柴”。他原创的壁炉已经失传。现代的“富兰克林壁炉”与原来的相差甚远。

② 此人可能是一个名叫詹姆斯·夏普的人。

行一本小册子，题名为《关于宾夕法尼亚青年教育的一些建议》。[①]我将它在一些有头有脸的居民中免费散发；我估计他们经过一番仔细阅读，有了一点思想准备，于是立即着手为开办、支持一所学院进行募捐；捐款为五年期，每年付一定的数额；这么分期付款我断定捐款数额也许会大一些，而且我相信情况就是这样，总数不少于（如果我没有记错）五千英镑[②]。在建议的序言中，我声明公布这些建议不是我个人的行为，而是几位富有公益精神的绅士的举动；按照我的惯例，尽量避免把自己表现成任何公益计划的首创人。

捐款人为了使计划立即付诸实施，选出了二十四名受托管理人，指定当时的检察总长弗兰西斯先生和我起草学院管理章程，章程起草完毕，签字生效后，就租了一幢房子，聘请了几位老师，便开学了，我想这都是一七四九年的事情。[③]学生迅速增加，很快就发现校舍显小，我们便寻找一块位置合适的地皮，打算新建校舍。这时候天意眷顾，把一幢现成的大房子摆到我们面前，只要稍加改造，就可以完全达到我们的目的，这就是前面提到的为怀特菲尔德先生的听众建的那幢大楼，我是以下面的方式弄到这幢房子的。

值得注意的是，建房款是由各个教派的人士捐助的，房屋和场地全由推选出来的受托管理人负责管理，这些受托管理人中，任何教派都不占优势，以免日后这种优势会有违建房初衷，成为该教派将一切挪为己用的工具； 因此每一教派只委派一人，也就是，一名英国国教信徒，一名长老会信徒，一名浸礼会信徒，一名摩拉维亚[④]信徒，等等，如有死亡造成空缺，从捐款人中通过选举予以填补。那位摩拉维亚信徒恰巧又不讨同事的喜欢，因此他一去世，大家就决定不要该教派的任何

① 1749 年印行。小册子倡导一种实用的世俗教育，旨在培养为人类服务的渴望与能力。

② 原来认捐的总额约为 2000 英镑。富兰克林一年认捐 10 英镑。

③ 实际上是 1751 年才开的学。

④ 又称“联合弟兄会”，基督教新教的一个派别，起源于捷克的摩拉维亚。

人了。于是出现了一个难题，如何用重新选举的办法避免别的某个教派有两个名额。倒是提了好几个人选，但都因这个原因没有达成共识。最后有人提到我，说我不仅为人诚实，而且又不属于任何教派；这就说服大家选了我。楼房建成时具有的那股热情早就冷却了，它的受托管理人已经无法募集新的捐款来缴场地租用费和偿还楼房欠下的别的债务，这就把他们搞得狼狈不堪。由于这个时候我成了楼房和学院两拨受托管理人中的一员，所以就有了与双方协商的良好机会，最后使双方达成一项协议，据此协议，楼房受托管理人将楼房转让给学院受托管理人，后者负责清偿债务，并按照建楼的初衷，将楼房的一个大厅永远向随时布道的宣教士开放，同时开办一所免费学校教育贫困儿童。于是就起草了书面协议，学院受托管理人偿清债务后，房产便归他们所有，随后就把高大的大厅分成两层，楼上楼下不同的房间用作几间校舍，接着又增购了一些地皮，全部设施很快到位，学生们搬进了大楼。跟工匠们商谈，购买材料，监理工程，这样一些操心费力的任务全落在了我肩上，我倒是干得兴致勃勃、有滋有味，因为它没有妨碍我的私家商务，原因就在于前一年我有了一个又能干、又勤奋、又诚实的合伙人大卫·霍尔先生[①]，他的人品我了如指掌，因为他已经给我打了四年工了。他把印刷所的全部管理事务从我手里接过去，定期给我分红。我们的合伙经营持续了十八年，双方都非常成功。

不久以后，学院的受托管理人得到了总督的特许证，从而组成了法人团体；他们的经费也增加了，因为有了英国的捐助，又有领主们捐赠的土地，后来学院又进一步追加，于是现在的费城大学就建立起来了。我一开始就是它的受托管理人之一，到现在快四十年了，看到大批青年从这里接受了教育，增长了才干，从而出类拔萃，担任了公职，为

---

①大卫·霍尔（1714—1772），富兰克林的合伙人，一名苏格兰印刷商，他是接受富兰克林的邀请来到费城的。

人民服务，为国家增光[1]，感到莫大的欣慰。

当我像上面提到的那样，从私家商务中脱身之后，我感到沾沾自喜的是我已挣得了一笔财富，虽属中常，但完全可以自足，所以我就有闲情逸致搞搞科学研究，乐享余年了；斯宾塞博士[2]从英国来到这里演讲，我将他的仪器全部买下，欣然做起了电学实验；然而公众却认为我是个闲云野鹤，总是抓住我为他们效力；政府的各个部门几乎同时都给我强加了某种职责。总督把我拉进了治安委员会，市政当局把我选进了市议会，不久又当了市政务员会委员；全体市民又推选我代表他们担任地区议会里的议员。[3]后面这个职务更加合我的心意，因为我最后对在那里枯坐干等、听别人辩论感到厌倦了，而自己身为秘书又没有资格参与，辩论往往枯燥无味，为了解闷，我不由自主地画了一些魔方、魔圈[4]之类的东西。我认为我当了议员就会增大做好事的能量。不过我也不想暗示，我的雄心并没有因这些提升而有所满足。它肯定得到了一定的满足。因为考虑到自己起点低，这些职务对我来说都非同小可。更使我感到欣喜的是，它们是大众良好口碑的自发见证，全然不是我奔走乞求来的。

治安推事的职务我做了一点尝试，出过几次庭，坐堂审理过一些案件。但发现要在这个岗位上干出成绩，我具备的那点普通法知识是不够用的。于是我逐渐退了下来，借口是我必须在议会中履行一名立法者

---

① 学院于 1753 年取得了第一个特许证。于 1755 年改为费城大学，1765 年改为宾夕法尼亚大学。富兰克林担任受托管理人直至去世。

② 应为阿奇博尔德 · 斯宾塞（Archibald Spencer，约 1698—1760），苏格兰爱丁堡人，常做电学方面的巡回演讲，1743 年富兰克林在波士顿听过他的演讲。

③ 富兰克林于 1749 年任治安推事，1748 年任市议员，1751 年任市政务员会委员，1751 年任地区议会议员。

④ 富兰克林 1752 年在给彼得 · 柯林森的信中对他的魔方和魔圈做了描述。在魔方中是这样安排的：每一行，不管横的、竖的还是斜的，总数目都是相等的。魔圈是把一些数字按规定排列成一个圆形，这些数字加起来等于 180 或 360。

的更高的职责。这一职务一年改选一次，我连选连任，一共任职十年，我从不拉票，也不直接或间接地表示任何想要当选的愿望。[①]我在议会中取得席位后，我儿子就被指派为议会的秘书。

翌年，准备在卡莱尔[②]与印第安人讨论一项条约，总督通知议会，建议他们指定几名议员与几名咨议会的成员共组一个谈判委员会。议会提名议长（诺里斯先生）和我；得到委派后，我们便前往卡莱尔会见印第安人。由于这些人嗜酒如命，一喝就喝得醉醺醺的，于是就大吵大闹，乱成一团，所以我们严禁给他们卖酒；他们对这项禁令啧有烦言，我们告诉他们，如果他们在条约商订期间不喝酒，事后我们就会给他们大量的甜酒。他们答应了；也没有食言——因为他们弄不到酒——条约谈判进行得井然有序，最后的结果双方都很满意。然后他们要酒，当然也拿到了酒。这是当天下午的事情。男女老幼将近百人，住在镇外临时的木棚里，木棚围成一个方场。到了晚上，谈判委员们听见那里喧声震天，便出去看看是怎么回事。我们发现他们在方场中央燃起一大堆篝火。男男女女都喝得醉醺醺的，吵闹厮打。在篝火的暗光中只见他们深色的身体半裸着，手里举着火把你追我赶，互相厮打，鬼哭狼嚎，场面恐怖，活像我们想象中的地狱里的景象。这种混乱一时无法平息，我们只好回到住处。深更半夜，他们有些人跑来砸我们的门，还要甜酒；我们只能不理。第二天，意识到他们的胡闹给我们很大的搅扰，便派了三位老顾问来替他们赔礼道歉。那位辩士承认了错误，但又把它归罪于甜酒；接着又力图为酒开脱，说："创造万物的伟大精神使万物各有其用，无论他为各物设计的用途如何，它应当永远如是使用；那么，在他造了甜酒的时候，他便说，让它成为印第安人的陶醉之物吧。而且必须如此"。确实，如果天意要灭绝这些野蛮人，好为土地垦殖者腾出地

---

① 富兰克林年年连选，直至1764年，他经过激烈竞争失败。尽管也许没有直接拉过票，他却让别人替他努力争取，在政治上他是全身心地投入的。

② 在宾夕法尼亚。

方，甜酒就是那指定的手段，似乎并不是不可能的。它已经把原来在沿海一带居住的所有部落消灭干净了。

一七五一年，我的一位特殊朋友托马斯·邦德[①]医生想出了个主意，要在费城建立一家医院来收治穷苦的病人，不管是本地区的，还是外来的。这是一件功德无量的计划，一直有人归功于我，其实是他首先提出的。他努力为它筹集捐款，表现得热情而又积极；但这项计划在美洲尚属新奇，起初人们不大理解，他算是碰了一个钉子。最后他来找我，开口就是一番恭维，说他发现要推行一项公益计划，没有我的参与压根儿就行不通；“因为，他说，我建议捐款的人常常问我，这事儿你跟富兰克林商量过没有？他是怎么想的？当我告诉他们没有（因为估计这事跟你的业务不搭界）时，他们就不捐，只说他们愿意考虑一下”。[②]我询问了一下他这项计划的性质和可能的用途，得到了他的一番非常令人满意的解释，我不仅自己捐了款，还热心参与了向别人募捐的方案。在募集之前，我就这个问题写了篇文章发表在报纸上，尽量使人有个思想准备，这是我在这些事情上的一贯做法，他却忽略了这一点。[③]

此后捐款就热火朝天，但一见清淡的苗头，我就看出没有议会的援助，这些捐款是不够用的，于是我建议请求议会拨款，这件事办成了。可起初乡村议员并不欣赏，他们反对说，这项计划受益的只是城市，所以只能让市民出钱；他们还怀疑市民是不是总体上赞成这项计划：我提出了相反的意见，认为该计划大受欢迎，筹集两千英镑的志愿捐赠是不容置疑的，他们则认为这简直是异想天开，完全没有可能。对于这个问题，我提出了自己的计划；并要求提出一个议案将捐款人按他

---

①托马斯·邦德（1712—1784），富兰克林的医生。

②这段直接引语用了引号，而且将“他说”也放在引号内。

③富兰克林呼吁支持医院的文章发表在1751年8月8日和15日的《宾夕法尼亚报》上。尔后他把这些材料扩充为一本小册子，题名《关于宾夕法尼亚医院的一些说明》（1754）。

们的请求组成法人团体，先给他们开一张空白票据，这一要求得到许可，主要出于这样的考虑：议会要是不喜欢这项议案，就可以将它否决。于是我起草了这项议案，有意将重要条款写成附条件条款，即“一俟下列条件得到满足，本议案方能被上述立法机构通过：该捐款者须开会选出其经理与财务主管，须通过捐赠，筹集一笔资金，价值两千英镑（其年息应用于该医院免费收容贫苦病人之伙食、看护、诊疗与药品），并须得到议会议长一时的确信，届时本议案对该议长方算合法，他由此需要签发命令，责成本地区司库向该医院财务主管拨付两千英镑款项，分两年付清，以供该医院奠基兴建、装修之用”。这一条件促成了议案的通过；因为这些反对拨款的议员现在认为不花分文就可以博得乐善好施的美名，就做了个顺水人情；随后在向人们募捐的过程中，我们把法律的附条件许诺作为一项追加动机加以推动，因为这样一来，每个人的捐款将会翻番。于是这项条款就起了互动作用，所以捐款很快就超过了必要的数额，我们便要求公家的赠款，并且如愿拿到了，这就使我们有能力将计划付诸实施。不久一座方便而漂亮的大楼便拔地而起。通过持久的体验，人们发现这个机构十分有用，时至今日它还是欣欣向荣。我不记得自己要过什么政治手腕，这次的成功使我喜出望外。事后一想，我对自己略施巧计的做法就更容易原谅了。正好就在这个当口，又一个怀里揣着计策的人吉尔伯特·坦南特[①]牧师也找上门来，要求我协助他为兴建一座新会堂募集资金。会堂准备让他在长老会信徒中召集起来的一批教友使用，这些人原本是怀特菲尔德先生的门徒。我不愿意三番五次连连请求同城市民捐钱，从而惹起对我的反感，所以便一口拒绝。于是他希望我给他们提供一个名单，把我凭亲身体会认为乐善好施、富有公益精神的人的姓名写上。过去他们对于我总是有求必应，慷

---

①吉尔伯特·坦南特（1703—1764），新泽西新布伦瑞克的长老会牧师，乔治·怀特菲尔德于1740年的“大觉醒运动”的同道。

慨解囊，现在我又标明他们的姓名，让别的乞讨者前去磨烦，我觉得太不像话了，所以也拒绝给他开这样一个名单。随后他希望我起码能给他参谋参谋。这一点我倒是乐意效劳，我说，首先，我劝你向你知道愿意出点钱的人去募捐；然后向你拿不准会不会给钱的人去募捐；最后，不要忽略那些你肯定是一毛不拔的铁公鸡，因为有些人你也许会看错。他大声笑了，千恩万谢，说他会接受我的劝告。他果真这么做了，把每个人都请求遍了；得到的款项比预期的多得多，他用这笔钱建起了一座宽敞、雅致的会堂，它至今仍矗立在拱门街上。

我们这座城市，虽说布局周正，外貌美观，街道宽阔笔直，相交都形成直角，但有些街道长期没有铺路面，下雨天重车的轮子把它们犁成了烂泥汤子，使人举步维艰，所以给大家丢了脸。天干气燥时又尘土飞扬，叫人吃不消，我曾经住在泽西市场附近，看见居民们蹚过泥浆去买东西，感到痛心疾首。市场中央的一溜儿地面上终于铺了砖，这样，进了市场，大家总算有块瓷实的落脚的地儿，但人们到那里时已经是满鞋烂泥了。就这个问题，我说过话，写过文章，总算工夫没有白费，市场和房屋两边砖面人行小道之间的街道铺上了石头。这样，有一段时间，人们可以随便进入市场而不致把鞋子溅湿。然而街道的其余路段并没有铺，所以每当车辆从泥汤子里出来跑到这片铺过的路面上时，车一颠，把泥浆撒得满街道都是，很快就又成了一条泥街，由于城里还没有清洁工人，所以也就清除不掉。经过一番打听，我找到了一个勤快的穷人，他愿意担当起清扫路面的任务，一星期扫两次街，把各家各户门前的垃圾运走，每家每月给他六个便士。随后我又写了一篇稿子，把它印出来，细述了家家户户开销虽小，得到的好处不少；由于人们脚上不把那么多的泥土带进房子，就容易保持屋内的清洁；由于顾客多了，商铺赚头也大了，原因是前去买东西的人更加方便，刮风天不会把灰土刮到商品上面，等等。我把稿子给每家送一份，一两天之后，便过去看谁愿意签份协议交这六个便士。结果家家都签了，而且很好地执行了一段时间。市场周围的路面干干净净，城市居民莫不喜出望外，因为人人都觉得方便；于是产生了一个普遍的愿望，想把条条街道都铺上砖面；这也使大家更愿意为此缴纳税款。

过了一段时间，我起草了一份为全市铺路的议案，提交给议会。这正好在一七五七年我去英国之前[①]，直到我走了议案才得以通过，当时还在摊款方式上有所改动，我认为并不见得好，但不仅有铺街还有照明的附加条款，这倒是一大改进。一名平头百姓，已故的约翰·克利夫顿先生[②]，在自家门口装了一盏灯，做了个示范，表明了街灯的用处，人们这才有了个整个城市照明的想法。有人把这种公益事业的荣誉也加到我头上，其实它是属于这位先生的。我只不过是步其后尘罢了；我的唯一功劳表现在灯样的改动上，它跟我们最初从伦敦买来的球形灯有所不同。那些灯我们发现有诸多不便；由于从下面进不来空气，烟就不容易从上面出去，只好在球体内循环往复，附着在球体内壁上，很快就把本要发出的亮光挡住；这就添了一项麻烦，那就是每天都要把灯擦擦干净；而且不小心就会把它打个稀烂，完全成了个废物。于是我建议用四块平面玻璃组成方形，上面装一个长长的烟囱把烟吸上去，下面留些缝隙让空气进来，这样烟就容易上去。这样一来，灯就可以保持干净，不像伦敦街灯那样过几个小时就变暗了，而是一直到天亮都明光灿灿；偶尔撞一下，一般也只会打破一块玻璃，容易修补。[③]我有时心里纳闷，沃克斯霍尔[④]的球形灯底部有效应孔，使他们的灯保持干净，为什么伦敦人不学习学习，在他们的街灯底下也留有那种孔洞呢。不过之所以开这些孔洞是另有目的的，那就是，借助从孔洞里吊下来的一根麻线把火焰更加突然地送到灯芯上，另一个进气的用途似乎未曾想到过。因此，

---

① 富兰克林作为宾夕法尼亚议会的代理前往英国与托马斯和理查德·宾商谈对领主领地和其他地产同样征税的事宜。

② 约翰·克利夫顿（？—1759），贵格会教徒，药店老板。

③ 富兰克林设计的路灯现在仍然矗立在费城的独立广场。

④ 伦敦附近的花园和娱乐园。

街灯点亮没过几个钟头，伦敦的街道就十分昏暗了。

提到这些改进，使我回想起我在伦敦时给福瑟吉尔博士[①]提出的一项建议，他是我认识的最优秀的人士之一，是一些有用的计划的伟大倡导者。我注意到这里的街道不下雨的时候从来没有扫过，轻尘飞扬，人们任凭尘土越积越厚，直到雨天把它化为泥浆，没过几天泥土就在街面上积得太厚，如果穷人不用扫帚扫出一条条小道，人就走不过去，人们费尽九牛二虎之力才能把泥土耙到一起，撂进敞口车里，车子在路上每颠一下，稀泥就从车子两边颠出来掉到地上，有时候给路人平添不少烦恼。满街灰土之所以不扫，就是怕它扬到商店和住宅的窗户里面去。一件偶发事件教我明白一点点时间能扫多少路面。一天早晨，我在懦夫街[②]我的住处的门口发现一名穷苦女人用一把桦条扫帚清扫我门前的路面。她显得非常苍白，虚弱，好像刚害过一场大病似的。我问是谁雇她扫街的。她说："谁也没有雇我；可我穷得很，生活艰难，所以在富贵人家门口扫扫街，指望他们会给点什么。"我叫她把整条街打扫干净，然后给她一先令。当时是九点钟，十二点她就来要钱了。我起初看见她干活那么慢，所以不相信这么快就把活儿干完了，我便打发仆人过去检查检查，他汇报说整条街都打扫得一干二净，土全倒进街中央的排水沟里了。接下来的一场雨就把土冲走了，这样路面，甚至水沟，都非常干净。于是我断定，如果一个弱女子能在三个钟头里扫净那么一条街，那么一个积极肯干的壮汉用一半的时间就可以干完。在这里让我说说，这样一条狭窄的街道中央修一条排水沟要比在街两边靠近人行道的地方各修一条更为便利。因为一下雨，街两边的雨水就会流到中央，形成一股激流，可以把它遇到的所有泥土冲走：但分成两渠水的时候，水势太

① 约翰·福瑟吉尔（1712—1780），伦敦的贵格教派领袖，富兰克林在伦敦时的医生。在美国革命开始前他和富兰克林合作想达成各殖民地与宗主国之间的和解。

② 在伦敦的查林十字街附近，富兰克林在那里住了 15 年（1757—1762，1764—1775）。

弱，哪一条也冲洗不干净，只会把水遇到的泥土变成泥浆，于是车轮滚滚，马蹄嘚嘚，将泥浆溅到人行道上，弄得它又脏又滑，有时还溅过路人一身。于是我向这位好心的博士提出了如下的建议：

“为了更加有效地清扫并保持伦敦和威斯敏斯特街道的清洁，兹建议，

“与几名更夫签定合同，责成他们找人在旱季清扫灰土，在雨季耙除泥巴，每人负责自己巡逻的几条街巷。

“给他们配备专用的扫帚和其他适当工具，保存在各自的岗亭里，以使他们雇用的扫街穷人随时使用。

“在干旱的夏季，必须在商铺和住宅开窗之前把灰土扫成堆，堆与堆之间保持一定距离：等清道夫用加盖的大车把它运走。

“耙起来的泥巴不可成堆成堆地放着，以免车碾、马踏又将其铺撒开来；给清洁工配备的车厢不可高高地架在车轮上，而应低低地搁在滑台上；厢底应为栅格状，铺上麦草，既可盛撂进去的泥巴，又可以让水渗漏出去，从而大大减轻重量，因为水是泥巴里最重的部分。这些车厢放置以方便为宜，泥巴用推车运过来装入厢中，让它把水排干，然后由马匹把车厢拖走。”

此后我对此项建议的后半部分是否可行有所怀疑，因为有些街道太窄，放置盛泥排水滑动架难免会阻碍交通。但我现在仍然认为前半部分，也就是要求在商铺开门营业之前把灰土扫起来运走，这在昼长夜短的夏天是切实可行的：因为一天早晨七点钟的时候我在滨河路和舰队街溜达，注意到天亮太阳出来后已经有三个钟头了，还没有一家商店开门。伦敦的居民宁愿在烛光下生活，在日光下睡觉；又常常抱怨对蜡烛课税，烛油价太高，这就未免有点荒唐了。

有人也许认为这些区区小事，不值一提，何必放在心上。然而当他们想到尽管刮风天灰尘吹进一个人的眼睛，或者刮入了一家人的商铺，只不过是小事一桩，但在一个人口众多的城市里，这样的事例不计

其数，而又层出不穷，那就事关重大了，也许他们就不会痛斥那些人是吹毛求疵，小题大做了。人的幸福，因撞到千载难逢的大运而得者为数寥寥，由日积月累的小惠而生者比比皆是。如此说来，你若教会一个穷小伙如何刮脸，怎样保养剃刀，也许你对他一生的快乐做出的贡献胜于给他一千几尼。钱可以很快花光，剩下的只是胡花滥用的悔恨。但若教会他刮脸，他就免去了一连串的苦恼，不必对理发师苦苦等待，不用碰他们脏兮兮的手指，不用闻他们臭烘烘的气息，不必挨他们老刀子硬刮的疼痛。他什么时候刮脸，全看自己的方便，工具顺手，操作自如，天天享受着这方面的乐趣。怀着这样一些想法，我贸然写下了前面几页东西，希望能给城市提供一点有朝一日能派上用场的提示。我在这座城市里生活了多年，非常快乐，所以深深地爱上了它；这些建议也许对我们美洲的一些城镇也有用处。

有一个阶段，美洲邮政管理局局长雇我当他的审计官，经管好几个邮局并听取其他官员的情况汇报，一七五三年他去世以后，英国邮政大臣委任我和威廉·亨特先生共同接替他的职务。①迄今为止，美洲邮局从来没有向英国上司缴过任何款项。我们两人的年薪共计六百英镑，两人平分，如果我们能从邮局的利润中抽出这个数额的话。为了做到这一点，就需要进行各式各样的改进；其中有一些起初是不可避免地费钱；所以头四年，邮局欠我们的薪金在九百英镑以上。但它很快就开始偿还了，在我被邮政大臣突发奇想免职之前（这一点我后面再讲），我们已经使邮局向英王交的净收入等于爱尔兰邮局的三倍。打那次轻率的处理以后，他们从这里连一个子儿也没拿到过。

这一年，邮局的事务使我去了一趟新英格兰，那里的剑桥学院主动授予我文学硕士学位。康涅狄格的耶鲁学院以前给了我同样的

---

① 威廉·亨特（？—1761），《弗吉尼亚报》的承印出版人。1753 年富兰克林和他被任命为邮政管理总局副局长。富兰克林于 1774 年失去这一皇家委任的职务。

礼遇。[1]这样，我虽然没有上过大学，却享受到了这些殊荣。这些学位之所以授予我，是因为我在自然科学的电学领域里有过改进和发现。

一七五四年，对法战争又有如箭在弦不得不发之势。商务大臣命令各殖民地派专员在奥尔巴尼召开大会，与六部落首领共商保卫他们和我们的疆土的大计。[2]汉密尔顿总督接到命令后，便通知议会，要他们备好在这种场合给印第安人赠送的得体礼品[3]；并提名议长（诺里斯先生）和我与托马斯·宾先生[4]及秘书彼得斯先生[5]一道作为宾夕法尼亚的专员与会。议会批准了提名，备好了礼品，尽管他们不太喜欢到外地去谈判。于是我们会齐了其他专员，大约在六月中旬在奥尔巴尼开会。在赴会途中，我提出并起草了一项计划，要求所有殖民地为了防务和其他重大的总体目的的需要，联合起来归一个政府领导。我们途经纽约的时候，我把自己的计划让詹姆斯·亚历山大先生[6]和肯尼迪先生[7]过目，这两位先生精通公共事务，得到他们的首肯后，我便底气十足，于是将它大胆提交给了大会。当时好像有好几位专员都制订了同样的计划。一个先决问题首先提出来讨论，那就是是否应当成立联盟，结果一致肯定，全体通过。

于是指定了一个委员会，一个殖民地派一名委员，对几项计划进行审议，并提出报告，恰巧我的计划更受人赏识，经过几点修改后，便

---

① 富兰克林对这两件事记忆有误。哈佛（即剑桥学院）1753 年 7 月 25 日给他荣誉称号；耶鲁是七个星期之后，即 9 月 12 日。

② 英国人担心易洛魁印第安人（六部落）可能投向法国人。有些殖民地领导人希望利用这次大会出台一个殖民地联合计划。

③ 给印第安人送礼是当时的习惯。

④ 应为约翰·宾（1729—1795），托马斯·宾的侄子，后来任宾夕法尼亚副总督（1763—1771，1773—1776）。汉密尔顿总督于 1754 年 5 月 13 日签发委任状。

⑤ 理查德·彼得斯（约 1704—1776），英国圣公会牧师，地区派给领主的秘书。

⑥ 詹姆斯·亚历山大（1691—1756），纽约人，先后在纽约和新泽西担任公职。

⑦ 阿奇博尔德·肯尼迪（1685—1763）在纽约担任公职并写有《赢得并保持与印第安人友谊的重要性》（1751）一书。

上了会。按照这项计划，联合政府应由一位总统和一个大咨议会管理，总统应受英王委任、支持，大咨议会应由各殖民地的人民代表在各自的议会中开会选举产生。每天大会关于这个问题的辩论与印第安人事务双管齐下。反对和困难层出不穷，但最终都被一一克服，计划得到了一致认可，副本遵照命令，被呈交给商务部和各殖民地议会。它的命运却异乎寻常。各个议会都不予采纳，认为这个计划里王权太多；在英国又被认定民主过甚①。因此商务部没有同意；也没有呈报英王陛下批准；但却形成了另一个计划（据认为能够更好地达到这一目的），按照这一计划，各殖民地的总督与各自的咨议会的一些成员可以开会裁定征召军队、修建堡垒等事宜，开销从英国国库提取，以后遵照议会对美洲征税法返还。我的计划以及支持该计划的种种理由，可以在印行的我的政论文集中找到。②

由于到了冬天还待在波士顿，我便跟谢利总督③多次议论这两个计划。我们两人关于这个问题的交谈也可以在这些文稿中看到。对我的计划不满，有种种相反的理由，这反而使我觉得它确实是一条必由之路；我现在依然认为，如果将它采纳，大洋两岸莫不欣喜。殖民地一联合，就会有足够的力量进行自卫；就不必从英国派军队过来；不用说，后来向美洲课税的借口和由此引起的流血抗争都可以避免了。然而这类错误并不新鲜；历史上贵族王公犯的这类错误真是罄竹难书。

---

① 各殖民地相互猜忌，对任何可能削弱自己力量的中央集权表示怀疑。英国官员为某些自行其是的殖民地议会的行为所苦，同样反对趋向统一计划的任何动向。所以各殖民地和宗主国都不支持协调一致的举措。

②《政论、杂文与科学论文集》（1779）。拉巴里指出富兰克林对奥尔巴尼计划的失败的理由过于简单化了。各殖民地本身害怕任何一个殖民地有支配地位，所以提防强势议会，不愿看见任何一个强大的立法机构出现。

③ 威廉·谢利（1694—1771）于 1741—1749 年、1753—1756 年任马萨诸塞总督。

将茫茫人间用眼一扫，

知善行善者何其稀少。①

执政者手里事务纷繁，一般不喜欢自找麻烦去考虑和实施新的计划。因为最好的公益措施之所以被采纳，很少出于远见卓识，而是由于形势所迫。

宾夕法尼亚总督把这份计划送交议会，对它深表赞同："他觉得计划的起草判断明确，有理有据。因此予以推荐，希望仔细研究，认真关注。"然而议会却在某位议员的把持之下，趁我不在的时候，将它提出来，我认为这种做法极不公正，又未经任何关注就将它全然否决，把我搞得灰头土脸的。

当年去波士顿的途中，我在纽约遇见了我们的新总督莫里斯先生②，他刚从英国抵达那里，我与他早就交往密切。他怀里揣着取代汉密尔顿先生的委任状。汉密尔顿由于领主发号施令，搞得他陷入争执的漩涡之中疲于应付，便辞职了。莫里斯先生问我，我是否认为他的官也一定会当得十分难受。我说，不会；恰恰相反，你满可以当个舒服官，只要你多加小心不要陷入跟议会的任何争执就行。"我的好朋友啊，他高兴地说，你怎么能劝我避免争执呢？你知道争执是我的所爱；这是我的最大乐趣之一。不过为了表示对你的规劝的尊重，我答应你，我会尽量避免争执。"③他爱好争执也在情理之中，因为他能言善辩，伶牙俐齿，在口舌战中一般都是赢家。他从小就受到这方面的训练，他父亲（我听说）的习惯就是饭后让孩子们围着饭桌互相争论，作为他的余兴

① 引自古罗马诗人尤维纳利斯（约 60—140）的《讽刺诗》第 10 首第 1—3 行。英文译者约翰 · 德莱顿将其译成两行。

② 罗伯特 · 亨利 · 莫里斯（约 1700—1764），1754—1756 年任宾夕法尼亚总督。

③ 接连三段直接引语，两段不用引号，只有第三段用引号，而且将"他高兴地说"置于引号内，可见作者使用标点并不统一。

节目。不过我认为这种做法不太明智，因为经过我长期的观察，这些爱争长论短、反驳辩难的人做事一般都不走运。他们有时候能获得胜利，但永远也得不到友善，而友善对他们则更有用处。我们分手后，他去了费城，我赶往波士顿。回来的时候我在纽约见到了议会决议，从中看出，尽管他对我信誓旦旦，他和议会已经到了势不两立的地步，双方纷争不断，直到他卸任为止。在这场争斗中我也不能作壁上观；因为我一回到议会的任上，每个委员会都要我参加，对他的讲话和咨文予以答复，而且这些委员会都要求我起草文稿。不仅他的咨文，就是我们的答复，也往往尖酸刻薄，有时候甚至是恶言谩骂。他知道我在替议会写复文，人们可能认为我们闹到仇人相见分外眼红的地步了。但他这个人性情格外的好，这些争斗并没有惹起我们之间的私人嫌隙，我们俩老在一起吃饭呢。①

一天下午，正当这种公事争论闹得不可开交的时候，我们在街上碰见了。"富兰克林，他说，你必须跟我到家里去坐坐，晚上有几位客人你一定喜欢的"；说着他拉住我的胳膊就往他家里走。饭后一边喝酒，一边谈笑，他开玩笑说，他很欣赏桑丘·潘沙的主意，有人建议让桑丘主持一个政府，桑丘要求一个统治黑人的政府，这样一来，如果他和百姓的意见不一，他就可以把他们卖掉。②他有个朋友坐在我身旁，说道："富兰克林，你干吗总坐在这些该死的贵格会信徒一边呢？你把他们卖掉岂不更好？领主③会给你好价钱的。"我说，总督还没有把他们彻底抹黑呢。他确实在他所有的咨文中煞费苦心地要把议会抹黑，但

---

① 富兰克林对宾夕法尼亚政局以及在伦敦与宾氏叔侄的谈判的回忆都显得和风细雨，这与同时代人对这些事件中的疾风暴雨的记述大相径庭。

② 这跟西班牙大作家塞万提斯的小说《堂吉诃德》第一部第二十九章的故事有出入，原书说桑丘对统治黑人的想法感到难过，后来意识到可以将他们卖掉才高兴起来。

③ 这里指托马斯·宾（1702—1775），他是威廉·宾（1644—1718）的儿子。威廉是宾夕法尼亚的创建者。根据1681年的特许状，威廉被任命为宾夕法尼亚的"真正、绝对的"领主。据此，他行使该殖民地的统治权。宾夕法尼亚在美国革命前一直在宾家族领主控制之下。

他刚一抹黑，他们就把黑墨擦掉，反过来又把他抹了个大黑脸；结果发现自己已有可能被抹成黑人，于是就像汉密尔顿先生一样，疲于争斗，便辞职不干了。

这些公务争端归根结底统统起因于领主，也就是我们的世袭总督；每当为了保卫他们的领地需要什么花销时，他们便极尽卑鄙之能事，指示他们的代理人不要通过任何必要的征税法案，除非他们辽阔的田产在该法案中明文规定可以免税；他们甚至让这些代理人写下保证，奉命惟谨。议会一连三年都竭力抵制这种不义之举，但最终还是迫不得已降服认输了。莫里斯总督的继任丹尼上尉①终于大胆抗命；个中缘由我将在后面说明。

不过我把自己的故事推进得过于迅速；莫里斯总督在任期间还发生了几件事情，这里需要交代一笔。

由于在某种程度上对法战争②已经开始，马萨诸塞海湾政府计划进攻王冠角③，于是把昆西先生④派往宾夕法尼亚，将鲍纳尔先生⑤，也就是后来的鲍纳尔总督，派往纽约请求支援。由于我是议会成员，熟悉它的情况，又是老乡，所以他来找我，要我施加影响，提供援助。我向议员们宣读了他的请求书，得到热烈的响应。议会表决通过了一项一万英镑的援款，用来采购给养。然而总督拒绝批准这项议案（议案包括这笔款项，还有给国王使用的几笔款项），除非插入这么一项条款：免除领主田产承担任何必要的税款的份额。议会尽管渴望他们给新英格兰的

---

① 威廉·丹尼（1709—1765），1756—1759 年任宾夕法尼亚总督，是个腐败分子。1759 年他迫于压力签署法案对领主地产征税。议会让领主分摊政府开支的努力并未奏效，1775 年以前再没有试图对他们的田产征税。富兰克林的记述不完整。

② 指英法（与印第安人结盟）之间的“法国和印第安人战争”（1754—1763）。最后法国失败，1763 年的《巴黎条约》结束了法属北美帝国。

③ 1730 年法国人在尚普兰湖的王冠角修建圣弗雷德里克堡，防止入侵魁北克和蒙特利尔。

④ 乔塞亚·昆西（1710—1784），波士顿富商，后来成为富兰克林的朋友。

⑤ 托马斯·鲍纳尔（1722—1805），1757—1760 年任马萨诸塞总督。

援款具有法律效力，但却不知道如何去实现。昆西先生费尽心机想得到总督的批准，但他却是油盐不进。于是我提出一个成全此事的法子，那就是绕过总督，开向公债经募处委托管理人提款的汇票。按照法律，议会是有权这么做的[①]，实际上当时公债经募处钱很少，甚或没有钱，于是我提出汇票在一年内兑现，并担负五厘利息。有了这些汇票，我估计采购给养就不会犯难了。议会便十分爽快地采纳了这项建议。于是立即印制汇票，我是受命签署和发行汇票的委员会的委员。兑付汇票的资金是本地区现有纸币的放贷利息，再加上货物税的收入。人们知道这两项经费兑付汇票是绰有余裕的，于是汇票立即赢得了信誉，它不仅可以用来采购给养，而且成了很多手头有闲钱的有钱人投资的渠道。因为他们发现这样做好处多多，一是手持汇票可生利息，二是随时可以当货币使用，所以他们争先恐后地认购，没过几个星期，汇票已经销售一空了。这样，靠我的办法，这件大功总算告成了，昆西先生对议会千恩万谢，赠送了一件漂亮的纪念品，出使成功，便喜气洋洋地凯旋而归。从此以后，便跟我成了莫逆之交。

英国政府由于不愿意允许在奥尔巴尼提议的那种殖民地联盟，也不愿意把各殖民地的防务交托给那样一个联盟，以免殖民地变得过于重视军事，从而感觉到自己的力量，所以这个时候对它们心怀疑虑和猜忌；于是便派布雷多克将军[②]率领两个团的英国正规军前来解决问题。他在弗吉尼亚的亚历山德里亚登陆，然后开往马里兰的弗雷德里克镇。到达之后停下来等待车辆。我们的议会得到一些消息，担心他对议会怀有强烈偏见，以致不愿承担这里的防务，因此希望我去接待他，不是以议员的身份，而是以邮政管理局局长的身份，谎称是要跟他商议以最快捷稳妥的方式处理他和各个殖民地总督之间的急件往来，因为他必须与这些总督保持书信联

① 公债经募处出借由立法行为认可并由地产抵押担保的纸币，借贷是收利息的。议会有权监管这些收入的花销。
② 爱德华·布雷多克（1695—1755），法国和印第安人战争中北美英军司令。

系，议会提出费用由他们负担。于是我儿子陪我一同前往。我们在弗雷德里克镇找到了这位将军。他已经派人去马里兰和弗吉尼亚的偏僻地区征集车辆，正在焦急地等待派出的人员回来。我跟他一起待了好几天，天天陪他吃饭，有充分的机会消除他的种种偏见，告诉他在他到达之前议会切实做了些什么，还愿意做些什么，以配合他的军事行动。

就在我要离开的当儿，征集到的车辆送回来了，好像总共才二十五辆，并不是每一辆都完好能用。将军和其他长官个个大惊失色，宣告这次远征就此结束，不可能再进行下去，并大骂内阁群臣无知，让他们在一个缺乏运输工具的地方登陆，因为要运送他们的军需辎重，至少需要一百五十辆马车。我顺口说了一句，他们没有在宾夕法尼亚登陆，我认为太可惜了，因为那个地区的庄稼人几乎户户都有马车。将军立马抓住我的话茬说："阁下，你既然是那里的一位显要人士，也许你能为我们搞到车辆，我就请求你承办此事吧。"我问他们给车主什么价；他希望我把我觉得必要的条件写成文字。我照办了，条件也得到了认可，于是立即备好一份委任状和若干指示。这些开价将出现在我一到兰开斯特就刊出的公告上。这份公告从它产生的爆炸性效应来看，是一份稀奇的公告，我将它全文穿插在下面。

（插在这里的公告，夹在经办此事期间写的书信册中。）①

公　告

兹因国王陛下之军队拟于威尔斯溪②集结，现需驷马大车一百五十辆，鞍马或驮马一千五百匹。为此，布雷多克将军麾下授权予我经办租用上述车马之事宜，故特此公告：本人将于此时至下

---

① 富兰克林的手稿不包括"公告"，这里是按照现存的一张大幅单面印刷原件重印的。

② 在马里兰西部的坎伯兰堡。

星期三晚在兰开斯特，下星期四晨至星期五晚在约克，专门料理此事，将以下述租金认租车马或马匹：

一，凡配备四匹良马与一名驭夫之马车每日租金十五先令；凡配备驮鞍或其他鞍具之良马，每日租金十八便士。

二，租金须从车马加入威尔斯溪驻军之时算起（必须于五月二十日或以前到达），车马完成其任务后将根据其前往威尔斯溪和返家所需时间给予合理补贴。

三，每驾车马，每匹鞍马或驮马，均由本人与车辆马匹主人共选客观公正之人予以估价，服役车辆、马匹如有损失，将照价赔偿。

四，自签约之时算起，如有要求，本人将向车马主人预支七日租金；剩余部分一俟任务完成，或随时如有需求，将由布雷多克将军支付。

五，车辆驾驭者或租马照料者决不可应召尽士兵之责或受雇做驾车看马以外之事。

六，凡车辆马匹带进军营之燕麦、玉米或其他饲料，超出马匹所需者应合理付价，挪做军用。

备注：我儿威廉·富兰克林亦受权，可与坎伯兰县任何人士签订同种合同。

本·富兰克林

一七五五年四月二十六日于兰开斯特

告兰开斯特、约克、坎伯兰三县居民书

各位朋友，各位乡亲，

几月前偶然到了弗雷德里克的军营，我发现将军和几位军官由于得不到车马而恼怒异常，他们原指望本地区完全有能力提供这些支持；但由于我们的总督和议会意见不一，既没有为此提供金钱支持，也没有采取任何相关措施。

有人建议立即向这些县派遣军队，按其需要强行征用最好的车辆和马匹，强迫相应的人员去驾车看马。

我担心一批军队在这种情况下进入这些县境，尤其考虑到他们现在的脾气和对我们的怨恨，将会对居民造成许多严重的不便；所以我愿意不辞劳苦，先尝试一下看采用公正平等的手段可以做些什么。

这些偏远县区的居民近来向议会抱怨手头现金短缺；现在机会来了，你们将有一笔可观的现金分享，因为要是这次远征的服务工作持续一百二十天（这是极有可能的），那么这些车马的租金将会高达三万多英镑，而且全用国王的金银币来支付。

服务工作将会是轻而易举的，因为军队每日行进很难超过二十英里，车辆和驮马运输的东西完全都是军需品，所以必须随军前进，再快不了，而且为了军队的利益，无论行军还是扎营，总要安顿在最安全的地方。

如果你们真像我相信的那样都是国王陛下的优秀忠实的臣民，那你们现在就可以大显身手效忠立功了，而且可以轻松放心地完成任务；如果忙于农事独家难以抽出一车四马和一名驭夫，那么三四户可以合作，一户出车，另外一两户出马，再有一户出人，酬金几家按比例分成。然而如果面对如此优厚的酬金和合理的条件，你们仍然不愿尽忠报国，那你们的忠诚就大可怀疑了。王事必办，如此众多英勇的军队不远万里来保卫你们，决不可因为你们裹足不前，辜负了对你们的合理期望而无所作为；车马非要不可，很有可能采取强硬手段，到那时你们就只能落个敬酒不吃吃罚酒的下场，这种情况就不大有人怜悯或关心了。

我与此事并无特殊的利害关系；（除了得到努力行善防祸的满足）我只能是自讨苦吃。如果这种征集马车的办法不可能奏效，我只好在十四日之后捎话给将军，我估计骠骑将军约翰·圣克莱尔爵士[1]将会率领一彪人马立即奔赴本地区以达到上述目的，这是我不忍听到的，因为我是你们诚挚的朋友，我衷心希望各位万事如意。

本·富兰克林

我从将军那里领到八百来英镑作为支付车主们的预支款，但这个数额仍然不够，我又垫付了二百多镑，不出两个礼拜，一百五十辆大车连同二百五十九匹驭马开始向军营进发。公告许诺车马如有损失，必须照价赔偿。但车马主人声称他们不认识布雷多克将军，也不知道他的许诺有多可靠，因此坚持要我为此写下付款保证书，我就给他们写了。

我在军营里的时候，有天晚上和邓巴[2]上校团部的官员们吃饭，他对我表示了对部下小官的关切，他说这些人一般都不富裕，想储存一点东西以备长途跋涉、穿越荒野的不时之需，但这地方东西太贵，他们买不起，沿途又没东西可买。我对他们的处境深表同情，决定尽量给他们提供一点补助。不过，我对自己的打算只字未提，第二天早晨却给议会负责处分公款的委员会写了一封信，热诚介绍了这些官员的情况，提请他们考虑，并建议给他们赠送一些日常用品和食品之类的礼物。我儿子有过一段军旅生活的经历[3]，对军营的需求有所体会，所以给我开了一张清单，我将它附在信里。委员会批准了，并雷厉风行，责成我儿子操办，于是这些物品紧跟在车辆后面火速运到了军营。用品分装为二十包，每包装有：

---

①约翰·克莱尔爵士或圣克莱尔以凶猛闻名。

②托马斯·邓巴（？—1767），英军上校，他于1755年接替布雷多克任北美部队司令。

③威廉·富兰克林当过为征讨法属加拿大而招募的一支殖民地部队里的军官（1746—1747）。

棒糖[1]六磅

高级砂糖六磅

高级绿茶一磅

高级武夷茶一磅

高级咖啡粉六磅

巧克力六磅

优质白饼干半英担[2]

胡椒半磅

优质白酒醋一夸脱

格洛斯特硬干酪一块

高级黄油一桶(二十磅装)

马德拉白葡萄陈酿二打

牙买加酒[3]二加仑

芥末粉一瓶

精制火腿二只

干口条半打

大米六磅

葡萄干六磅

包扎得严严实实的二十个大包由二十匹马来驮，一马一包，送给一位军官，权当礼品。他们千恩万谢地收下了，两个团的两位上校分别致函与我表示感谢，措词极为恳切。将军也对我征集车马的表现高度满意，立即付清了我垫付的账目，并再三表示感谢，还要求我进一步协助给他运送给养。这事我也承担下来，所以忙得不可开交，直到我听到他

① 这一时期的糖形状不是条形，就是锥形。

② 1 英担重 112 磅。

③ 即朗姆甜酒。

战败的消息[1]。为这项服务，我个人垫了一千多英镑的钱款，我把账单寄给了他。幸好在战斗打响的前几天，账单到了他手里，他立即给我寄回一张向军需官提款一千镑整的汇单，余额留在下一次账上。我认为能拿到这笔款项真是万幸；因为余额永远都没法得到了，这件事后面还要说到。

这位将军，我认为是位勇敢的人，要是在欧洲打仗，他也许会作为一名优秀军官出人头地。但他过于自信，把正规军的效能看得太高，把美洲人和印第安人不放在眼里。我们的印第安语翻译乔治·克罗根带了一百名印第安人加入了他的进军行动，如果他善待了这些人，他们可以当向导、当侦探，会大有用处的；可他却轻视、冷落了他们，结果一个个离他而去。

有一天我跟他交谈，他给我描述了他的前进计划。“拿下迪尤肯堡[2]以后，他说，我就向尼亚加拉挺进；攻下尼亚加拉，就直捣丰特纳克[3]，如果季节允许这么长时间的话。我估计季节没有问题，因为迪尤肯只能滞留我三四天，然后我看没有什么能阻挡我向尼亚加拉挺进。”在此之前我早就心里盘算过，他的军队进军途中必须披荆斩棘，从密林草丛中开出一条羊肠小道前进，战线肯定会拉得很长，而且我读过入侵易洛魁地区的一千五百名法国人吃败仗的先例[4]，所以对于这起战争，我心怀疑虑。不过我只贸然说道，当然，将军，这支精锐的部队，又配有完善的大炮，抵达迪尤肯肯定是马到成功的事，因为那里防御工事尚未完成，我们听说守军兵力不是很强，也只能抵抗一阵子。我担心阻挡

---

① 爱德华·布雷多克将军由于对荒野交战没有经验，在对法国人和印第安人作战中失败，1755 年 7 月 9 日在莫农加希拉河附近的荒野之战中受了致命伤。他的军队中有 450 名殖民地民兵，由乔治·华盛顿中校领导，是他指挥残兵撤退的。

② 在匹兹堡。

③ 即魁北克。

④ 也许是指德农维尔侯爵 1687 年与塞纳卡诸部落的战役。德农维尔的军队遭到印第安人伏击，被迫撤退。

你进军的唯一危险来自印第安人的伏击，这些人百炼成钢，打起伏击战来神出鬼没。贵军必须拉成一条将近四英里长的细线，目标暴露，两翼易遭突袭。而且会像一根线那样被斩为几截，势必造成顾首难顾尾、腰来腿不来的局面。他见我如此无知，便付之一笑，答道："对于你们的生瓜蛋子美洲民兵来说，这些野蛮人确实是可怕的敌人，但对国王训练有素的正规部队而言，先生，他们实在是不足挂齿。"我意识到与一位军人争辩他的本行事务真有不知道天高地厚之嫌，便不好再多嘴了。

然而敌人并没有利用我所担心的行军路线过长暴露出的弱点，而是任其挺进，未加阻断，直等它推进到离目的地①不到九英里的地方，部队大体集结成一堆（大部队刚刚过河，前部已经停下等待全部过完），而且处在一片比它经过的任何林地更加开阔的地段，这时候敌人从树丛后面开始用密集的炮火先攻击先遣部队；将军这才得知敌人近在眼前。先遣队顿时乱成一团，将军便紧催主力部队赶上去支援，这样便和车辆、行李、牲口搅在一起，一片混乱；很快炮火又向侧翼攻击，骑马的军官目标显著，成了敌人的活靶子，枪声一响，一个个便应声落马；士兵得不到命令，便挤成一堆，干站在那里挨枪子儿，结果三分之二饮弹身亡，剩下的惊恐万状，仓皇逃窜。有些赶车的从车上卸下马匹骑上逃命；其余的纷纷效仿，这样一来，车马、粮草、大炮、辎重全部落入敌人手中。将军受了伤，大家费了九牛二虎之力才算抬了出来，他的秘书谢利先生②就死在他的身旁。八十六名军官伤亡达六十三人，一千一百名士兵中有七百十四名阵亡。③这一千一百名士兵都是从全军中挑选出来的，其余的落在后面由邓巴上校率领，他们押运着更重的军需、给养和行李将会跟上来。

仓皇逃窜的军士，由于未受到追击，便投奔到邓巴的大营里来，

---

①即迪尤肯堡。

②小威廉·谢利（1721—1755），马萨诸塞总督的儿子。

③更加精确的报告显示参战官兵1469名，死456名，伤520名。

他们带来的惊恐立即扰乱了邓巴的军心。尽管他现在还有一千多人，打败布雷多克的敌人把法国人和印第安人加在一起顶多也不超过四百人①；他非但不引军向前，奋力苦战挽回一些面子，反而下令将辎重全部销毁，以便腾出更多的马匹帮助他火速逃回居民区，而且也减少拖运的累赘。在那里他接到弗吉尼亚、马里兰和宾夕法尼亚各地总督的请求，要他屯兵边境，好为居民提供一定的保护；但他仍然马不停蹄仓皇撤退，穿越这些地区，一直退到费城才认为自己平安无事了，因为那里的居民可以保护他了。这件事的前前后后使我们美洲人第一次产生了怀疑，我们一贯认为英国正规军英勇超群，看来这种想法失之浮夸，缺乏充分的根据。

还有，英国军队的第一次进军，从登陆到越过居民点，一路上打家劫舍，抢夺民财，搞得一些贫困家庭彻底崩溃，居民如有不满的表示，便动辄侮辱、谩骂、囚禁。就算我们真需要什么保卫者，对这样的保卫者也实在是忍无可忍。这与我们的法国朋友在一七八一年的表现真有天壤之别，他们从罗得岛到弗吉尼亚的一次进军，穿越我们人口最密集的地区，行程近七百英里，沿途秋毫无犯，无人抱怨丢失过一头猪、一只鸡，甚至一颗苹果！

奥尔姆②上尉是将军的一名副官，他受了重伤，跟将军一起被抬下了火线，并且一直陪着将军，没过几天，将军就去世了。他告诉我，头一天将军一声不吭，晚上他只说了一句话，谁会想到这种情况？随后几天又一声不吭了。最后只说了一句，下一回我们就明白怎样处治他们了，过了几分钟便去世了。

秘书带有将军命令、指示和通信的文件全落入敌人手中，他们选了若干件译成法文，再刊印出来，证明在宣战之前英国朝廷已怀敌意。

---

① 更有可能是800左右，他们中战死约25人，受伤的人数相当。
② 罗伯特·奥尔姆死于1790年。

我在其中看到将军写给内阁的几封信，高度评价了我对英军做出的巨大贡献，并提请他们对我给予关注。大卫·休谟[1]几年后在哈考特勋爵任驻法公使时做他的秘书，后来康威将军任国务大臣时，又做他的秘书，他告诉我他在那个办公室的文件中看见过布雷多克大力推荐我的信件。不过由于这次远征惨遭不幸，我的贡献好像被认为没有多大价值了，因为那些推荐信从来没有给我派上什么用场。

至于将军本人的回报，我只要求过一个，那就是要他给部下的军官下令再不要征用我们买来的仆役[2]，已经征用的予以遣返。这一点他爽快地答应了，根据我的要求，有几名被送回给自己的主人。后来邓巴当了司令，他就不是那么大方了。他撤到——毋宁说是逃到——费城时，我要求他遣返已经征用的兰开斯特县的三名穷农家的仆役，并提醒他已故的将军在这一方面下过命令。他向我许诺，几天后他将进军纽约，途经特伦顿时让这几个主人来找他，他就把人交还给他们。于是这几个农夫伤财费力赶到特伦顿，可是邓巴拒绝兑现诺言，让他们蒙受了巨大的损失，感到极度的失望。

损失车马的消息一传开，车马的主人都找到我门上要求按我的保证照价赔偿。他们的要求把我搞得焦头烂额，我告诉他们钱已到位，就在军需官手里，但先要谢利将军下令才能付款，我请他们放心，我已经致函那位将军，提出了申请，但路途遥远，不可能很快就接到回复，他们必须耐心一点；凡此种种都不能满足他们的要求，于是有人开始告我。谢利将军终于把我从这种险恶的境地解救了出来，他委任专员审查了索赔要求，并下令付款。这笔款项近两万英镑，要我来赔就只能倾家荡产了。

---

① 大卫·休谟（1711—1776），苏格兰哲学家和历史学家，他是赫特福德伯爵的秘书，不是哈考特的秘书。

② 指尚未完成既定的工役的契约仆役。

在我们得到战败的消息之前，有两位姓邦德的医生[1]拿着一份募捐申请来找我，为一次盛大焰火晚会筹集资金，之所以筹办这次晚会，是想在攻克迪尤肯堡的消息传来之际展示一下万民欢庆的景象。我神情严肃地说："我想在我们知道有欢庆的必要时，我们还有充分的时间进行准备。"他们似乎十分惊讶，我怎么没有立即响应他们的建议。"这就怪了，"他们中的一个说，"你肯定认为堡垒拿不下来吧？""它拿不拿得下来我不知道，但我知道战事胜败有很大的变数。"我给他们讲了我怀疑的理由，募捐就此搁下了，倡导人由此却免除了焰火准备就绪会遇到的一场哭笑不得的尴尬。邦德先生尔后在某些别的场合说，他不喜欢富兰克林的预感。

布雷多克失败之前，莫里斯总督接二连三提交咨文，逼迫议会制定法令为地区防务筹措资金，但不可对领主田产课税，而且对没有这种豁免条款的议案一律否决，一直把议会搞得穷于应付，这时候他更是攻势倍增，因为危险性与必要性更大，成功的希望也就更大。但是议会仍然寸步不让，因为相信正义在他们一边，如果听任总督修正他们的财政法案，他们就等于放弃了一项基本权利。最后在一项拨款五万英镑的议案中，他提出只修改一个字：原议案说，一切财产，包括动产与不动产，均须纳税，领主的财产税不可免除。他把不改为仅。小小一字之变，却是重大之质变！

然而，我们一直谨慎小心，把议会给总督咨文的批复一封不漏地提交给英国朋友。惨败的消息传到英国之后，引起了轩然大波，大家纷纷抨击领主们竟然给总督下达那种指示，真可谓卑鄙无耻，不仁不义，有人甚至扬言他们既然妨碍了地区的防务，因此就丧失了拥有该地的权利。此话一出，领主们心里发憷，便下令自己的岁入总长在议会提供的防务费的基础上，自己再追加五千英镑。通知议会之后，这笔款项便作

---

[1] 托马斯·邦德（1713—1784）和菲尼亚斯·邦德（1717—1773），费城医生。

为他们的一份普通税接受下来，于是便形成了一项带有豁免条款的新法案，随即获得了通过。依照这一法令，我被任命为负责处理这笔六万英镑款项的专员之一。我一直积极参与这一法案的制定，并努力让它通过；与此同时又起草了一项建立和训练一支自愿民兵队伍的议案①，没费多大周折就让议会通过了，因为里边有特别规定，让贵格会信徒自由行事。为了促成组织民兵不可或缺的社团，我写了一篇对话②，将我能想到的反对那种民兵的意见一一列举出来，并逐个予以回答。这篇文章一经刊印出来，正如我想的那样，产生了巨大效果。

当城乡的几个连队正在组建和演练的时候，总督劝我去管理我们的西北边疆，因为那里遭到了敌人的侵扰，并要我招募军队，修筑一列堡垒，保卫居民。我担当起了这项军事任务，尽管我认为自己并不胜任。他给了我一份全权委任状，还给了一沓空白的军官委任状，以便颁发给我认为合适的人选。我招募兵源没费多少周折，很快就有五百六十人归我指挥了。我儿子在上次对加拿大作战时招募的军队中当过军官，现在出任我的副官，对我帮助极大。印第安人焚烧了吉内登哈特③这个摩拉维亚派信徒④定居的村落，并且血洗了那里的居民，但这块地方被认为地形绝好，适宜修建一座堡垒。为了向那里进军，我把各连集结在伯利恒，这是摩拉维亚派信徒的大本营。我发现这里的防卫状况很好，

---

① 富兰克林的民兵议案免除了贵格会信徒和其他出于良心道德的反对者，规定自愿加入，连队各级军官选举产生，实际上并没有提军事训练事宜。最终英国政府于 1756 年 7 月 7 日予以否定。

② 这篇对话与民兵法令发表在 1756 年 2 月和 3 月的《绅士杂志》上。——富兰克林注《X，Y 和 Z 之间的对话》最初发表在 1755 年 12 月 18 日的《宾夕法尼亚报》上，1756 年 3 月 26 日在《绅士杂志》上转载。《民兵法令》发表在 2 月份的《绅士杂志》上。

③ 正确的叫法是“吉内登哈滕”（意为“恩舍”），即现在宾夕法尼亚的魏斯堡，位于伯利恒以北约二十五英里处，1775 年 11 月 24 日被印第安人摧毁。驻扎在那里的新来的部队于 1756 年 1 月 1 日被打败。

④ 摩拉维亚派（即“统一弟兄会”）信徒于 1735 年从德国萨克森地区来到宾夕法尼亚。他们的中心是六年以后建立的伯利恒。

感到十分惊讶。吉内登哈特的毁灭使他们懂得了危险。一些重要建筑都被栅栏卫护起来。他们从纽约购买了大量武器弹药，甚至在高大石屋的窗户之间放了大量铺路的石头子儿，如果有印第安人试图向他们逼近，妇女们就可以扔石头砸他们的脑袋。荷枪实弹的弟兄会成员在放哨、换岗，有条不紊。跟任何守军驻防的城镇一模一样。与施庞根贝格主教谈话的时候，我提及自己的惊讶，因为我知道他们已经得到一项英国议会法令，免除了他们在殖民地的军事义务，所以我估计他们是严守道德规范不肯拿起武器的。他是这样回答我的："这的确不是我们的一项既定原则；但当他们得到那条法令的时候，他们很多人认为这就是一项原则。但在这种时候，令他们惊讶的是，他们发现恪守这项原则的却为数寥寥。"这么看来，他们不是骗自己，就是骗英国议会。然而常识受到眼前危险的增援，有时候过于强大，对奇思异想根本不屑一顾。

正好赶在一月初，我们开始修筑堡垒。我向米尼辛克人[①]派去了一支小分队，带着为保障当地北部的安全修筑一座堡垒的指令；向南部也派去一支小分队，带着同样的指令。我最后决定亲自率领余部赶往吉内登哈特，因为据认为在那里更是迫切需要一座堡垒。摩拉维亚派信徒给我搞到了五辆马车运送工具、给养、行李等物品。我们就要离开伯利恒的时候，十一个被印第安人从自己的农场赶出来的农民找我要求提供武器，这样他们才可以回去夺回自己的牲畜。我给他们一人一杆枪，配有适当的弹药。我们还没有走几英里，天就下起雨来了，而且一整天都下个不停。路上没有避雨的房屋，天快黑的时候才算走到一个德国人家里，我们一起挤在他的住宅和牲口棚里，浑身淋得像落汤鸡似的。[②]好在我们在行军途中未遭攻击，因为我们的武器都是最平常的，我们的士兵连怎么使枪机不被淋湿都不知道。印第安人玩弄起刀枪个个都是鬼精

① 宾夕法尼亚东北部特拉华河谷地区的印第安人部落。在斯特劳兹堡和米尔福德之间。

② 富兰克林是在 1756 年 1 月 15—18 日从伯利恒赶往吉内登哈滕的。

灵，我们却没有这个本事。他们那天撞上了上面提到的那十一名可怜的农民，杀死了其中的十个。[1]逃脱的那个报告说，他和他的同伴的枪都打不响，因为引火药被雨淋湿了。

第二天天晴了，我们继续赶路，总算到了荒凉的吉内登哈特。附近有一家锯木厂，周围扔着几堆木板，我们用它很快搭建了一些木棚栖身；在那种严寒的季节，由于没有帐篷，这么做就更加必要了。我们的第一项工作就是先把在那里发现的死人埋好。因为乡民只是草草盖上了一点土，死人的身子还半露半掩着。第二天一早，便给堡垒做方案，立界标，堡垒周长为四百五十五英尺，要是把直径一英尺的树砍下，一根挨一根排成栅栏，这就需要同样数目的木桩。我们有七十把斧头，立即派上用场去砍树；我们的人抡起斧头来个个身手不凡，所以干得干脆利落。看到树木这么快就纷纷倒下，我心生好奇，两个人开始砍一棵树的时候我便看着表。他们只用六分钟就把树砍倒在地上；我发现这棵树的直径是十四英寸。每棵松树做三根十八英尺长的木桩，一头削成尖的。就在准备这些木桩的当儿，另一些人却在周围挖一条三英尺深的壕沟，好栽木桩，我们又把马车的车身拆下来，把连接前后轴的连杆的钉子拔掉，将前后轮分开，做成了十辆二轮马车，两匹马拉一辆，把木桩从林地运到现场。栅栏栽好以后，再由木匠在栅栏里面搭建一圈木台，约六英尺高，人站在上面就可以通过枪眼开火。我们还有一门旋转大炮，我们把它架在一个犄角上；架好以后，立即发炮，让印第安人知道，我们手里有这些大家伙，如果他们有人能听到的话。这样一来，我们的堡垒（如果这么寒酸的栅栏能用这么堂皇的名称的话），就在一个星期之内竣工了，尽管三天两头大雨倾盆，人们干不成活。

这件事让我有机会注意到，人们专心致志地做事的时候，往往最为满足。因为他们干活的那几天，个个心平气和，欢天喜地；意识到白

---

① 他们总共十一个。两个逃脱。

天活儿干得称心，晚上就过得快意！如果一天闲暇无事，他们就变得桀骜不驯，吵闹不休，总是鸡蛋里头挑骨头，不是嫌猪肉肥，就是嫌面包硬，总之，脾气一直很坏。这使我想起一位船长，他的原则就是让水手们一直忙忙碌碌；有一回他的大副告诉他什么事都干完了，再也没有让他们可忙活的了，噢，他说，那就让他们洗刷铁锚吧。

这种堡垒尽管寒碜，却足以抵挡没有大炮的印第安人。发现我们现在立足已稳，遇到情况，又有处可退，于是我们大胆地派出小分队到邻近地带踅摸。我们没有遇到印第安人，但我们发现在邻近山头上有他们设置的监视我们行动的哨所。在这些哨所的设计中有种技艺，似乎值得一提。由于是冬天，火是万万少不了的。然而地表上的明火一点，火光冲天，别人老远老远就会发现他们的位置。于是他们在地下挖了一些直径约三英尺、比三英尺还要深一点的洞。在洞里我们看见了木炭，那是他们用小斧头从扔在森林里的烧焦的圆木上砍下来的。他们用这些木炭在洞底生起了小火，我们还在野草中间注意到他们的身体压出的印子，他们人躺在洞口，把腿伸进洞里烤脚、取暖，这对他们来说是个关键。这种火，这么一种安排，既无火光，又无火焰，也无火星，甚至连烟也没有，所以就不会暴露他们。似乎他们的人数并不是很多，好像他们看到我们人多势众，没有便宜好占，因此也就不敢贸然袭击了。

我有一位随军牧师，那就是热忱的长老会牧师贝蒂先生[①]，他向我抱怨说，这些人一般都不去听他的祈祷和说教。这些人入伍的时候得到过许诺，除了军饷和伙食以外，一天还要领一及耳[②]的朗姆酒，上午一半，下午一半，准时发放，我发现他们领酒积极准时。于是我对贝蒂先生说："让你管酒也许会有损你职业的尊严，要是你赶在祈祷之后分

---

①查尔斯·克标顿·贝蒂（约1715—1772），后来在宾夕法尼亚的深溪长老会做牧师，并担任新泽西学院的受托管理人。

②液量单位，等于四分之一品脱。

发，他们个个必来无疑。”他欣赏这个主意，于是担当起了这一职务，又请了几名帮手给他量酒，事情办得皆大欢喜；他的祈祷从来没有来过这么多的听众，而且从来没有来得这么准时。所以我认为对于那些不参加礼拜的人来说，这种办法比军法惩治更加可取。

我刚刚完成这项任务，给堡垒贮备好粮草，就收到了总督的一封来信，通知我他已经召集议会开会，希望我能参加，如果边防事态不需要再留守在那里的话。我在议会里的朋友们也写信催我尽可能与会，我要修的三座堡垒既已竣工[①]，在其保护下，居民们也愿意留在自己的农场里，所以我决定回去。更令我乐意的是经历过印第安人战争的新英格兰军官克拉彭[②]上校正在参观我们的建筑，同意将指挥权接过去。我给了他一份委任状，在检阅驻军时让人将它当众宣读，并把他引荐给大家，说他是一位精通军务的军官，比我本人更适合统领他们、给大家一番劝勉之后我便告辞了。我被人送到伯利恒休息了几天，好消除多日的劳累。头一夜睡在高级床上，简直难以安眠，这跟我们在吉内登的小木房子里裹一两条毯子打地铺真是判若云泥。

在伯利恒的时候，我多少了解了一点摩拉维亚派信徒的风俗习惯。其中有几个还一直陪着我，人人对我都十分友善。我发现他们实行的是财产共有制，好多人同桌吃饭，同室睡觉。在寝室里，我注意到就在天花板下面，每隔一定距离，就有一个小洞，我想这是为换气而开的，这种办法非常高明。我在他们的教堂里参加过礼拜仪式，风琴在小提琴、双簧管、长笛、黑管伴奏下，音乐悦耳动听。我明白了，他们的布道一般跟我们通行的做法不同，不给男女老幼混杂的公众讲道；而是分别召集，已婚男子，已婚女子，小伙子，大姑娘，还有小孩子，各有

---

① 富兰克林将这一围桩命名为“艾伦堡”；另外两座由他派出去的小分队修建，东北约 15 英里处的是诺里斯堡；西南约 15 英里处的是富兰克林堡。

② 威廉·克拉彭（？—1763），著名的边疆英雄，后来被印第安人杀死，并割去头皮。

各的听讲道时间。我听的是给孩子们的布道，孩子们一个个走进会堂，被安排在一排排长椅上就座，男孩子由一位小伙子，即他们的导帅指挥，女孩子们则由一位年轻女子带领。讲道似乎完全照顾到孩子们的能力，态度亲切，讨人喜欢，好像哄他们要做好孩子似的。孩子们个个中规中矩，不过脸色苍白，好像不太健康，这使我疑惑他们可能在室内待得太久，得不到充分的锻炼。我也了解了一下摩拉维亚派的婚姻情况，是不是真像人们传说的那样以抽签来定终身？他们告诉我，抽签只在某些特殊情况下使用。一般来说，一个小伙子想结婚的时候便向那个性别的长辈们打招呼，他们再和主管大姑娘的年长女士们商量。由于男女双方的长辈们对各自受监护人的脾气性格了如指掌，所以他们最有能力判断哪对姻缘合适如意，而且他们的判断一般都得到认可。如果碰巧发现有两三个姑娘都同样适合那位小伙子，这时候才用抽签的办法选配姻缘。我提出异议，如果婚配不是双方选择的结果，那他们有的就很不幸福。给我讲情况的人说，就算让双方自己选择，也未必个个幸福。对此我确实无法否认。

回到费城以后，我发现社团进展得一帆风顺，不是贵格会信徒的居民大体上都加入了，他们组成了连队，并按照新法规选出了自己的上尉、中尉和少尉①。B 医生②前来看我，给我讲述了他经历千辛万苦，让大家对法规有了普遍的好感，把很多功劳记在自己的账上。我原来却沾沾自喜地把一切归功于我那篇对话；不过，我知道他说的并非没有道理，就索性让他自鸣得意去吧，我认为遇到这种情况，一般来说，这样做仍不失为万全之策。

军官们开会选我为团的上校；这一回我接受了这个头衔。我忘记

---

① 民兵军官选举在 12 月 22 日至 24 日举行，莫里斯总督拒绝接受投票选举为合法，从而引起了骚乱，不过富兰克林的支持者还是具有足够的民众后盾取得胜利。

② 即托马斯 · 邦德。

了我们有多少连，但是我们检阅时有一千二百名英武的战士，还有一个炮兵连，配有六门野战铜炮，他们对这些大炮操纵自如，一分钟能发十二炮。我头一回检阅团队过后，他们陪我回到家里，要在门口向我鸣炮致敬，结果把我的电器上的几个玻璃装置震下来摔碎了。事实证明，我的荣耀也一样的脆，因为此后不久，我们的委任状被英国的一项法规废止令撤销了。①

在我短暂的上校任期内，由于准备去一趟弗吉尼亚，我团的军官脑袋瓜发热，认为首长出行，部下应当相送才是，于是便护送我出城，一直把我陪到下渡口。我刚刚上马，就有三四十人来到我的门前，个个胯下有坐骑，身上着军装。这一套做法我事先被蒙在鼓里，否则我会加以阻止的，因为我天生就讨厌在任何场合显摆；我对他们的出现大为懊恼，因为他们要陪我，我想躲也躲不开了。更不像话的是，我们刚一动身，他们就齐刷刷地拔刀出鞘，一路骑马举刀前进。有人把这事向领主打了个报告，这一下惹得他大发雷霆。在本地区，从来没有人向他表示过如此的敬意；他的总督也没有享受过此等殊荣。他说这只有皇亲国戚才配享受。这也许是真的，因为我从过去到现在对这种场合的礼仪一直两眼墨黑。然而这件傻事却大大增强了他对我的积怨。由于在议会里我在免除他的田产税的问题上的表现，怨恨以前就相当深，我一直是强烈反对给他免税的，而且对他为了抗税所采取的卑鄙无耻、不仁不义的手段做过严厉的批评。他向英国内阁指控我是贯彻国王政令的极大障碍，说我在利用自己在议会中的影响阻止形成适当的筹款议案；他举出我部下军官的这次列队游行为证，说我想凭借武力将本地区的治理权从他手中夺过去。他还要求当时的邮政管理局局长埃弗拉德·福克纳②爵士解除我的职务。但这一要求除了招来埃弗拉德爵士的一番温婉劝告外，没

① 富兰克林是1756年2月23日被委任的。从英国来的民兵法令被宣布无效的消息于1756年10月中旬到达费城。

② 埃弗拉德·福克纳（1684—1758）于1754年被任命为邮政管理局局长。

有别的效果。

尽管总督和议会口角不断，我作为一名议员，在议会里说话很有分量，但我和那位绅士仍保持着一种文明的交往，我们从来都没有什么个人龃龉。此后有时候我想，他明明知道对他的咨文的回复是我起草的，但对我却不怎么怨恨，甚至一点也不怨恨，这也许是他的职业习惯使然，由于他是律师出身，他也许把我们俩仅仅看成一起诉讼案中的双方当事人的辩护律师。他代表领主，我代表议会。所以，有时候遇到难题，他也会很友好地跑来征求我的意见，而且有时候，还听取了我的意见，尽管此类情况并不常有。

我们同心协力给布雷多克的军队提供给养，当将军败北这一令人震惊的消息传来时，总督急忙派人来找我，共同商议防止将那几个偏僻县舍弃的对策。我提出了什么劝告现在已经忘了，但我想大概就是应当向邓巴写信，劝他如有可能，就在边境上驻军，保卫这几个县，等到各殖民地的援军到达，他有能力进行远征时再做计议。我从边境回来以后，总督要我担当率领本地区的军队进行那种远征的任务，收复迪尤肯堡。由于邓巴和他的部队另有任务，他建议委任我当将军。我对自己军事才能的看法不像他宣称的那么好；我相信他的说法肯定超出了他真正的想法；不过也许他认为我的好人缘有助于招募士兵，而我在议会里的威望也利于通过拨款，提供军饷，又不向领主田产征税。发现我不像他所预期的那么积极，这项计划就搁下了。他很快就离任了，由丹尼上尉接任。

在接着叙述在新总督治理下我在公众事务中起的作用之前，在这里不妨先讲讲我的科学声誉的崛起和进展。

一七四六年在波士顿的时候，我遇见了一位斯宾塞博士，他刚刚从苏格兰来，给我演示过一些电学实验。这些实验做得不够完美，因为他并不十分精通；然而，因为做的是我感到十分新鲜的课题，所以实验还是使我惊喜交加。我回到费城不久，我们的图书馆会社收到了伦敦皇家学会会员彼得·柯林森[①]的一份礼物，一根玻璃管[②]，并附有用它做那类实验的说明书。我急不可耐地抓紧机会重复我在波士顿看到的实验，经过多次演练，不仅对英国说明书上有的那些实验能够做得游刃有余，还增添了几项新实验。我说多次演练是因为到我家里来看这些新的神奇现象的人络绎不绝，屋子里总是人满为患。为了让朋友们给我分担一点压力，我叫人在我们的玻璃坊里吹制了一些类似的管子，让他们自己动手，这样，我们最后就有好几个能做实验的人了。其中主要的有金纳斯利先生[③]，此人心灵手巧，是我的一位邻居，由于赋闲在家，我便动员他演示实验，挣几个钱，并专门为他写了两篇讲稿，讲实验的顺序怎么安排，怎么解释这种方法，这样前面做的就有助于理解后面做的。为了这一目的，他还搞了一套高级设备，里面我为自己粗制的所有小机械都被专门的仪器制造工匠精心配制过了。他的讲座听众很多，结果人人满意；过了不久，他周游了所有的殖民地，在每个首府进行演示，赚了一些钱。在西印度群岛实验就实在难做了，因为空气一般都很潮湿。

我们十分感谢柯林森先生惠赠的玻璃管之类的礼物，我认为应当向他汇报一下我们用它取得的成就，于是我给他写了几封信，描述了一下我们的实验。他把信在皇家学会上予以宣读，但大家起初并不认为有多少值得重视的地方，因此没有在会刊上刊登。我把给金纳斯利写的一篇关于闪电与电之相同的稿子，寄给我的一位相识米切尔博士[④]，他也

---

① 彼得·柯林森（1694—1768），皇家学会会员，伦敦的一位贵格会信徒，植物学家。他与富兰克林和其他殖民地的科学家们经常有书信来往。他负责出版了富兰克林著名的《电的实验与观察》（1751）。

② 其实是玻璃棒，用布摩擦可生电。

③ 埃比尼泽·金纳斯利（1711—1778），费城的一位学校校长，富兰克林电学实验的主要合作者。

④ 约翰·米切尔（？—1768），英国物理学家、博物学家，在美洲生活过几年。他的北美地图（1755）最为世人瞩目，并在1782—1783年英国和各殖民地的和平谈判时被使用。

是该学会的会员；他写信告诉我文章被宣读了，但遭到行家们的嘲笑[①]：然而这些稿子叫福瑟吉尔博士看过后，他认为价值非凡，不可扼杀，并建议刊印。于是柯林森先生把它们交给凯夫[②]，让他刊登在他的《绅士杂志》上；可是凯夫却情愿单印成小册子，由福瑟吉尔博士作序[③]。看来凯夫对他的利润胸有成竹，因为后来经过增订，小册子扩充为一本四开本的巨著，已经出版了五版，他却没花一文支付稿费。

然而，这些文章在英国引起广泛关注是需要一段时间的。一本论文集碰巧落入布封伯爵[④]的手里，他是法国大名鼎鼎、众望所归的科学家，而且名满欧洲。他说服达里巴尔先生[⑤]将它们译成法语，在巴黎出版。然而，此书的出版却得罪了皇室科学导师诺莱神父[⑥]，他是一位能干的实验科学家，已经形成了一套电学理论，并将其出版，风靡于世。他起初简直不能相信这样一本著作竟然出自一个美洲人之手，所以他说它肯定是他巴黎的宿敌们的向壁虚构，无非是要贬损他的理论体系。尔后，弄清楚真有他所怀疑的费城的富兰克林其人的存在后，他写了一卷公开信发表，主要是写给我的，以捍卫他的理论，否定我的实验，以及由此推断来的见解的真实性。我一度打算答复这位神父，其实已经开始写复信了。但考虑到我的作品仅仅是一种实验描述，这些实验谁都可以重复和证实，如果得不到证实，也就无法予以捍卫；或者是一种观察资

---

① 富兰克林低估了英国科学家对他的报告的评价，他们很多人承认他的实验的真正重要性。

② 爱德华·凯夫（1619—1754），《绅士杂志》（1731—1754）的出版人，该杂志提供了不少篇幅登载富兰克林和美洲的消息。

③ 《富兰克林的〈电的实验与观察〉序》。

④ 布封伯爵乔治-路易·勒克莱尔（1707—1788），著名的法国博物学家。他的物种（包括人）在新世界必然趋向退化的理论激起了托马斯·杰斐逊在《弗吉尼亚州札记》（1784）中的反驳。

⑤ 托马-弗朗索瓦·达里巴尔（1703—1799），法国物理学家，他将富兰克林的《电的实验与观察》译成法文（1752）。

⑥ 让-安托万·诺莱（1700—1770），法国首席电学家。他的理论遭到富兰克林的作品的质疑。诺莱抨击富兰克林，一时把电学分为富兰克林派和反富兰克林派。

料的描述，只当作推测提出来，而不是当作信条宣布的，所以我就没有任何义务去捍卫它；又寻思两人之间的一场争论用两种迥然不同的语言写出来，由于翻译上有错误，由此又引起了对彼此意思的误解，因为神父有一封信的很多内容都是以翻译中的一个错误为根据的，这样一来，这场争论可能就会没完没了。于是我决定还是让我的文章自主沉浮，我相信在公众事务之余下工夫做做新的实验，总比耗时间对已经做过的实验瞎争论强。因此我从来没有回答诺莱先生，我在这件事情上保持沉默也没有什么好懊悔的。因为我的朋友、皇家科学院院士勒鲁瓦[①]挺身而出维护我的主张，并对他进行了批驳。我的书被译成意大利文、德文和拉丁文，书里的学说也逐渐被欧洲的科学家广泛采用，那位神父的学说也渐渐遭人冷落，他在有生之年看到了自己这个派别的末路，追随他的只有 B 先生[②]——他的门生和亲传弟子。

我的书之所以声名鹊起，引起普遍关注，是因为达里巴尔和德洛尔两位先生在马尔利把书中建议的从云层吸引闪电的实验做成功了[③]，这就引起了满天下的关注。德洛尔先生有一套实验科学的设备，并讲授那门学科，因此开始重复他所谓的费城实验，在国王和宫廷做过以后，巴黎好奇的人们蜂拥而来，要看个究竟。我不想赘述那个重大实验，也不想聒絮不久以后我在费城用风筝做类似实验成功之后的无限喜悦，因

---

①让-巴蒂斯特·勒鲁瓦（1720—1800），法国物理学家。他发明了第一个实用的发电机，而后又完善了避雷针。

②马蒂兰·雅克·布里松（1723—1806），约瑟夫·普里斯特利的《电的历史与现状》（1767）的法文译者。

③富兰克林在 1746 年前后开始做电学实验。1750 年他提出一种在高塔或尖塔装一根棒从雷云中吸引“电流”的方法，从而证明闪电和电是相同的。这种相同性以前别人就提出过，但富兰克林是第一个建议用实验证明这一主张的人。他的理论发表在《电的实验与观察》（1751）中。此书 1752 年译成法文后，达里巴尔和他的助手德洛尔于 1752 年 5 月 1 日在法国马尔利镇第一次做这一实验。富兰克林直到一个月后，即 1752 年 6 月才用一只风筝，而后是尖塔，做他自己的实验。

为二者在电学史上都可以找到。一位英国物理学家赖特博士①当时正在巴黎，他给皇家学会的一位朋友写信，说我的实验在国外学术界推崇备至，还说他们心里挺纳闷，为什么我的作品在英国反遭冷落。于是学会便重新考虑那些已经给他们宣读过的信件，著名的华生博士②把这些信件和尔后我寄到英国的关于这一课题的文稿写成一份摘要，并且加了一些对作者的赞语。这份摘要后来刊登在他们的会刊上。在伦敦的一些学会会员，尤其是聪明绝顶的坎顿先生③，证实了用一根尖杆从云层获取闪电的实验，并把成功的消息告知学会，他们很快就先前对我的轻慢态度做了破格的纠正。未经我的申请，他们主动选我为学会会员，并且投票免除达二十五几尼的惯例会费，此后还免费赠送他们的会刊。他们还授予我一七五三年的戈弗雷·科普利爵士④金质奖章，颁奖仪式上会长麦克尔斯菲尔德勋爵⑤发表了精彩的演说，对我倍加赞誉。

我们的新总督丹尼上尉把上述奖章从皇家学会给我捎了过来，他在市府为他举办的接风会上颁发给我。他还非常礼貌地表达了对我的景仰，还说他早就了解我的品格。饭后，大家按当时的习俗喝酒的时候，他把我拉到另一间屋子里，告诉我他的一些英国朋友劝他跟我交个朋友，因为我是一个能给他提最好忠告的人，并且能够卓有成效地帮助他政路亨通。所以他最希望和我同心同德；而且他请我放心，他随时都愿意为我效犬马之劳。他还给我说了许多关于领主对本地区如何仁义，如

---

①爱德华·赖特（？—1761），苏格兰物理学家，皇家学会会员。

②威廉·华生（1715—1787），英国物理学家和博物学家。他发展了一种与富兰克林的理论类似的电学理论。1756年他和其他一些科学家提名富兰克林为皇家学会会员。

③约翰·坎顿（1718—1772），伦敦的一位学校校长兼科学家。他是第一个尝试富兰克林的电学试验的英国人。他的实验激发了富兰克林的进一步研究。

④戈弗雷·科普利爵士（约1654—1709）遗赠一笔基金作为年度奖金，由皇家学会颁发给对人类知识做出贡献的人。

⑤麦克尔斯菲尔德二世伯爵乔治·帕克（约1697—1764），英国天文学家和数学家，皇家学会会长。

果能够丢弃对他的举措长期持续的反对，他和百姓之间的和谐能够恢复，这对我们大家，尤其对我，都有好处，要成全此事，大家都认为谁的作用也比不上我，而且我满可以放心，少不了对我的丰厚酬谢，等等等等。

酒客们发现我们没有立即回到席上，便给我们送来了一瓶马德拉白葡萄酒，总督大人便开怀畅饮，喝下肚的酒越多，放出口的恳求和许诺也越多。我的回答是中肯的，感谢上帝，我的情况还可以，尚不需要领主恩赐，而且作为一名议员，我也不可能接受；我对领主没有个人恩怨，只要他提出的公共举措于百姓有益，我就会以最大的热情拥护和推动，我过去之所以表示反对，是因为所主张的那些举措显然是为领主的利益服务的，严重地损害了百姓的利益。我说我很感激他（总督）对我关心的表示，而且要他放心，我会全力以赴帮他顺利施政，同时又希望他不是带着捆住他前任手脚的那些不幸指令来的。①听到这话，他当时也没有替自己做任何解释。但尔后他来和议会打交道时，这些指示又接踵而来，争执再次蜂起，我还是一如既往积极反对。作为议会的笔杆子，首先反对要求传达指示，然后又反对对它们做任何评论，这些情况可以在当时的决议案和我后来出版的《历史评论》②中找到。但我们之间并没有引起个人嫌隙，我们经常在一起，他是个文人，阅世颇深，谈起话来妙趣横生，引人入胜。他这才告诉我我的老朋友詹姆斯·拉尔夫依然健在，在英国是最优秀的政论作家之一，备受推崇，曾受雇参与过弗雷德里克亲王和国王之间的争论③，拿过三百英镑的年俸；他作为一

---

①作为领主，托马斯·宾给他的“总督”或代理下达指示。议会把这些命令和英国内阁的命令区分开来，对后者他们愿意服从。1756年9月23日，议会谴责了给“总督”的私人指示，1757年富兰克林被派往伦敦“伸冤”，其中一条就是拨款问题。

②《宾夕法尼亚体制和政府的历史评论》为理查德·杰克逊所作，但是由富兰克林掏钱出版（1759），并提供了许多资料。

③威尔士亲王弗雷德里克·路易斯（1707—1751），反对他父亲乔治二世（1683—1760）的政党领袖。弗雷德里克尚未登基就已去世，是1760—1820年在位的乔治三世（1738—1820）的父亲。

名诗人名声确实不大，蒲柏在《愚人记》[1]中把他的诗说得一文不值，但人们认为他的散文不在任何人之下。

议会终于发现领主们顽固不化，一心要用那些既违背百姓的权利又有碍对国王效忠的指示，死死拿住他们的代理人，于是决定将他们的表现奏报国王，便指定我当代表前往英国呈递奏章为其提供证据。此前议会曾给总督提交过一份议案，要求拨款六万英镑供国王使用（其中一万英镑由当时的将军劳登勋爵[2]支配）。但总督按照领主的指示一口否决。我已经跟纽约邮船莫里斯船长[3]说好搭他的邮船前往，食品行李已经上船，这时候劳登勋爵赶到了费城，说是要努力促成总督和议会之间的和解，不要因为双方的分歧阻碍了对国王陛下的效忠：所以他希望总督和我本人来面见他，听取双方的意见。

我们见面商讨了一番。我代表议会力陈种种理由，这些都可以在公文中找到，因为它们都是我起草的，跟议会的会议记录一起印在纸上。总督则为他接受指示进行辩护，说他已做出保证所以必须履行，如有违背就等于自毁前程，但如果劳登勋爵相劝，他似乎愿意冒险一试。但爵爷却不肯这么做，尽管我一度认为我眼看就要说服他了；可是他最后却宁愿敦促议会顺从；而且他还求我尽一切努力去说服他们做到这一点；还宣称他可从国王的军队里抽调不出一兵一卒来保卫我们的边疆，如果我们不继续自己准备防卫，边疆就只能暴露给敌人了。我把谈话的经过向议会做了报告，并提交了我起草的一套决议案，表明了我们的权利，又宣称我们并没有放弃主张这些权利，只不过在这种威逼的场合，我们仅仅是暂缓行使权利而已。对于威逼，我们则持反对立场。议会最终同意放弃那项议案，又制订了另外一项顺从领主指示的议案。这项议

---

① 亚历山大 · 蒲柏在《愚人记》第二版（1728）第三卷第 159—160 行中回击了拉尔夫对他的诋毁。

② 四世劳登伯爵约翰 · 坎贝尔（1705—1782），1755 年布雷多克战败后任英军美洲部队司令。

③ 威廉 · 莫里斯为“哈利法克斯号”邮船的船长。

案总督当然批准了。我也可以无拘无束扬帆远航了。可就在这几天，邮船却已经带着我的海上用品开走了，这对我来说是个损失，我唯一的补偿就是爵爷感谢我帮忙的几句套话，达成和解的功劳统统记在了他的账上。

他已抢在我前面去了纽约；由于邮船的发派时间由他一手决定，当时那里有两条船，他说一条很快就要起航，我要求告诉确切的时间，怕我误了船期，他的回答是，我已经公开宣布船在下周六起航，不过我私下告诉你，只要你赶在周日早上到也还来得及，不过再不能拖后了。由于在渡口被偶发事件所阻，我在周一中午才匆匆赶到，由于正是顺风天气，我担心船已开走，但我很快就松了一口气，因为得知船还在港里停着，第二天才能起航。

人们会以为我这就要启程前往欧洲了。我也是这么想的，但当时我对这位爵爷的性格还没有摸透，原来踌躇不决是其性格的最大特点之一。我不妨举几个例子。我大概是在四月初来到纽约的，我想我们起航时快到六月底了。①当时有两条邮船长期停在港内，就是因为等这位将军的信件，总是说明天就送过来。又来了一条船，它也被滞留在那里，我们起航时第四条船眼看就到了。派我们的船先走，因为在那里待的时间最长。舱位已被乘客订完了，有的急不可耐等着要走，商人们一个个像热锅上的蚂蚁，手里攥着信件和投过保（因为正值战时）的秋季货物的订单。但他们焦急也是白搭；爵爷的书信尚未修好。凡是去拜访他的人发现他总是伏案握笔，由此推定他肯定有洋洋万言要付诸笔墨。有一天早晨，我也前去拜见，发现他的候见室里坐着一位叫英尼斯②的费城信使，他是带着丹尼总督给将军的一包信函专门赶过来的。他把朋友的几封来信交给我，这就使我问起他的归期和投宿处，我好托他捎几封信

---

①在 1757 年 6 月 20 日。

②应为詹姆斯·英尼斯（约 1709—1774），宾夕法尼亚政府的官方信使。

回去。他告诉我他接到命令明晨九点来取将军给总督的回信，然后立即动身。我当天就把信交到了他手里。两周后我又在同一地点见到了他。英尼斯！回来了；不是，我还没走呢。——怎么回事？过去这两个礼拜我每天早晨遵命前来取爵爷的信，可到现在还没有写好。——不会吧，他可是落笔千言的人，我看见他总是在伏案疾书呀。是呀，英尼斯说，他就像招牌上的圣乔治①，老是骑在马背上，永远都不往前走。看来这位使者还是持之有故，言之成理的。因为到了英国之后，我才明白皮特先生②将这位将军解职，派安默斯特和沃尔夫接任，给出的理由就是大臣们听不到他的音信，无法知道他的作为。

这样天天盼着起航，三条邮船准备驶向沙钩③，跟那里的舰队会合，乘客认为还是待在船上最保险，省得突然来一道命令，开船了，自己被落下。如果我记得不错的话，我们大约在船上待了六个礼拜，把航海的贮存消耗殆尽，不得不再去添购。舰队终于起航了，将军和他的军队统统上了船，朝路易堡进发，打算围攻并拿下堡垒④；所有的邮船都一起前往，奉命追随在将军的旗舰左右，随时准备接收他备好的急件。我们在海上耗了五天，总算等到了一封信和离开的许可，于是我们的船离开了舰队驶往英国。其他两条船他仍然留着，让它们跟着他前往哈利法克斯⑤，他在那里待了一段时间演练军队，对假堡垒进行假攻击，随后又改变了围攻路易堡的主意，带领全军返回纽约，连同上面提到的那两条邮船和船上的乘客。趁他不在的时候法国人和野蛮人拿下了该地区

---

① 英国酒馆招牌上一般都画有圣乔治骑马屠龙的像。圣乔治是英格兰的守护神。

② 威廉·皮特（1708—1778），英国首相，美洲事业的捍卫者，他解除了劳登北美英军司令的职务，由少将杰弗里·安默斯特勋爵（1717—1797）接替。詹姆斯·沃尔夫准将（1727—1759），在安默斯特领导下，指挥英军于1759年9月攻占魁北克。

③ 新泽西东部的海岸半岛，在哈得孙河口。

④ 劳登计划于1757年进攻路易堡，结果因天气不好和法国守军力量太强而受阻。

⑤ 英国殖民地新斯科舍的首府。

边境上的乔治堡[1]，野蛮人[2]对投降后的守军进行了大肆屠杀。后来我在伦敦见到了主管其中一条邮船的邦内尔[3]船长。他告诉我，他被滞留了一个月之久，在此期间他报告爵爷，他的船底已经长满了海藻贝壳等污物，这在某种程度上妨碍了它的快速航行，对一条邮船来说，这可是一个严重问题，因此要求给些时间将船侧过身来，清理船底。将军问他需要多少时间：他回答三天。将军答道，如果一天能干完，我批准；否则就不行，因为你必须后天起航。这样，他从来都没有得到批准，尽管此后等了一天又一天，足足等了三个月。

我也在伦敦见过邦内尔船上的一名乘客，他对这位爵爷骗他在纽约滞留这么长时间、后来还把他挟持到哈利法克斯又送回纽约感到义愤填膺，赌咒发誓要告他来赔偿损失。他告了没告，我无从得知；不过按他说的，这对他事业上的损害是十分严重的。总而言之，我百思不得其解，怎么能把统帅大军的重任托付给这么一个人呢：后来阅世日深，经多见广，明白了钻营求爵的手段和封官许愿的动机，也就见怪不怪了。布雷多克死后担任军队指挥的谢利将军如果继续干下去，我认为要比劳登一七五七年的战绩出色得多，劳登的这次战役发动得既轻率，又靡费，使国家蒙受了难以想象的耻辱：因为尽管谢利不是行伍出身，但他本人明达事理，多谋善断，又能倾听别人的忠告，既能制订高瞻远瞩的计划，又会迅速积极地付诸实施。

而劳登呢，不但没有用他的大军保卫殖民地，反而在哈利法克斯吊儿郎当招摇炫耀，结果使殖民地完全处于无人防守的境地，从而丢了乔治堡。此外他还长期禁止粮食出口，借口是使敌人无法获得给养，实际上是为了打压粮价，让承包商渔利，据说，也许仅仅是怀疑，其中也有他的一份，这种做法搅乱了我们所有的商业活动，使我们的贸易一蹶

---

① 乔治湖上的威廉 · 亨利堡，在纽约东北。
② 指法国的印第安人联军。
③ 约翰 · 多德 · 邦内尔，“哈利奥特号”邮船的船长。

不振。最后海上封锁令解除，但又忘了通知查尔斯顿，于是让卡罗来纳的舰队又多待了近三个月，结果船底由于虫蛀多有坏损，以致大部分船只在归程中葬身海底。我相信谢利对卸任感到由衷的高兴，因为统领一支军队对于一个不谙军事的人来说，担子实在是太沉重了。劳登接任司令一职后，纽约市给他举办了庆祝会，我前去参加，谢利虽然卸任，也去出席。会上宾客如云，有官有民，有熟人，有生客，人多座位少，只好从四邻借了一些椅子，其中一把非常矮，恰巧排给了谢利先生。我坐在他旁边，便看在眼里，于是说道，先生，他们给你的座位太低了。没事，他说，富兰克林先生，我发现座位低了最舒坦!

前面说过，我在纽约滞留期间，收到了我给布雷多克采办军粮等物的全部账单，有些账单还在我雇用协办此事的一些人员手中，一时还收不齐。我把账单交给劳登勋爵，希望他付清余额。他让主管官员按规定逐一核查，此人对着单据逐项审核，确认准确无误，所欠余额爵爷答应给我一张到军需官那里提款的汇票。可这事一拖再拖，尽管我多次约好前去讨要，但始终没有拿到。最后，就在我启程之前，他告诉我，他经过周密考虑，决定不能把他的账单与前任的混在一起。你到了英国，他说，只能到财政部报账领钱。我提到我被迫长期滞留在纽约，意外花销太大，所以想立即领到现款；我还说，我索回垫款是天经地义的，对此再增添麻烦，推三阻四，就说不过去了，更何况我做的都是无偿服务，但说了也是白说。噢，先生，他说，你可千万不要以为我们就相信你两袖清风。这类事我们清楚得很，谁不知道但凡给军队提供给养的，哪有不千方百计中饱私囊的。我向他保证我的情况绝对不是这样，我可没有往自己口袋里装过一文钱：他是分明不相信我的话；我后来确实了解到有人常常从这种差事中大发横财。至于欠我的余款，时至今日还未偿还，此事后面还要讲到。

我们起航之前，邮船的船长把他那条船的速度说得神乎其神。不幸的是，一出海，事实证明它是九十六条航船中最慢的一条，这可使船长太没面子了。大家对慢的原因猜测纷纭，这时候我们就在一条几乎跟我们一样慢的船附近，然而它却超过了我们，于是船长命令所有的人到船尾去，尽可能靠近旗杆站着。我们，包括乘客在内，有四十来个人。我们站在那里以后，船速加快了，很快就把和我们相邻的那条船远远甩在了后面，这就明明白白地证实了我们船长的怀疑，船头超重了。一桶又一桶的水似乎原来都放前面。他下令把这些东西都搬到船尾；这一下船就恢复了它的劲头，证明自己是船队中的佼佼者。船长说，这条船的速度曾达到过十三节，相当于每小时十三英里。①我们的船上有一名乘客是海军的肯尼迪船长②，他认为这是不可能的，从来都没有这么快的船，肯定是测速绳的分度有误，要么就是抛测速木出了差错。③于是两位船长打了个赌，等风力足够的时候再决胜负。肯尼迪严格检查了测速绳，表示满意，于是决定亲自再抛测速木。过了几天，风刮得又顺又大，邮船船长（路德维希）说他相信船速达到了十三节，肯尼迪做了一番测试，承认他输了。

我提出上面这件事情，为的是说明下述观点。人们常说造船技术有个缺陷，那就是新船好不好，下水试过才知道；所以有了一条好船做样板，新船就照葫芦画瓢，一成不变，事实证明恰恰事与愿违，新船慢得不是一般。据我了解，部分原因是对于货物装载、船具配置和驾驶方法上船员们意见分歧，各有各的一套办法。同是一条船，按一位船长的判断和命令装货，运行好，按另一位船长的判断和命令装货，运行则差。另外，一条船的建造、装配下海、扬帆航行很难由同一个人完成，一个人制造船身，另一个人配备帆索，第三个人装货、驾驶。哪一个也无法知道另外两人的所有的想法和经验，所以就不能全面综合，从而得

---

①应当是 13 海里，约合每小时 17 英里。

②小阿奇博尔德·肯尼迪（？—1794），富兰克林朋友的儿子。

③过去船速是这样测量的：向舷外抛一根圆木，圆木上绑着一根绳子，绳子隔一段打一个结。船行走时圆木——在水里是固定的——把绳子拉过船尾舷栏，把在规定时间里拉过舷栏的绳结数一数，船速就可以测算出来。

出正确结论。即便是航海这样简单的操作，我也往往注意到指挥连续值班船员的官员的判断各不相同，尽管风力一样，把风帆调整得张扬还是服帖各有各的做法，所以似乎没有定规可循。不过我认为不妨着手做一套实验，先确定最适合快速航行的船体形状；再确定桅杆的大小和最合适的安装位置；然后确定帆的形状和数量，以及它们随风而变的态势；最后确定货物的安置。这是一个实验的时代；准确无误地做那样一套综合性的实验，将会大有用处的。所以我相信过不了多久，某个有头脑的科学家一定会这么做的：我希望他会成功。

在这次航程中，我们被尾追了好几回，但把它们一个个都甩在了后面，三十天后，我们到了测深绳所能达到的近岸水域。我们测天定位十分准确，船长判断我们要进的港口（法尔茅斯）①近在眼前，如果夜里全速行驶，明日一早就可以到达港口外面的海面上，而且夜里快速行驶还可以避开敌人武装民船的注意，因为它们常在英吉利海峡的入口附近巡弋。于是我们尽可能地扯起所有的风帆，风又大又顺，我们乘风破浪，快速前进。船长测天定位之后调整了他的航向，他认为这样就可以远远避开锡利群岛②；然而，好像圣乔治海峡③有时候有一股强烈的潮流涌动，它蒙骗海员，导致了克劳兹利·肖维尔爵士④海军中队的覆没。这股潮流也许就是我们出事的原因。我们在船头上安置了一名瞭望，常常有人朝他喊话，注意正前方；他也常常回答，明白，明白！可也许当时他闭上眼睛，正打盹儿，有时候回答也像人们说的，是机械式的：因为他没有看见一盏灯光就在我们前面，由于它被翼帆挡住了，舵手和其余的瞭望都看不见；但由于船偶然偏离航线，灯光才被发现，便引起了极大的惊慌，我们离灯光非常之近，我觉得它大得像个车轮。正

---

① 英国西南角的一个海港。

② 位于英国西南 25 英里处。

③ 在英国和爱尔兰之间。

④ 应为克洛迪斯利·肖维尔（1650—1707），安妮女王的海军上将，1707 年 10 月 22 日他的舰队在群岛附近触礁沉没。

是半夜时分，我们的船长正在蒙头酣睡。不过肯尼迪船长却跳上甲板，看见危险在即，便在没有时间落帆的情况下命令船头转向。这么做对桅杆极其危险，但却使我们避开了礁石，免遭沉船之难，因为当时我们正在朝矗立着灯塔的礁石驶去。这次脱险使我强烈地感受到了灯塔的作用，使我狠下决心要鼓动人们在美洲多建一些灯塔，如果我能平安回去的话。

早晨，我们通过水深测量等手段发现我们离港口不远了，但陆地被大雾笼罩着，我们无法看见。九点左右雾开始升起，看上去就像剧院里的一块大幕，从水面上提了起来，露出下面的法尔茅斯镇、港里的船只和周围的田野。对于长期以来只见一片汪洋别无景色可看的人来说，这真是一幅令人赏心悦目、美不胜收的景象！更使我们欣喜的是，现在我们摆脱了战云弥漫造成的忧虑。

我带着儿子立即动身前往伦敦，只在沿途稍做停留，参观了一下索尔兹伯里平原上的悬石坛①和威尔顿的彭布罗克勋爵的公馆②和花园，以及他那些非常珍奇的古董。

我们于一七五七年七月二十七日抵达伦敦。③

---

①不列颠的史前巨石柱群，在索尔兹伯里北面约10英里处。

②威尔顿公馆，彭布罗克伯爵赫伯特家族的家宅，英国庄园豪宅之一。菲利普·锡德尼爵士（1554—1586）在此地创作了他的田园生活传奇《阿卡狄亚》。

③富兰克林于7月17日抵达法尔茅斯，7月26日晚到达伦敦。这是《自传》第三部的结束语，是富兰克林的儿子于1818年印行的手稿中的最后一句。

[第四部] [1]

①作于1789年11月13日至1790年4月17日富兰克林去世之间，地点可能在费城。

我刚在查尔斯[①]先生给我提供的住处安顿下来，就前去拜访福瑟吉尔博士，因为有人把我大力举荐给了他，他们还劝我设法听取他对讼诉问题的建议。他反对直接向政府投诉，认为先应当亲自向领主们提出申请，他们有可能在某些私交的干预或劝导下将事情和和气气通融过去。于是我又拜访了和我经常有书信往来的老朋友彼得·柯林森先生[②]，他告诉我，弗吉尼亚大商人约翰·汉伯里[③]要求我到了以后通知他一声，他可以带我去见当时的枢密院院长格兰维尔勋爵[④]，勋爵也希望尽快见到我。我同意第二天早上随他前去拜访。

于是汉伯里先生如约前来接我，用他的马车把我送到那位贵人府上，勋爵极其礼貌地接待了我，先问了几个关于美洲现状的问题，议论了一番，然后对我说："你们美洲人对你们政治体制的性质有些错误的看法；你们硬说国王下达给你们总督的谕旨不是法律，认为你们可以自作主张随意照办或违抗。然而这些谕旨不像交给一名出国公使的锦囊细谕，不外乎提一些细小的礼仪上的行为规范之类。这些谕旨先由精通法律的法官们起草；然后在枢密院进行审议，辩论，或许还要修改；最后才由国王签署下达。所以这些谕旨对你们而言，就是国法，因为国王就是殖民地的立法者。"我告诉这位爵爷，这种理论对我来说真可谓是海外奇谈。根据给我们的特许状我一直是这样理解的：我们的法律由我们的议会制定，再呈报国王御准，一旦批准，国王就不能撤销或者更改。议会没有国王的批准不得制定永久性法律，同样，国王也不能绕开议会替他们制定法律。他一口咬定我这是错误到家了。但我却不这么认为。爵爷的这番谈话使我对朝廷有关我们的看法有点忧虑，所以一回到寓所，我就把它记录下来。我回想起大约二十年前，内阁提交给议会的一项议案中有这么一条，建议将国王的谕旨定为殖民地的法律；但这一条被下院否决了，正因为如此，我们将他们尊为我们的朋友，自由的朋友，直到一七六五年，他们对我们的做法才使我们明白过来[⑤]，他们之所以拒绝把这点主权交给国王，只是为了把它留给自己使用。

过了几天，福瑟吉尔博士与领主们谈过话后，他们同意在春园托·宾先生[⑥]的府上接见我。谈话开始时，双方都宣称有意做出合理的通融；但我估计对合理的含义各有各的想法。然后我们开始逐项审议我列出来的我们投诉的要点。领主们尽可能对自己的行为进行辩护，我则提出议会做得有理。这时候我们才看出来我们的观点差距太大，达到一致的希望十分渺茫。然而最后还是商定我把我们的投诉要点写成书面材料，他们答应随后考虑。我很快就把材料交了上去[⑦]；可是他们却把这些材料交到他们的律师费迪兰多·约翰·帕里斯[⑧]手中，此人替他们料理与相邻的马里兰领主巴尔的摩勋爵持续七十年之久的大诉讼案中的一

---

① 罗伯特·查尔斯（？—1770）于 1739 年回到英国，成为纽约和宾夕法尼亚的代理。

② 彼得·柯林森（1694—1768），图书馆会社驻伦敦代理，商人，与很多科学家经常通信。

③ 约翰·汉伯里（1700—1758），伦敦的贵格会信徒，“世界上最大的烟草商”。

④ 格兰维尔一世伯爵约翰·卡特雷特（1690—1763），国王枢密院院长（1751—1763），枢密院裁决富兰克林控告领主的案件。

⑤ 1765 年发布的印花税法规定英国议会直接向美洲殖民地征税，引起了殖民地的反对，导致了十年后的美国革命。1766 年议会又将该法废除，通过了公告令，主张议会有权为殖民地立法，毋须殖民地的同意。

⑥ 托马斯·宾于 1741 年后住在英国，但仍然是宾夕法尼亚的领主，一直当到 1775 年。他和富兰克林积怨很深。

⑦ 富兰克林于 1757 年 8 月 20 日呈交了他的“投诉要点”。

⑧ 应为约翰·费迪兰多·帕里斯（？—1759），一名专理殖民地事务的律师，宾家的法律顾问。

切法律事务[1]，并替他们书写与议会争执的所有文件与信函。此人态度傲慢，容易动怒；由于我偶尔在议会的答复中严词批驳过他的文件，觉得它们论据虚弱，言辞傲慢，所以他对我怀有不共戴天之仇，于是，仇人相见，难免分外眼红，所以我拒绝了领主要他和我讨论涉及我们两个本体之间的投诉要点的建议，提出除了领主本人，别人我概不接洽。于是领主们按照他的劝告，把材料交到检察总长和副检察长手里，征求他们的意见和建议，材料在那儿一搁差八天就是一年，没有批复。在此期间，我屡屡要求领主们答复，但得到的只是一句话，他们尚未接到检察总长和副检察长的意见；最后他们接到的是什么意见，我一无所知，因为他们没有给我传达，却给议会发去一封由帕里斯起草、签字的长信，援引了我的材料，投诉我写的材料措辞粗鲁，不合规矩，并对他们的行为做了一番拙劣的辩解，还说如果议会肯派某个坦诚人士与他们洽谈此事，他们愿意息事宁人，这就表明我不是那样的人。

所谓不合规矩或措辞粗鲁，也许就是我在材料上没有用宾夕法尼亚地区真正绝对的领主这样冠冕堂皇的大号称呼他们，我之所以没有用这个称呼，是因为觉得没有必要，材料的用意就是把谈话中我口头说过的意见用白纸黑字写定而已。不过在这段延宕期间，由于议会已经说服丹尼总督通过了一项法令，对领主的田产和平民的一样征税，这是争论的重点，所以对那封信再没有回复。

然而，当这项法令送达英国的时候，领主们在帕里斯的参谋下决定千方百计不让它获得国王批准。他们在枢密院里向国王请愿，于是便指令进行一次审理，审理时，他雇了两名律师反对这项法令，我请了两名予以支持。他们宣称这项法令意在加重领主田产的负担，以减轻百姓田产的负担，如果容其继续有效，与平民有仇的领主在划分纳税比例时

---

[1] 巴尔的摩五世男爵查尔斯 · 卡尔费特（1699—1751），马里兰领主。宾夕法尼亚和马里兰的边界直到 1765—1767 年勘测梅森—狄克森线时才算划定。

就会受民众的摆布，他们势必破产。我们回答说这项法令没有这样的意图，当然也不会产生那样的效果。税款评估人都是诚实谨慎之人，他们宣誓评估要公正平等，想要用加重领主税款的办法来减轻自己的税款，这里面的好处微乎其微，所以，犯不着发这个假誓。我记得这就是双方力陈的要点，此外我们还强调了废除这项法令必然产生的恶劣后果；因为已经印制了十万英镑的纸币并交给国王使用[①]，在为他效劳时花掉了，现在则在民间流通，法令一旦废除，百姓手中的钱立即成为废纸，就会导致许多人破产，另一个后果就是彻底挫伤了将来拨款的积极性，我们义正词严强调领主的自私将引起这么一场大灾难，仅仅是因为他们没有根据地害怕对他们的田产征税过高。听到这番话，枢密院的一位成员曼斯菲尔德勋爵[②]趁律师们辩论的时候站了起来，向我招了一下手，把我领进秘书室里，问我是否真的认为如果推行这项法令，不会损害领主的田产。我说肯定不会。于是他说，你该不会反对订个约对此做出保证吧。我说决不反对。于是他把帕里斯叫进来，经过一番商讨，爵爷的建议双方都表示接受；为此枢密院秘书起草了一份文件，我和查尔斯先生一起签了字，因为他也是该地区的日常事务代理；曼斯菲尔德勋爵回到枢密院议事室后，这条法令总算通过了。不过有人提出了几条修改意见，我们也答应在以后的法令中做出修改；但议会认为没有这个必要。在枢密院命令下达之前，根据这条法令已经征了一年的税，所以议会委任了一个委员会审查估税人员的工作，在这个委员会里他们还放了领主的几位特殊的朋友。经过全面调查之后，委员们签署了一份报告，一致确认他们发现估税完全公平。

议会认为我签订的协约的第一部分是对本地区的重大贡献，因为它保证了当时在整个地区通行的纸币的信誉。我回来以后，他们正式表

① 也就是英王政府的官员来花。

② 曼斯菲尔德男爵威廉·默里（1705—1793），英国高等法院首席法官。他支持后来针对反叛殖民地的各项强制条例。

示了谢意。然而领主们因为法令通过对丹尼总督暴跳如雷，便将他一脚踢开，并且威胁要控告他违背了他保证必须遵守的指示。然而丹尼是在将军的敦促之下，又为了向英王陛下效忠才通过这项法令的，况且他在朝廷里也有一定势力，所以并没有把这些威胁当回事，后来也就不了了之了。

一七七一至一七九〇　　一七九一，一八一八，一八六八[①]

---

① 富兰克林《自传》的手稿是在四个不同场合历时 19 年写成的。第一部分是写给他时任新泽西总督的儿子威廉·富兰克林（约 1731—1813）的信。富兰克林写这一部分时正在特怀福德村乔纳森·什普利主教乡间的家中做客。那是一个离伦敦有 50 英里的村庄。他在 1771 年 7 月 30 日动笔，8 月 13 日写完。此后富兰克林再没有往下写。直到 13 年以后，富兰克林任新建立的美利坚合众国驻法国公使，在法国居住时才写了第二部分。最后两部分分别写于 1788 年 8 月和 1789—1790 年的冬天。后来富兰克林因病歇笔。所以他只把生平记述到 1758 年就与世长辞了。因此没有写他作为一名外交官和公仆的光辉成就。

《自传》的第一部于 1791 年由雅克·比松出版了法文译本；富兰克林的孙子威廉·坦普尔·富兰克林于 1818 年出版了《自传》的一个版本，但他手里没有他爷爷写的最后一部分，因为他稀里糊涂用它换来了法文译者手中的第一部。直到 1868 年，约翰·比奇洛出版了我们现在见到的包括四个部分的完整的《自传》。

致富之路

文雅的读者：

我听说一名作者最大的快乐莫过于发现自己的作品被其他博学的作家敬佩地引用。这种快乐我难得享受过。如果我可以淡泊地说，虽然我是一名历书的杰出作者，这种历书每年一册，已出了整整四分之一世纪，可是我不知道什么原因，和我同行的作家兄弟一直吝惜他们的赞词。而其他方面的作家压根就没有注意到我。因此，如果说我的作品没有给我带来实惠的话，缺少恭维方面也十分令人丧气。

最后，我得出了这样的结论：人民最善于鉴定我的功过了，因为他们买我的作品。再说，我闲逛的时候，人们并不认识我，可是我常常听到有人在引用我的格言，而且引用完毕后还加上一句：穷理查就是这么说的。这给了我某种满足，因为它不仅说明我的教导受到重视，而且还发现人们对我的权威有所尊重。我承认，为了鼓励背诵、复述这些警句的做法，我有时候还严肃认真地引用我自己的话呢。

我要告诉你一件小事，看看我从中得到了多大的满足。不久前我让自己的马停在一个商品拍卖处门口，那里聚集了一大群人。由于还不到营业时间，人们便议论起时世的艰难。人群里有人对一个满头白发的老头儿喊道，请问，亚伯拉罕大爷，你看世道如何？这些重税难道不会把国家毁掉吗？我们可怎么交税呀？你对我们有些什么指教呢？——亚伯拉罕大爷站起来答道：你们要听我的劝告，我就简短地说几句吧。因为，智者一言已足，言多于事无补，穷理查就是这么说的。大家都希望他谈谈自己的想法，所以把他团团围住，于是他讲了下面的话：

“朋友们，”他说，“邻居们，税实在太重，如果我们要交的仅仅是政府征的税，那交起来倒比较容易。可是我们还有许许多多的税，对有些人来说更难以忍受。懒惰抽我们两倍的税，骄傲抽我们三倍的税，愚蠢抽我们四倍的税，税务局长们即使允许减税，也不能替我们减轻或交纳这样的一些税。不过咱们听听忠告，也许还有办法。自助者天助，穷理查在他一七三三年的历书中就是这么说的。

“如果一个政府把人民替它服务用的时间的十分之一抽了税，那这个政府就未免太苛刻了。如果我们把在绝对怠惰或无所事事中度过的时光计算起来，再加上在毫无用处的闲事或娱乐中度过的时光，那么，懒惰向我们抽的税就要多得多了。怠惰由于使人生病，从而绝对缩短了生命。怠惰犹如铁锈，耗损精力快过劳累。而常用的钥匙老是发亮，穷理查就是这么说的。可是倘若你热爱生命，那就别浪费光阴，因为光阴正是构成生命的原料，穷理查就是这么说的。我们在睡眠中度过的时光未免太多！忘记了睡着的狐狸抓不住鸡，人在坟墓里将会睡个够，穷理查就是这么说的。我们在睡眠中度过的时光未免太多！穷理查说得好，浪费时光一定是最大的挥霍，因为他在别的地方告诉我们：光阴一去不回还。而我们所谓的时间足够，总是证明时间不够。那就让我们起来行动，行动还要得当。通过努力我们将多做事，少困惑。怠惰使万事艰难，勤勉使一切便当，穷理查就是这么说的；起得晚就得整天奔波，到天黑还赶不完自己的工作。懒惰走路慢腾腾，穷困赶上快如风，我们在穷理查的历书上读到的就是这样。他还说，必须人逼事，勿让事逼人。睡得早，起得早，富裕、聪明、身体好。

“所以向往好时光是什么意思呢。如果我们奋起努力，就可以创造好时光。勤奋不需要向往，穷理查就是这么说的。谁靠希望生活，谁就会空着肚子死去。不劳则无获。那么，双手放麻利，因为我没有土地，如果我有了土地，就要狠狠对土地抽税。而且，穷理查还说，谁有手艺谁就有地产，谁有职业谁就有名利双收的公司。可是手艺必须人干，职业也要好好从事，地产和公司都不会给我们纳税的能力。如果我们勤奋，就永远不会挨饿。因为穷理查说：饥饿只在劳动者的家门上窥探，却没有胆量进去。警察也不会进去，因为勤勉偿还债务，自暴自弃却在增加债务，穷理查说。你若没有找到财宝，有钱的亲属也没有给你留下遗产，那又有什么关系？勤奋是成功之母，穷理查就是这样说的，而且上帝把一切都交给勤奋。懒汉在睡觉，你就去犁田，到时候你粮多好卖钱，穷狄克[①]说。今日事今日毕，因为你不知道明天有多少障碍，这就使穷理查说：一个今天抵得上两个明天。他还说，如果你明天非干不可，还不如今天把事做完。如果你是个仆人，一个好主人碰见你在闲荡，难道你不害臊吗？如果你自己当了主人，你发现自己吊儿郎当，就应该感到丢脸，穷狄克就是这么说的。如果有许多事情要为自己、为家庭、为祖国、为王上去做，曙光初露就要起身。别让太阳朝下盯着你说：他躺在这儿好丢人。拿工具干活别戴手套。记住：戴手套的猫逮不住老鼠，穷理查就是这么说的。的确，要干的活儿不少，也许你笨手笨脚，可只要持之以恒，你就会看到效果不凡。因为水滴石穿。依靠勤奋、耐心，耗子能啃断铁绳。小切小砍，斩断大橡树干，穷理查在他的历书中就是这么说的，年份我眼下记不起来了。

“我想我听到你们有些人说，难道一个人不可有闲暇吗？朋友，我要告诉你穷理查的话：要想得到闲暇，就好好利用时光。既然你对一分钟没有把握，就别丢掉一小时。闲暇是准备做有益的事情的时光。这种闲暇，勤奋的人会得到，懒汉却永远不会有。所以穷理查说，闲暇的生活与懒惰的生活是两码事。你认为怠惰比勤奋更能使你舒畅吗？不，因为穷理查说：懒惰生烦恼，安逸惹酸苦。不劳力的人只靠智谋生活，会因主干不牢而摧折。勤奋给人舒适、富足和尊敬。躲避欢乐，欢乐仍会追逐你。勤快的纺纱工办法比人多。现在我有一只羊，一头牛，人人都向我表示问候。这些话穷理查讲得真好。

---

① 狄克是理查的昵称。

“可是除了勤勉，我们还得坚定不移、小心谨慎，事必躬亲，不要过多地依赖他人。因为穷理查说：

我从未看见常移的树，
也从未见过常搬的家，
能像安定那样兴旺发达。

“他还说：三次搬迁坏似一场火灾。又说：扶持你的商店，商店会扶持你。还说：如果你要把生意做成，自己去；如果不想做成，派人去。他还说：

要靠犁头发迹，
必须亲手扶犁。

“还有，主人眼睛干的多于双手干的。还说：漫不经心的害处胜过孤陋寡闻。还说：不监督工人，就等于把钱包敞开让他们瓜分。过多依赖别人的关心葬送了许多人的前程。因为历书上说：人在世事中得救，靠的不是信任，而是缺乏信任。可是一个人亲自关照是有好处的。因为穷狄克说：学问归勤奋的人，财富归仔细的人，权力归勇敢的人，天堂归有德行的人。还说，如果你想要一个忠实的仆人，一个你所喜欢的仆人，那就自己服侍自己。他还提出忠告，哪怕在极小的事情上也要小心谨慎，因为有时候小疏忽酿成大灾祸。还说：由于少了一个钉子，失去了马掌。由于少了一只马掌，失去了马匹。由于少了一匹马，失去了骑手。就因为对马掌上的一个钉子不小心，结果被敌人追上杀了。

“朋友们，关于勤奋和事必躬亲就说到这里；如果我们要使自己的勤奋获得更大的成功，我还得加上节俭。一个人如果不知道怎样节省自己的收入，他也许一辈子累死累活，到头来还是不名一文地死去。丰足

的厨房造成了薄弱的意志，穷理查就是这么说的。而且

> 许多田产得而复失，
> 因为女人嗜茶点不去纺织，
> 因为男人不砍柴只贪酒食。

“如果你要致富，他在另一本历书中说，不仅要想到赚，而且要想到省。西印度没有使西班牙富裕，因为它的开支大于它的收入。因此改掉你爱花钱的愚蠢行为，那你就没有多少理由抱怨时世艰难、征税过重和家庭开销太大了。因为穷狄克说：

> 色、酒、骗、赌，
> 使人穷苦。

还说：维护一种恶习，等于养育两个孩子。也许你认为，有时喝点儿茶，喝点儿酒，吃贵点儿的饭，穿好点儿的衣服，偶尔有点儿娱乐活动，并非什么大不了的事。可是想想穷理查的话：许多一点儿聚成了一片儿。还说：谨防小花销。小漏洞可以沉大船。还说：谁一心要吃好，到头来就乞讨。还说：傻瓜设宴，聪明人前来用饭。

“你们聚集在这里要买锦衣古玩。你们把它叫作货物。如果你们不当心的话，到头来就是你们某些人的祸物。你们希望它会贱卖，也许售价比它的成本还低。假如你们不需要它，对你们来说它就十分昂贵了。记住穷理查的话：你若买不需要的东西，过不了多久你就会卖你必需的东西。还说：在便宜货前踌躇片刻。他的意思是：兴许看起来便宜，但未必真的便宜。或者因为使你的生意十分窘迫，这种廉价货对你造成的弊多于利。他在另一个地方又说：许多人因为买便宜货毁了自己。穷理查又说：花钱买后悔，愚蠢透顶。可是由于不注意读历书，这种愚蠢行

为在拍卖市场每天都有。穷理查说：智者从别人的失败中吸取教训，愚者从自己的失败中也不大吸取。可是，对别人的不幸引以为戒的人是幸运的。许多人为了身上的漂亮衣服，自己食不果腹，家小也饥肠辘辘。穷理查说：绸缎丝绒扑灭了灶火。这些不是生活必需品，也难称得上方便用品，就因为它样子漂亮，多少人都想拥有。这样一来，人类人为的需要大大超过了自然的需要。正如穷狄克说的那样，一人穷酸，百人艰难。由于购买这些和别的奢侈品，上流人士就陷于贫困，不得不向他们原先瞧不起的人借钱，可是人家却靠勤奋和节俭站稳了脚跟。遇到这种情形，显而易见的是：站着的农夫比跪着的绅士高，穷理查就是这么说的。也许他们还有一笔小小的田产，可他们却不知道它的来历。他们认为现在是白天，永远不会到夜晚。这么多的财产花一点儿不足挂齿（穷理查说：小孩和傻子想着二十先令、二十年，永远花不完也过不完），可是，一个劲地从饭盆里往外舀，从来不向里面添，很快露出底朝天。然后，就如穷理查所说，井干方知水贵。如果人们听他的劝告，他们也许早就知道这一点了。你若要知道钱的价值，去借一些试试看。因为谁借钱谁就难堪。如果有人把钱借给那一类人，他去讨债时，也同样遇到难堪。穷理查更进一步规劝道：

夸耀衣着肯定招致灾殃；
若要顾及爱好，先要考虑钱囊。

还说：骄傲就像穷困，是一个大声喧闹的乞丐，而且远比穷困莽撞。当你已经买了件时髦玩意时，你一定要再买十件，这样你才会显得体面。可是穷狄克说，头一个欲望还好遏制，随后无休止的渴望就难满足。穷人模仿富汉，犹如青蛙鼓足气跟公牛比高低，真是愚不可及。

大田产要冒大风险，

小船儿不应远离海岸。

可是，愚蠢行为很快就遭到惩罚；因为骄傲的午饭吃的是虚荣，晚饭吃的却是轻蔑，穷理查就是这么说的。他在另外一个地方又说：骄傲的早饭吃得满足，午饭吃得贫苦，晚饭吃得耻辱。所以为夸耀门面担很大风险，又要受很多痛苦，这么做到底有什么用呢？它不能增进健康，也不能减轻痛苦。它不能增加一个人的优点，只能产生嫉妒，加速不幸。

花花蝴蝶是什么？
充其量是毛毛虫装扮煊赫。
正像那花花公子的新衣着，

穷理查就是这么说的。

“可是为了这些浮华东西弄得债台高筑真是等于发疯！这次拍卖赊销期限是六个月。这也许引诱我们一些人去光顾了，因为我们拿不出现钱，希望不拿现款地体面一番。啊，想想你负了债可怎么办。你把自己的自由交给别人去支配。如果你到时候付不起款，你就无脸见你的债权人。你跟他说话时，心惊胆战。你会缩头缩脑找一些可怜巴巴的借口。久而久之，你就失去了诚实，一味卑鄙地撒谎，不能自拔。因为穷理查说，第二个恶习是撒谎，第一个恶习是欠债。他同样中肯地说，人一欠债就不由得说谎。而一个生来就是自由的英国人不应当羞于见人，或害怕见人，也不应当羞于跟人说话，或害怕跟人说话。可是贫穷往往使人短精神、缺德行。空袋子，难立直，穷理查就是这么说的。如果哪个王子、哪个政府昭示全国，不许你穿得像个绅士或淑女，违者下狱或服苦役，对此你作何感想呢？难道你不会说：你是自由的，有权按自己的爱好穿衣戴帽，那样的命令是侵犯你的权利，那样的政府未免太暴虐了？可是当你为那样的衣着负了债以后，你就要把自己置身于那种暴虐之下了！如果你还不了债，你的债权人有随意剥夺你的自由的特权，使你终生身陷囹圄，或者把你卖作奴隶！当你拿到便宜货的时候，也许你很少想到还账。可是穷理查告诉我们，债权人的记性比债务人的好。在另一个地方又说：债主是一群迷信的人物，严格遵守规定的时日。你不知不觉，那一天就来到了，他提出要求时你还没有做好满足他的准备。要是你把债记在心头，期限起初似乎很长，由于逐渐淡忘，就会显得极短。时间似乎在肩膀和脚跟上都插了翅膀。穷理查说，谁要在复活节还钱，谁的大斋节[1]就短得可怜。因为他说：借钱人是贷款人的奴隶，债务人是债权人的奴隶。鄙弃枷锁，维护你的自由吧，维护你的独立吧：勤奋而自由，节俭而自由。也许目前你认为你正在兴旺发达的境地，奢侈一点也不妨事；可是：

> 趁早把老年和贫穷提防，
> 没有整天普照的朝阳，

穷理查就是这么说的。收入是暂时的，不确定的，可是只要你活着，花销却是经常的，必然的。造两个烟囱容易，坚持烧一个难，穷理查就是这么说的。所以，宁肯睡觉前不吃饭，也不愿起床时把债欠。

> 能抓到手的东西要抓紧，
> 石头会把铅变成金，

穷理查就是这么说的。一旦有了点金石，你肯定就不会再抱怨时世险恶、纳税困难了。

“朋友们，这个原则就是理性和智慧。不过，切勿过多地依赖你自

---

① 复活节前为期四十天的斋戒及忏悔，以纪念耶稣在荒野禁食。

己的勤奋、节俭、谨慎，虽然这些都是极好的作风。因为没有上天保佑，一切全都落空。因而谦恭地乞求天佑，对于目前似乎需要天佑的人不要无情，而要安慰帮助他们。记住约伯先受罪，后发迹。

“现在说最后一句话，吃亏学乖代价高，笨汉非此学不好，而且从中学的也太少。的确，我们可以提出劝告，却无法提供行动，穷理查就是这么说的。不过记住这一点：不听劝告的人无药可救，穷理查就是这么说的。他还说：如果你不听道理，道理肯定会惩罚你。”

这位老先生就这样结束了他的训导。人们听了，也赞同这种教诲，却随即反其道而行之，仿佛那只不过是一次平平常常的布道。因为拍卖开始了，他们大肆抢购起来，根本不管他的告诫，也不顾他们自己对税收的恐惧。我发现这位好人透彻地研究过我的历书，把二十五年内我在这些问题上写下的话全都消化了。他接二连三地提起我，肯定使别人都厌烦了，可是大大满足了我的虚荣心，虽然我知道他把那些智慧都归功于我，其实属于我自己的还不足十分之一，我只不过把古往今来、世界各国的道理做了一番搜集罢了。不过，我认为调嘴学舌反而更好。虽然我最初决定买些料子做一件新衣，但是我走开了，决心把旧的再穿一段时间。读者，如果你也愿意这么做，你的收获就会像我的一样大。永远为您效劳的，

理查·桑德斯

一七五七年七月七日

富兰克林年表

一七〇六	一月十七日（旧历一月六日）生于波士顿奶街，位于老南教堂对面，他在该教堂受洗，得教名本杰明；他是乔赛亚·富兰克林最小的儿子，也是第十五个孩子。乔赛亚是蜡烛商，兼制肥皂，为了能自由实践他的清教信仰，于一六八三年从英国移居而来。他出生时在世的哥哥姐姐有十一个：其中有乔赛亚的第一个妻子生的七个孩子中的五个（伊丽莎白，一六七八年生；塞缪尔一六八一年生；汉娜，一六八三年生；乔赛亚，一六八五年生；安妮，一六八七年生），还有第二个妻子阿拜娅·福尔杰·富兰克林（娘家是楠塔基特岛上的清教徒）在他以前生的七个孩子中的六个（约翰，一六九〇年生；彼得，一六九二年生；玛丽，一六九四年生；詹姆斯，一六九七年生；萨拉，一六九九年生；托马斯，一七〇三年生）。他后面还有两个妹妹，莉迪娅（一七〇八年生），简（一七一二年生）。
一七一四至一七一六	一七一四至一七一五年在波士顿文法学校（今波士顿拉丁文学校）上学，但因学费高，学了一年后他父亲令其退学。他父亲鳏居的哥哥于一七一五年从英国来和他们一起生活。上乔治·布劳内尔的英语学校，该校开的是非古典课程，他上的是正规学业

的二年级，也就是最后一个年级（一七一五至一七一六）。

一七一六至一七一七　跟父亲制造蜡烛、肥皂，但并不喜欢这项工作；试学刀具手艺，时间很短，很快又回到父亲的店铺里来。一七一七年三月，哥哥詹姆斯从伦敦回来，在波士顿开始经营印刷生意。

一七一八至一七二〇　给詹姆斯当学徒。写大幅纸印刷歌谣，一七一八年作《灯塔悲剧》，一七一九年作《捉拿提奇或黑胡子海盗》（二者均不存）。一七一九年十二月，詹姆斯承印美洲的第二家报纸《波士顿新闻报》；一七二〇年八月一日合同终止。富兰克林借书阅读——其中不仅有沙夫茨伯里和柯林斯这样的同时代自由思想家的著作，还有班扬、笛福、洛克、色诺芬等人的作品，以及各种史书和宗教论争书籍——并模仿伦敦《旁观者》报上艾狄生和斯梯尔的文章以改进写作。

一七二一　继续给詹姆斯打工。詹姆斯于八月七日创办自己的报纸——生动活泼、不拘一格的《新英格兰报》，这是以幽默小品和其他文学内容为特色的第一家美洲报纸。

一七二二　为了攒钱买书，成了素食主义者。四月至十月，为《新英格兰报》写了十四篇署名“善人无语”的文章，然后匿名投给报纸，因为他相信：要不然，他哥哥是不会刊登的。詹姆斯因暗示海盗和地方官员相互串通被马萨诸塞议会拘押（六月十二日至七月七日），在此期间富兰克林负责办报事宜。

一七二三　《新英格兰报》讽刺内阁大臣和地方官员，马萨诸塞议会禁止詹姆斯在未经审查的情况下印报。詹姆斯抗命印报，随后躲藏起来，再次让富兰克林负责报纸（一月二十四日至二月十二日）。此后《新英格兰报》将本杰明·富兰克林列为主编。由于不满詹姆斯的“粗暴”待遇（“虽说是哥哥，他却认为他是我的师傅”），便毁约，于九月二十五日偷偷搭船去纽约，但找不到工作。于十月一日乘船前往费城，在海上遇大风，途中耗费了三十个小时；翌日晚，发高烧到达新泽西的珀思·安博伊。在新泽西徒步两天，走到博登镇，然后又走到伯林顿；于十月六日到达费城，身上只剩一荷兰元和几个铜板。第二天在塞缪尔·凯默处找到临时工的工作。在市场街凯默印刷所隔壁的约翰·里德（未来的妻子德博拉的父亲）家住宿搭伙。

一七二四　在一直想交朋友的宾夕法尼亚总督威廉·基思的鼓动下，准备开办自己的印刷所；基思许诺把公家的印刷业务给他。接近四月底返回波士顿向他父亲要钱准备开业，但乔赛亚只给了他几件小礼物和几句良好的祝愿。探望哥哥詹姆斯，詹姆斯对富兰克林摆阔大为恼火。拜访科顿·马瑟。六月初返回费城，基思提出借钱开办印刷所，并建议他去伦敦采购器材设备，并安排文具商、书商和印刷商的供货事宜。约翰·里德于七月三日去世。是年秋，富兰克林向德博拉·里德披露去伦敦的计划；她母亲对他们的亲事并不热心。十一月五日，启程前往伦敦，同行的有朋友詹姆斯·拉尔夫和商人托马斯·德纳姆，想靠基思总督许诺的信用证获得印刷设备。平安夜到达伦敦，发现基思“没有信用可给”，自己上当了，基思也没有写推荐信；于一月前在塞缪尔·帕默的印刷所找到工作。与拉尔夫在伦敦城内小不列颠区居住，隔壁就是书商约翰·威尔科克斯，他从那里借书进修。

一七二五　给威廉·沃拉斯顿的《自然宗教概述》排版后写作并印行了反驳文章《论自由与必然、欢乐与痛苦》，驳斥了自由意志。外科医生威廉·莱昂斯欣赏这本小册子，便把他介绍给伯纳德·曼德维尔和另外一位医生亨利·彭伯顿，后者许诺把他引荐给艾萨克·牛顿（始终未兑现）。德博拉·里德于八月五日在费城与约翰·罗杰斯结婚；罗杰斯于十二月将她遗弃，从此杳无音讯。秋天，富兰克林离开帕默的印刷所到约翰·华茨的大一些的印刷所工作。搬往公爵街。

一七二六　七月二十一日，与托马斯·德纳姆启程回家，后者雇他当业务员。七月二十二日至十月十一日，记航海日记。到达费城后给德纳姆当店员和记账员。

一七二七　德纳姆病倒（一七二八年七月四日病逝）。三月和四月，富兰克林患了严重的胸膜炎。六月，又回到凯默那儿干印刷。组织“共图社”，这是由他所认识的有雄心壮志的年轻人组成的自我改善和互帮互助的社团，每星期五晚间聚会；成员包括凯默印刷所的另外三个人（休·梅瑞狄思，斯蒂芬·波茨，乔治·韦布），还有约瑟夫·布赖恩特纳尔，托马斯·戈弗雷，尼古拉·斯卡尔，威廉·帕森斯，威廉·毛格里奇，罗伯特·格雷斯，菲利普·辛格，休·罗伯茨和威廉·科尔曼，这些年轻人职业不同，但志趣相似。

一七二八　二月至五月，跟凯默在新泽西伯林顿印制纸币。六月，脱离凯默与朋友休·梅瑞狄思合伙开办印刷所，梅瑞狄思的父亲给他们借款开业。凯默得知富兰克林办报的计划后，于十月一日匆忙刊印出办报计划，报名为《宾夕法尼亚报》（第一期于十二月二十四日面世）。注意到他的相识中有自由思想家的令人不快的行为，十一月二十日制定个人的信条和宗教仪式（《信条与教义》），要点为自然神论与多神论的信条的混合。

一七二九　二月四日，开始在安德鲁·布雷福德出版的费城报纸《美洲信使周报》上发表“是非婆”系列文章，希望把读者从凯默的《宾夕法尼亚报》引开。撰写《试论纸币的性质和必要》，四月十日发表，这是以增加货币供应刺激经济发展的诸多建议中的第一项。九月二十五日从凯默手里收购败落的《宾夕法尼亚报》；十月二日的一期第一次出现他的名字。随后的十年内，它成了各殖民地读者最广泛的报纸。大约在一七二九年或一七三〇年，非婚生子威廉出生，生母身份不明。

一七三〇　一月三十日，被指定为宾夕法尼亚官方印刷商。从两个朋友威廉·科尔曼和罗伯特·格雷斯手里借钱买下想回乡务农的梅瑞狄思的全部股份。由于无法按合法的仪式与德博拉（里德）·罗杰斯结婚（因为罗杰斯生死不明，富兰克林无论如何也不想替他欠的债务负责），于是在九月一日跟她形成了事实婚姻；儿子威廉被领进家门。开始学习法文和德文。

一七三一　一月，参加共济会，开始了终生的参与。六月，当选圣约翰地方分会小会长（他将出任的许多美欧共济会职务中的第一个）。七月一日，为第一家美洲会员制收费图书馆“费城图书馆会社”起草“协会契约”。资助他的工人托马斯·怀特马什在南卡罗来纳与他合伙开设印刷所，提供必要的设备材料，规定返还三分之一的利润，期限六年（几项逐渐增加他的财富的经济资助中的第一项）。

一七三二　五月六日，出版美洲的第一家德文报纸《费城报》；不久便停刊。十月二十日，儿子弗兰西斯·福尔杰·富兰克林出生（一七三三年九月十六日在基督教堂受洗）。十二月十九日，出版《穷理查历书》（此后每年一本，一直出到一七五七年他去英国）。停止出席他过去偶尔参加的长老会礼拜仪式。

一七三三　酝酿“达到道德完善的大胆而又艰巨的计划”。七月一日，开始记账，系统地记录个人的过错。秋天，去波士顿探望家人，去罗得岛新港看望哥哥詹姆斯。十一月，资助另一个工人路易·蒂莫泰在南卡罗来纳合伙经营印刷所，让他接怀特马什的班。学习意大利文、西班牙文和拉丁文。

一七三四　六月二十四日，被选为宾夕法尼亚共济会大师。

一七三五　二月四日，哥哥詹姆斯在新港去世。富兰克林在《宾夕法尼亚报》建议成立防火协会。冬天和春天，重新去教堂聆听塞缪尔·亨普希尔牧师布道，因为此人强调实际可行的道德修养。四月，亨普希尔被牧师同行指控离经叛道后，富兰克林撰写小册子替他辩护；九月，亨普希尔被长老会教会法院勒令停止活动后，富兰克林永久性地脱离其会众，但继续捐款。夏初，胸膜炎复发，左肺化脓。建议建立费城缴费巡夜制度（一七五二年通过）。

一七三六　七月至九月，在伯林顿印刷新泽西纸币；为了防止伪造，设计出新的自然印刷技术（复制树叶形象）。十月十五日，被任命为宾夕法尼亚议会秘书。十一月二十一日，四岁的儿子弗兰西斯死于天花，葬于基督教堂墓地。十二月七日，组织联合消防队，为费城第一家。

一七三七　十月五日，开始履行费城邮政局长职责。对议会程序日益厌烦，设计数学测验解闷。

一七三八　《美洲信使周报》（二月十四日）指控一七三七年参加模拟共济会入会仪式，其结果造成年轻学徒严重烧伤。在庭审证言和《宾夕法尼亚报》的报道中表示对此不负责任。

一七三九　与英国循道宗牧师、福音传道者乔治·怀特菲尔德结交，此人于十一月二日在费城露天群众集会上发表演讲，鼓吹宗教复兴。富兰克林募捐刊印怀特菲尔德的日记和布道文。

一七四〇　《美洲信使周报》（二月十二日）批评富兰克林在报道中偏袒民众反领主派。（领主是宾夕法尼亚的创建者威廉·宾的子孙，他们居住在英国，按特许状享有任命和指令该殖民地总督的特权。）成为新泽西官方印刷商（任命延续到一七四四年）。在《宾夕法尼亚报》（十一月十三日）上宣布即将出版《综合杂志》；指责安德鲁·布雷福德和约翰·韦布偷窃他的第一家美洲杂志的计划；富兰克林的定价（每期九便士）比布雷德福拟议中的杂志（宣布每年十二先令）要低。

一七四一 一七四〇至一七四一年冬天，设计宾夕法尼亚壁炉（富兰克林火炉）；二月五日刊登向大众销售的初期款式广告。二月十六日，出版《综合杂志和史记》第一期；六期以后停刊。

一七四二 资助雇员詹姆斯·帕克在纽约合伙开办印刷所。三月十七日，组织、宣传一项资助费城植物学家约翰·巴特拉姆的旅行采集活动。

一七四三 五月十四日，发表《提倡有用知识的建议》，此文为“美洲科学学会”（美洲第一家科学学会）的创建文件。春末，去新英格兰，在纽约会见卡德瓦拉德·科尔登，在波士顿听阿奇博尔德·斯宾塞的电学讲座。开始与威廉·斯特拉恩进行商务书信往来，这将发展成终生不渝的友谊；鼓动斯特拉恩的伦敦印刷所的青年印刷工大卫·霍尔移居美洲，表示他将资助霍尔在另外一个殖民地开业。八月十三日，女儿萨拉（“萨丽”）出生；十月二十七日在基督教堂受洗。

一七四四 六月二十日，大卫·霍尔抵达费城，吃住在富兰克林家。出版《新发明的宾夕法尼亚壁炉说明书》。

一七四五 一月三日，起草大陪审团反对酒馆和其扰民行为的书面报告。一月十六日，父亲去世，享年八十七岁。四月，伦敦皇家学会会员彼得·柯林森给图书馆会社寄来最近德国电实验的小册子，并附有玻璃管，激发富兰克林开始做电的实验。六月六日，发表“路易堡城镇与港口平面图”木刻，这是《宾夕法尼亚报》上的第一条插图新闻报道。

一七四六　夏天，“泡在电的实验中”。秋冬，访问新英格兰。

一七四七　五月二十五日，将第一份电的实验报告寄给彼得·柯林森，他将其出示给皇家学会的会员们。十一月和十二月，发表小册子《明白的真相》，警告宾夕法尼亚容易受特拉华河上的法国和西班牙海盗船袭击。组织自愿民兵准备防御。

一七四八　一月一日，拒绝民兵上校的职位，声称没有军事经验，却作为普通一兵服役。一月一日，与大卫·霍尔形成印刷合伙经营关系，将印刷所交给霍尔一手经营，返回一半利润，于是作为印刷商功成身退；此后主要致力于科学研究和公民事务。（在未来的年月里，每年从印刷合伙经营、房地产投资和邮政局长薪金获得的年收入将会接近两千英镑，相当于宾夕法尼亚总督的薪金。）离开店铺搬往新居，有了几名黑人奴隶中的头一个。四月，资助他的另一名工人托马斯·史密斯在安提瓜合伙开办印刷所。十月四日，当选为费城市议会议员。

一七四九　四月二十九日，为埃比尼泽·金纳斯利撰写“解释……雷暴风的新假说”。五月十日，金纳斯利在马里兰的安纳波利斯做电学讲座，首次发表并演示

（小规模地）富兰克林的避雷针实验。六月三十日，被任命为费城治安推事。七月十日，被任命为宾夕法尼亚地区共济会大师。于十月二十三日写成《关于宾夕法尼亚青年教育的一些建议》，结果导致了费城学院，今宾夕法尼亚大学（于一七五一年一月七日正式开学）的建立。十一月十七日，在他的实验日志中记录闪电与电之间的相似性，并要求实验证明它们之间的相同性。

一七五〇 二月，痛风初次突发。三月二日给柯林森的信中建议用避雷针保护房屋。七月二十九日，设计在岗亭顶上安置尖棒，将该亭矗立在山顶或教堂尖塔上，把棒附着在莱顿瓶上收集电流，以此证明闪电是一种电。设计包括接地装置的避雷针建议。十二月二十三日，使一只火鸡触电时遭到严重的电击。

一七五一 二月七日，宾夕法尼亚议会通过富兰克林的革新议案，提供与私人捐赠对等的公款建立宾夕法尼亚医院。四月，由约翰·福瑟吉尔博士编的科学书信集《电的实验与观察》在伦敦出版。五月九日，当选宾夕法尼亚议会议员，八月十三日，就任（以后连选连任至一七六四年）；儿子威廉继任为秘书。七月二十六日，首次提出将该市的各消防队合并为保险公司的建议；九月七日，各队代表开会组织费城分担体系。十月一日，当选费城市政务委员会委员。

一七五二　二月六日，宾夕法尼亚医院开张。五月八日，母亲在波士顿去世，享年八十五岁。六月，设计并做风筝实验，证明闪电就是电。八月，资助外甥本杰明·梅科姆在西印度合伙开办印刷所。九月，给他的住宅安装避雷针，将它与铃铛连接起来，针一带电，铃铛就响。十月十九日，《宾夕法尼亚报》说明怎样做他的风筝实验；为一七五三年的《穷理查》写安装避雷针的说明。十二月八日，为患了膀胱结石的约翰哥哥设计一种软管。

一七五三　一月，诺莱神父出版《关于电的书信集》，驳斥富兰克林的电学理论。三月，第二套电的实验（《实验与观察补编》）在伦敦出版。六月十四日，资助以前的工人塞缪尔·霍兰在宾夕法尼亚的兰开斯特合伙开办印刷所。从六月中旬到九月，周游新英格兰，接受哈佛（七月二十五日）和耶鲁（九月十二日）的文学硕士荣誉学位。八月十日，向英国申请过后，被任命为北美邮政管理局联合副局长。九月二十六日至十月四日，在宾夕法尼亚卡莱尔与俄亥俄印第安人谈判；十一月，刊印结果条约。十一月三十日，因为在电学上的工作，荣获伦敦皇家学会的科普利奖章。

一七五四　为西部边疆日益增强的法军压力所困扰，五月九日，在《宾夕法尼亚报》上设计并刊出蛇被斩为几截的漫画，上面的标题为“合则存，分则亡”，这是美洲第一幅政治漫画。六至七月，作为宾夕法尼亚专员出席奥尔巴尼会议；会议齐聚了七个殖民地的代表来恢复与易洛魁人的同盟，并安排共防边疆，抵御法军。七月二日，会议投票组成殖民地联盟；富兰克林提出方案，七月十日被通过，并送交各殖民地批准。八月十七日，宾夕法尼亚议会否决奥尔巴尼方案，其他殖民地和英国政府也不例外。九月，第三套电实验（《电的新实验与观察》）连同前两部分的第二版在伦敦出版。十二月，给马萨诸塞总督威廉·谢利写了一系列书信，抗议在没有代表的情况下征税，并力主美洲的自治权利。

一七五五　为北美英军司令爱德华·布雷多克少将建立邮政联系；四月二十二至二十三日，与布雷多克在马里兰弗雷多里克商谈，承担给布雷多克的部队供应车辆的任务，支援他们向迪尤肯堡的法军挺进。四月二十六日至五月十一日，在宾夕法尼亚的兰开斯特和约克征集车辆。至夏天，写成《圣经》戏说“反迫害寓言一则”和“手足之情寓言一则”。八月，与贵格派协力要求对领主田产和其他财产征税，以筹集款项保卫边疆。十月，被费城招募的步兵团选为上校。十一月二十五日，议会通过富兰克林民兵议案，十一月二十七日，批准六万英镑的防务费。十二月十八日至二月五日，前往边疆修筑堡垒，组织防卫，儿子威廉作为副官随同。

一七五六　三月九日，宾夕法尼亚议会通过富兰克林对费城提供巡夜人和街道照明的议案。三月二十一日，去弗吉尼亚办理邮局事务，途中会见乔治·华盛顿。四月二十日，接受威廉和玛丽学院硕士荣誉学位。四月二十九日，全票当选为伦敦皇家学会会员，并被同意免缴惯例会费。九月一日，当选皇家技艺协会通讯会员。十月二至二十四日，到卡莱尔、哈里斯渡口和纽约视察军事。十一月五至十八日，跟其他专员一起与特拉华印第安人在宾夕法尼亚伊斯顿商谈。

一七五七　二月三日，接受宾夕法尼亚议会提名作为驻英代理与领主们谈判旷日持久的争端。三月十四至二十二日，会见美洲英军司令劳登勋爵，陈述议会的立场：赞成征税以供军需的议案。劳登劝宾夕法尼亚总督丹尼不要执行领主们的指示（领主们拒绝对他们的田产征税），通过议案。四月四日和儿子威廉去英国途中到纽约；因等候劳登准许起航耽搁到六月二十三日。航海期间完成一七五八年的《穷理查》序言“亚伯拉罕大爷的讲话”（后来以“致富之路”闻名于世），这是富兰克林写的一系列历书的最后一期。七月二十六日到达伦敦，住在彼得·柯林森处；见到枢密院院长格兰维尔勋爵，他声称国王是殖民地的最高立法者，此话使富兰克林不胜担忧。七月三十日，在儒夫街7号玛格丽特·斯蒂文森太太家寄宿，她是个寡妇，此后富兰克林在英国时就一直住在她家。八月，见到领主理查德和托马斯·宾，向他们陈诉冤情。九月末至十一月初，得重伤风，头疼，眩晕。十一月十四日，与托马斯·宾重启商谈。

一七五八　确立常规，定期参加俱乐部活动，这在英国生活的多年内从未改变。星期一常常在乔治兀鹫饭店与一批科学家、慈善家和探险家聚餐，其中包括约翰·埃利科特，偶尔还有詹姆斯·库克船长。星期四，通常与喜爱的团体"诚实的辉格党人俱乐部"在圣保罗咖啡馆聚会；成员包括约翰·坎顿、理查德·普赖斯、约瑟夫·普里斯特利、詹姆斯·伯格、威廉·罗斯、安德鲁·吉皮斯，偶尔还有詹姆斯·鲍威尔。星期天，常常与约翰·普林格尔爵士一起吃饭，此公逐渐取代印刷商威廉·斯特拉恩成为富兰克林最亲密的英国朋友；亚历山大·斯莫尔和大卫·休谟也是常客。一月至五月，与宾氏叔侄商谈并在商务部替宾夕法尼亚辩护；最后，十一月二十七日，宾氏叔侄同意有限征税，但第二天又致函宾夕法尼亚议会坚称富兰克林缺乏诚意。五月末，在剑桥逗留一周，与化学教授约翰·哈德利做蒸发实验。七月，与儿子威廉访问埃克顿和班伯里的祖先故居，搜集族谱信息。十二月二日，发明火炉或烟囱上用的挡板。

一七五九　二月十二日，缺席接受苏格兰圣安德鲁斯大学法学荣誉博士学位；此后被人称为"富兰克林博士"。四月七日，向约瑟夫·盖洛韦描述说：后来任宾夕法尼亚议会在伦敦的代理、当时成为英国议会里美洲的朋友的英国人查理·杰克逊建议把他选入英国议会，“但我太老了，不想改变国籍了”。八月八日至十一月二日，周游英格兰北部和苏格兰，会见亚当·斯密、威廉·罗伯逊和卡姆斯勋爵。

一七六〇 《电的实验与观察》第三版出版（一七六二年和一七六四年重印）。撰写《大不列颠利益考量》（“加拿大小册子”），四月十七日出版，指出加拿大对殖民地和不列颠在经济和战略上的重要性。五月一日，在慈善组织“布雷博士同仁会”（三月六日，富兰克林已经当选为该会会长）遇到塞缪尔·约翰逊博士。该会资助费城、纽约、罗得岛、弗吉尼亚的威廉斯堡的黑人慈善学校。六月二十四日，商务部拒绝了宾夕法尼亚议会通过的十九项法案中的七项，包括对宾氏田产征税；八月，富兰克林上诉枢密院，该院驳回商务部决定，允许对宾氏田产征税。

一七六一 已经成为技艺协会（主要资助农耕方法、引进新作物）、伦敦皇家学会（当时的首要科学学会）和“布雷博士同仁会”的积极活跃、极有影响的成员。八至九月，与儿子威廉和理查德·杰克逊周游奥属尼德兰和荷兰共和国。回英国后，九月二十二日目睹乔治三世的加冕礼。

一七六二 四月三十日，接受牛津大学民法博士荣誉学位。七月十三日，寄给传播富兰克林电学理论的意大利科学家詹巴蒂斯塔·贝卡里亚一份最近发明的乐器——玻璃口琴的描述，从一七六一年起他一直在埋头发明这一器物；后来莫扎特和贝多芬还为它作过曲。八月，离开伦敦前往朴茨茅斯乘船回宾夕法尼亚；十一月一日抵达费城。九月四日，儿子威廉在伦敦与伊丽莎白·唐斯结婚，九月九日被委任为新泽西皇家总督。

一七六三　七月七日至十一月五日周游新泽西、纽约和新英格兰，视察各地邮局。十二月十七日，访问布雷博士同仁会在费城资助的慈善学校，并说他“对黑色人种的天赋的看法比他以前任何时候所持的看法都高”。

一七六四　一月四日，对边疆群氓（“帕克斯顿小子”）在兰开斯特县屠杀信基督教的友好的印第安人极为愤慨，起草规定审判白人和印第安人主犯的议案；议案引起强烈反对，议会很快就将其扼杀。一月三十日，发表《最近的大屠杀纪实》，谴责“帕克斯顿小子”；二月五至八日，这帮人前往费城。富兰克林组织防卫，然后会见骚乱分子头目，说服他们陈述冤情并且解散。撰写《冷静的思考》（四月十二日）支持议会最近赞成国王特许状的决议。五月二十六日，当选为议会议长，起草要求国王改变政府的请愿书，议会采纳后以议长身份签字。马萨诸塞众议院向担任议长的富兰克林致函，敦促各个殖民地反对印花税条例，这是英国议会对殖民地印刷品征税以增加岁入的举措；九月十二日，富兰克林向议会提交提案，它指令议会在伦敦的代理理查德·杰克逊反对拟议中的印花税条例通过，设法修改食糖税条例（四月五日颁布），并且力主只有宾夕法尼亚立法机构有权在宾夕法尼亚课税；富兰克林签署指令。八月和九月，议会竞选演变成了对富兰克林人格的恶毒攻击：说什么他之所以赞成英王政府，是因为他在觊觎总督职位；说什么他在英国任议会代理期间从公款中提取了大笔收入；说什么他对自己监管的公款漫不经心；说什么威廉的母亲是他的女仆芭芭拉，他把她埋在一座无名墓里；此外，一句种族歧视的老话——一七五一年，富兰克林曾管德国移民叫“巴拉丁乡棒”——被扯了出来，于是他于十月一日竞选失败。他的一派仍占多数，便于十月二十六日指派他去跟杰克逊一起当议会驻伦敦代理。少数派议员抨击富兰克林，十一月五日，他在《评最近的一次抗议》中捍卫了他的公正廉洁。十一月七日，离开费城；妻子德博拉再次拒绝去海外，仍然留在费城。十二月九日，抵达怀特岛；次日到达伦敦，住在斯蒂文森太太的老住处。

一七六五　二月二日，与其他殖民地代理拜会首相乔治·格伦维尔，抗议在美洲征收印花税。格伦维尔在英国议会介绍了包含印花税条例建议的年度预算。二月十二日，富兰克林和主张殖民地与大不列颠加强关系的前殖民地总督托马斯·波纳尔会见格伦维尔，提出在美洲发行有息纸币以增加美洲岁入的供选择建议，但未被理会。二月二十七日，“印花税条例”在下院通过，三月二十二日，获得国王批准，定于十一月一日生效。在格伦维尔的要求下，富兰克林提名他的朋友约翰·休斯为宾夕法尼亚印花销售商，导致了富兰克林实际上支持印花税条例的谣传。四月，富兰克林和波纳尔成功使驻军法案得以修正，避免英国军队在美洲私家住房强行驻扎；五月三日，修正法案通过。五月三日，英国报纸发表一些海外奇谈，出现了关于美洲的荒诞愚蠢新奇的报道，包括“巨鲸大跳，跃上尼亚加拉瀑布，观者一致认为是天下最壮观的景象之一”。夏天，“印花税条例”抗议浪潮在各殖民地汹涌；九月十六至十七日，在费城，暴民攻击印花销售商，富兰克林的住宅受到威胁；德博拉枕戈待旦，拒绝逃跑。八百名富兰克林的支持者准备战斗，阻止了暴民。十一月一日，印花税条例未能生效，因为朝臣拒绝开会，殖民地行政管理瘫痪。富兰克林向枢密院呈交宾夕法尼亚要求变革国王管理体制的请愿书，但迟迟未予考虑。冬天，给报纸撰文为殖民地辩护，并鼓动废止印花税条例。

一七六六　一七六六年初，设计反印花税条例漫画并在画有设计图样的明信片上传递信息。一月二十一日，与大卫·霍尔合作经营合同到期，霍尔按一七四八年合伙经营协议的条件买下印刷所。二月十三日，下院“全体委员会”对印花税条例进行审查；富兰克林为美洲立场的辩护对二月二十二日的条例废止贡献甚大，所以使他成为美洲殖民地的杰出代表。六月十五日至八月十六日，与约翰·普林格尔爵士到德国旅行；在哥廷根当选为皇家科学院院士。

一七六七　在致伦敦报界的信中继续反对英国议会对殖民地征税。五月十三日，财政大臣查尔斯·汤森在下院建议征税；七月二日通过，此举加剧了殖民地的危机。八月二十八日至十月八日，富兰克林和普林格尔访问巴黎，在那里荷拉斯·沃尔浦尔拜访他们（九月十三日），在凡尔赛，他们被引见给路易十五。十月二十九日，女儿萨拉和费城商人理查德·贝奇结婚。

一七六八　一月七日，在《一七六八年以前美洲不满之缘由》中回顾了英美关系史。四月十一日被任命为佐治亚代理（一直担任到一七七四年五月二日）。七月二十日，用他自己设计的拼音字母给玛格丽特·斯蒂文森写信。秋，显示墨西哥湾流流程的地图印出。

一七六九　监理《电的实验与观察》增订第四版。一月二日，当选费城的“美洲科学学会”会长。冬，德博拉·富兰克林中风，损害了她的记忆和理解能力；此后她的健康状况日益恶化。加入到土地公司组织者行列，设法请求国王将俄亥俄谷地授予他们，希望分片转卖给定居者。八月十二日，外孙本杰明·富兰克林·贝奇出生。十一月八日，被新泽西众议院任命为代理（一直担任到一七七五年三月）。十一月二十九日，给斯特拉恩写了一份美洲立场重要陈述，想经过私人渠道传递到内阁和选定的议员手中。

一七七〇　十月二十四日，被选为马萨诸塞众议院代理（此职一直延续到一七七五年三月他离开英国），至此，他身兼四个殖民地代理（宾夕法尼亚，佐治亚，新泽西，马萨诸塞）。

一七七一　一月六日，向殖民地事务大臣希尔斯博罗勋爵呈交马萨诸塞代理证书，但遭到拒绝，因为富兰克林被议会任命，却未经总督同意。六月十一日，当选为鹿特丹“巴达维亚实验科学学会”会员。六月十七至二十四日，七月三十日至八月十三日，两次造访特怀福德的乔纳森·什普利主教，在后一次访问期间撰写自传的第一部分。八月二十五日至十一月三十日，与理查德·杰克逊游历爱尔兰和苏格兰；十月八日，出席爱尔兰议会的开幕式；与大卫·休谟在爱丁堡逗留，与卡姆斯勋爵在布莱尔—德拉蒙德逗留。旅行结束时，在兰开郡普雷顿看望女婿理查德·贝奇的母亲和妹妹，第一次见到理查德，然后跟他返回伦敦。

一七七二　四月二十九日，商务部驳回土地公司计划，随后又于六月五日上诉枢密院，七月一日枢密院同意授予，但领土从未经官方勘测。已经开始相信奴隶制生来就是邪恶不义的（一七五八年的意愿规定解放他拥有的两名奴隶，他显然在一七六〇年代的某个时候解放了他们）；六月二十日，在“萨默塞特案件和奴隶贸易”一文中首次笔伐奴隶制度。八月十六日，当选为巴黎“皇家科学院”外国院士。十月，斯蒂文森太太迁居懦夫街10号，富兰克林跟她一起搬去。私下获取托马斯·哈钦森总督、安德鲁·奥利佛副总督与英国当局的通信，发现信上倡导压制手段，便将信件寄给马萨诸塞议会议长托马斯·库欣。

一七七三　六月二日，哈钦森信件摆到马萨诸塞议会面前；议会认定他们蓄意破坏法制，便任命委员会请求国王罢免哈钦森和奥利佛。哈钦森暗自获取了富兰克林七月七日致马萨诸塞议会议长库欣的书信副本，并把它送到殖民地大臣达特茅斯勋爵手中，达特茅斯认为此举属大逆不道，便要求美洲司令托马斯·凯奇将军搞到原件以告发富兰克林；凯奇没有搞到原件（库欣也许为了保护富兰克林将原信誊抄后销毁）。富兰克林向达特茅斯勋爵转交罢免哈钦森和奥利佛的请愿书。九月，发表讽刺文章“大帝国缩小要诀”和“普鲁士国王敕令”。十月，实验用油平静岬角海水。

一七七四　一月，出席关于罢免哈钦森和奥利佛的请愿书的预审。一月二十日，“波士顿茶党”消息传到伦敦。由于被指控偷窃哈钦森信件，所以在审理马萨诸塞议会请愿书期间被法务次长亚历山大·韦德伯恩在枢密院前检举揭发为窃贼；富兰克林拒绝回应韦德伯恩的指控。一月三十一日，被解除北美邮政管理局副局长职务。请求下院否决“波士顿港法案”未获成功；三月三十一日，该法案成为法律，随之封港。四月十七日，参加西奥菲勒斯·林赛的埃塞克斯住宅小教堂的启用仪式，在英国第一次容忍一位论会众，为教堂建设捐赠五几尼。五月三日，韦德伯恩和哈钦森的模拟肖像被车拉着在费城游街后被处绞刑，用电烧毁。九月五日，第一届“大陆会议”在费城召开，并采纳“大陆联合会”；通过富兰克林和其他代理向国王请愿。富兰克林参与两轮恢复英美之间平静的谈判：一次，显然在达特茅斯认可下，与商人大卫·巴克利和物理学家约翰·福瑟吉尔谈判；另一次，与豪勋爵谈判，在豪的妹妹家秘密会见，假装下棋。在巴克利和福瑟吉尔的要求下起草“英美持久联盟的几点提示”，呈交达特茅斯办公室，考虑过后遭到拒绝。十二月二十五日，在豪勋爵的要求下准备另一套和解条件；这些条件仍然未被接受。十二月十四日，十年没有看见丈夫的德博拉·富兰克林患中风，十二月十九日在费城去世，享年六十六岁；葬于基督教堂。

一七七五　一月末，与查塔姆伯爵威廉·皮特就查塔姆未成功的和解方案商谈数次。二月九日，被议会上下两院一致采纳的给国王的奏章宣布马萨诸塞处于叛乱状态。三月二十日，离开伦敦赴普利茅斯乘船回美洲。航海期间，开始写和平谈判纪实；推测从欧洲到美洲航行时间比反向航行用时长的原因；测量空气和水的温度，证明墨西哥湾流比湾流两边的海都要温暖。五月五日，在费城上岸，次日，被宾夕法尼亚议会一致推选为出席第二届大陆会议的代表。在“会议”的各个委员会上表现积极，其中一个是纸币委员会，他专门设计图案和名言准备在大陆货币上使用。七月，起草“邦联条例”，主张美洲的政治主权，但“会议”不愿意采取如此大胆的行动。提交建议没有任何税收的自由贸易决议案；决议案被束之高阁，直到一七七六年四月六日被最后采纳，但附有限制条款：各殖民地可以征收自己的进口税。八月二十三日，国王宣布殖民地叛乱。九月十三日，“会议”再次开会，富兰克林再次在各委员会积极活动。十月四日，随同委员会离开费城与乔治·华盛顿在他的马萨诸塞司令部商谈；十一月九日，带着逃离被占领的波士顿的妹妹简·梅科姆返回。十一月四日，被重新任命为宾夕法尼亚好几个委员会和办事机构的成员，再次被任命为“大陆会议”代表。十一月二十九日，“会议”创设秘密通信常务委员会处理外交事务，任命富兰克林为委员会委员；十二月，委员会秘密会见法国朝廷代理。撰写文章、歌词和模拟墓志铭鼓舞美利坚人的战争努力；十二月四日发表的墓志铭的结束语被杰斐逊用作自己的座右铭：“反叛暴君就是服从上帝。”

一七七六　一月，新泽西民兵按“会议”决定行事，剥夺威廉·富兰克林作为新泽西皇家总督的官职；将其软禁在珀思·安博伊的家中，六月将其逮捕，押送到康涅狄格囚禁。富兰克林在“会议”上拒绝为儿子说情。一月十六日，在“会议”上极力支持“邦联协定书”，但没有成功。二月十九日，鼓动四个新英格兰政府组成邦联，并邀请其他殖民地加入。“会议”命令设计新辅币，富兰克林创作十三连环的图案和“飞溜”设计（后来用在第一批合众国硬币，一七八七年的“飞溜”分币上）。二月二十六日，辞去宾夕法尼亚议会议员职务，以便全力以赴为大陆会议尽职。被“会议”任命为赴加拿大专员；三月二十六日至五月三十日，出使蒙特利尔，身上长大疖子，腿肿，头晕。六月一日，被“会议”任命为起草《独立宣言》的委员会成员；委员会推选托马斯·杰斐逊撰写宣言草稿。七月二日，投票赞成理查德·亨利·李的独立动议。七月四日，会议采纳《独立宣言》。七月八日，当选参加“宾夕法尼亚州会议”的费城代表；七月十六日，被选为宾夕法尼亚州会议主席；七月二十日，被州会议任命为大陆会议代表。要求并得到“会议”允许回答豪勋爵的私人来信；七月二十日写道：“长期以来我以真挚和不倦的热忱努力使英帝国那只精致高贵的瓷花瓶不要打碎。”八月十五日前修订“权利宣言”，提出激进的说明（被宾夕法尼亚会议否决），声称本州认为财产大量集中是对人类幸福的一个危险，因此有权不予鼓励。七月三十日至八月一日，在“会议”辩论“邦联条例”期间，倡导“会议”中各州的比例代表制，而不是平等代表制，未获成功。九月十一日，受“会议”委派在斯塔腾岛会见豪勋爵；二人无法调解英美分歧。九月，与赛拉斯·迪恩和阿瑟·李一起被“会议”选为出使法国的专员，受命谈判条约。秋，起草“和平建议草案”，建议英国把加拿大割让给合众国。十月二十七日，离开费城起航赴法，带着孙子威廉·坦普尔·富兰克林（威廉的非婚生子）和外孙本杰明·富兰克林·贝奇（萨拉最大的孩子）。十二月三日，在欧赖登陆，前往巴黎；十二月二十八日，秘密会见法国外交大臣韦尔热纳伯爵。

一七七七　一月五日，专员们正式要求法国援助；一月九日，路易十六答应回答专员；一月十三日，专员们得到两百万里弗赫的口头许诺。大约二月二十七日，搬往巴黎市郊帕西，他出使法国期间一直住在那里。六月十七日，当选为“巴黎皇家医学会”会员。反驳英国大使斯托蒙勋爵散布的英国胜利的报告，使该大使的名字成为笑柄：八月，被问及华盛顿军队的六个营投降是否是真的时，富兰克林答道：“不，先生，它不是真的；它只是个斯托蒙。”淡化威廉·豪爵士绕过费城的意义，说“不是他绕过了费城，而是费城绕过了他”。八月二十五日，定购五十磅铅字，显然要在家里装台小印刷机；铅字的数量表明他计划只印一些小笔记、表格和文件（一七七八和一七七九年又买铅字，从一七七九至一七八三年，间或雇印刷工印刷较长的文件、小册子和书籍。也许他也亲自印一些小东西）。十二月四日，传来英国十月在萨拉托加失败的消息，敦促导致与法国结盟的谈判。在帕西地区建立好几个朋友圈子，包括路易·勒韦亚尔，布里扬·德·茹伊夫人（他给她写过调情书信和小篇什），乌德托伯爵夫人（让·雅克·卢梭的情人），尤其是寡妇爱尔维修夫人，她的沙龙包括法国财政大臣安·罗贝尔·雅克·杜尔哥和其他知识界名流。

一七七八　一月二十八日，专员们向“会议”报告法国一年拨款六百万里弗赫。二月六日，与法国签订“共同防御同盟”条约和友好商务条约；具有象征意义的是，富兰克林在签字仪式上穿的是他一七七四年一月二十九日在枢密院前被韦德伯恩指控时穿过的同一套褐色天鹅绒服装。三月二十日，美国专员们被正式引见给路易十六。四月七日，列席伏尔泰的“共济会九姐妹地方分会”入会仪式。在法国科学院开会的观众要求下与伏尔泰拥抱，此举确认他们为各自国家的知识楷模。四月七日，在伦敦，鲍斯威尔向约翰逊博士引用富兰克林关于人的定义：“一种制造工具的动物。”约翰·亚当斯被任命为驻法专员，取代赛拉斯·迪恩，二人一起共事。六月十七日，法国与英国开战。七月一日，英国特务提议他协助达成和解计划，事成后有官方的报答，富兰克林嗤之以鼻。九月十四日，当选为驻法全权公使。十一月二十八日，主持伏尔泰的共济会葬礼。

一七七九　六月二十一日，西班牙对英国宣战。从法国又获得三百万里弗赫。十二月，本杰明·沃恩在伦敦出版《政论、杂文与科学文集》，富兰克林的第一部非科学专论性的作品全编。

一七八〇　八月九日，向“会议”报告时任与英国进行和平谈判专员的约翰·亚当斯在给韦尔热纳的信中屡屡言语轻侮，得罪了法国朝廷，在韦尔热纳的要求下，富兰克林把书信副本寄给“会议”。此后亚当斯对法国人和富兰克林怀恨在心。十月二日，拒绝将美国对密西西比河的所有权交出以换取西班牙援助：“还不如一位邻居要我出卖我的街门。”

一七八一　二月十三日，写信给韦尔热纳谈美国的财政军事需求，说明迄今为止西班牙使命失败，说：“我们只能依靠法国一家。”六月四日和十日，再次向韦尔热纳要钱，不仅要付亚当斯的账单（此时他在荷兰）和约翰·杰伊在西班牙的账单，还要付“会议”的账单。“会议”任命富兰克林、杰伊、亨利·劳伦斯和托马斯·杰斐逊与亚当斯一起做和平谈判的专员；新指示要求他们只能在法国知情和赞同的情况下行事。十月十九日，查尔斯·康华利将军在弗吉尼亚的约克镇向华盛顿投降。

一七八二　继续向法国要钱付杰伊和亚当斯提交的账单。二月二十八日，埃蒙德·柏克写信给他称他为“人类的朋友”。三至六月，与英国使节举行非正式和谈；

四月十八日，向谈判代表奥斯瓦尔德表示英国应将加拿大割让给美国。七月十日，富兰克林向奥斯瓦尔德提出和平的“必要”条件，事先没有像“会议”给他的指示所要求的那样向韦尔热纳通报。七至十月，杰伊坚持正式谈判的先决条件是承认美国独立。九月二十一日，奥斯瓦尔德来自英国的新授权有效地承认了美国的独立。未征求韦尔热纳的意见，准备好条约草案送往英国。八至十月，富兰克林痛风严重发作，继而患尿砂症。十月二十六日，亚当斯到达巴黎，一起参加谈判。十一月三十日，奥斯瓦尔德和美国专员们签署和平预备条款；十二月，韦尔热纳抱怨美国没有与法国人协商时，富兰克林以外交辞令承认欠妥，表示了对法国的感激，要求再次借款。韦尔热纳向富兰克林保证再借六百万里弗赫。

一七八三　一月二十日，在凡尔赛与亚当斯出席英法和英西预备条款签字仪式；专员们宣布停战。一月二十五日，要求从法国再借六百万里弗赫，总数达到二千万。三月六日，头戴桂枝和常春花冠出席巴黎博物馆举行的成功结束战争庆典。要求韦尔热纳允许和“邦联条例”与对法条约一起印刷美国各州宪法的法文译本；将罗什富科公爵翻译的法文本送交所有外国使节。四月三日，与瑞典签订友好商务条约。一七八三年七月至一七八四年七月，与巴黎的教廷使节商议在美国组织罗马天主教教会；提出约翰·卡罗尔（此人于一七七六年陪他出使过加拿大）牵头（一七八四年七月，卡罗尔接受任命，为美国天主教神职人员领导，不久领受主教职权）。对早期的实验气球升空着迷，向皇家学会会长约瑟夫·班克斯爵士报告；十一月二十一日和十二月一日，两次目睹最早的载人飞行。语带讥讽的观察者问他："这有何用？"他用捍卫纯研究的口吻回答："一个新生儿有何用？"九月三日，大不列颠与合众国最后和约签字，英方签字的是大卫·哈特利，美方签字的是亚当斯、富兰克林、杰伊。当选为爱丁堡皇家学会荣誉会员。

一七八四　一月二十六日，在给女儿萨拉的信中嘲笑"辛辛那提协会"（美国革命元老们的组织）的贵族排场以及把鹰当作美国象征的做法；以戏谑的口气提议将美国火鸡作为一种更好的象征。三月，被路易十六委派调查 F.A.梅斯梅尔的动物磁性理论；九月四日向科学院宣读八月二日的"报告"和"陈述"得出的结论：动物磁性不存在。五月十二日，正式批准交换过的与不列颠的和约；翌日，富兰克林要求辞职回家。也许在暮春，写自传第二部。"会议"任命亚当斯、富兰克林和杰斐逊任联合专员谈判与欧洲各国和巴巴里①各国的条约；八月三十日，他们开始工作。当选为马德里皇家历史学会会员。

一七八五　五月二日，得知"会议"已经给了等待已久的准许

① 指埃及以西北非伊斯兰教地区。

让他回家，已经任命杰斐逊继他为驻法全权公使。五月二十三日，描述双光眼镜的发明。七月九日，与普鲁士签订条约，体现了关于中立、私掠制、对海上捕获的私人财产免税等的理想化观点。七月十二日，离开帕西；由于膀胱结石使得乘驿车旅行非常痛苦，给他专门提供了玛丽·安托瓦内特王后的一副驮轿，由西班牙骡子驮着。七月二十二日，从阿弗尔起航；七月二十四日，抵达英国的南安普敦，前来探望的有儿子威廉（他们前一年达成和解），什普利主教和夫人及女儿凯瑟琳，还有别的朋友。七月二十八日，起航前往费城。航行期间，撰写“海洋观察”，包括关于改进船速的最佳配帆样式的笔记，墨西哥湾流的路线、速度和温度的观察资料，在恶劣天气条件下在风中固定航船的海锚设计等。九月十四日，在费城登陆，受到礼炮、鸣钟和欢呼群众的欢迎。十月一日，当选为“宾夕法尼亚最高行政会议”成员，任期三年；十月十八日，当选为该会议议长，随后两年全票连选连任。将薪金捐赠给慈善事业。

一七八六　一月，设计从高架上拿书的工具。发现市场街住宅（现在由女儿萨拉·贝奇、她的丈夫和六个子女占用）太窄小，将其扩建，包括一间大餐厅和一间藏有四千多册书的藏书室。

一七八七　二月，帮助建立“政治研究会”，致力于政府的知识增进；当选为第一任会长。四月二十三日，被任命为经过重组的“宾夕法尼亚促进废奴协会”会长，为废奴贡献了余年和余热。五月二十八日至九月十七日，作为“联邦制宪会议”的宾夕法尼亚代表工作。反对最高行政职位的工资标准。六月十一日，力主国会代表应与人口成正比。六月二十八日提议制宪会议开会时先祈祷；该提议有争议，被放弃。七月三日，提出代表权的“大妥协”：众议员代表与人口成正比，参议院各州代表相等；取得“大委会”的同意，七月十六日被制宪会议制定为法律。八月七日和十日，力主将选举权尽可能地推广；宣告为选举权和任职设定财产资格没有必要。九月十七日，詹姆斯·威尔逊在制宪会议上宣读富兰克林的闭幕词，敦促每一个成员“对自己的一贯正确要有所怀疑”，将具体的保留意见放在一边，并一致投票通过宪法。

一七八八　七月十七日，写定遗嘱，把大部分财产留给女儿萨拉和她的家人；给孙子威廉·坦普尔·富兰克林和外孙本杰明·贝奇较小的遗赠；引证“在最近的战争中他反对我的那部分行为”，给儿子威廉几乎没有留下什么（一七八九年六月二十三日加了补遗，给了波士顿和费城遗赠）。八月，开始写自传第三部。十月十四日，结束宾夕法尼亚最高行政会议议长的工作，公职生涯就此终结。

一七八九　二月十二日，作为“宾夕法尼亚促进废奴协会”会长，撰写并签署了致美国国会的第一份反对奴隶制进谏书；经过辩论，三月五日，委员会报告：国会无权干涉各州内部事务。九月十六日，祝贺华盛顿主管下的新政府获得成功，并对在有生之年看到合众国当前的形势深表满意。十一月二日和十三日，将自传前三部分的抄本送给英国和法国的朋友。十一月十三日，对让-巴蒂斯特·勒鲁瓦说："在这个世界上，除了死和税，什么也不能说是肯定的。"当选为圣彼得堡"俄国帝国科学院"院士。

一七九〇　二月三日，以"宾夕法尼亚废奴协会"会长身份请求国会反对奴隶制和奴隶贸易。三月九日，在给埃兹拉·斯泰尔斯的信中重申宗教信仰，表达了对仁慈的神的笃信。三月二十三日，最后一篇公开发表的文章讽刺对奴隶制的维护。四月八日，在最后一封信和最终的公众服务工作中，回答国务卿杰斐逊对巴黎和会专员们确定的东北疆界的询问；寄去在那里使用过的他的一份米切尔地图。四月十七日晚，在家中平静去世。尽管最后几年患膀胱结石痛苦万分，但死因还是胸膜炎，伴随肺化脓。四月二十一日，葬于费城基督教堂墓地，长眠于妻子德博拉和儿子弗兰西斯身旁。

译文名著精选书目

傲慢与偏见	〔英〕简·奥斯丁 著 王科一 译
简·爱	〔英〕夏洛蒂·勃朗特 著 祝庆英 译
基督山伯爵	〔法〕大仲马 著 韩沪麟 周克希 译
少年维特的烦恼	〔德〕歌德 著 侯浚吉 译
茶花女	〔法〕小仲马 著 王振孙 译
呼啸山庄	〔英〕艾米莉·勃朗特 著 方平 译
悲惨世界	〔法〕雨果 著 郑克鲁 译
堂吉诃德	〔西班牙〕塞万提斯 著 张广森 译
红与黑	〔法〕司汤达 著 郝运 译
雾都孤儿	〔英〕狄更斯 著 荣如德 译
欧叶妮·葛郎台／高老头	〔法〕巴尔扎克 著 王振孙 译
莎士比亚四大悲剧	〔英〕莎士比亚 著 孙大雨 译
泰戈尔抒情诗选	〔印〕泰戈尔 著 吴岩 译
乱世佳人	〔美〕玛格丽特·米切尔 著 陈良廷等 译
鲁滨孙历险记	〔英〕笛福 著 黄杲炘 译
安娜·卡列尼娜	〔俄〕列夫·托尔斯泰 著 高惠群等 译
十日谈	〔意〕薄伽丘 著 方平 王科一 译
福尔摩斯探案精选	〔英〕柯南·道尔 著 梅绍武 屠珍 译
老人与海	〔美〕海明威 著 吴劳等 译
漂亮朋友	〔法〕莫泊桑 著 王振孙 译
巴黎圣母院	〔法〕雨果 著 管震湖 译
双城记	〔英〕狄更斯 著 张玲 张扬 译
最后一片叶子	〔美〕欧·亨利 著 黄源深 译
瓦尔登湖	〔美〕梭罗 著 徐迟 译
一九八四	〔英〕奥威尔 著 董乐山 译
复活	〔俄〕列夫·托尔斯泰 著 安东 南风 译
三个火枪手	〔法〕大仲马 著 郝运 王振孙 译
苔丝	〔英〕哈代 著 郑大民 译
变色龙	〔俄〕契诃夫 著 朱逸森 译
钢铁是怎样炼成的	〔俄〕奥斯特洛夫斯基 著 王志冲 译
浮士德	〔德〕歌德 著 钱春绮 译
太阳照常升起	〔美〕海明威 著 赵静男 译
莎士比亚喜剧五种	〔英〕莎士比亚 著 方平 译
理智与情感	〔英〕简·奥斯丁 著 武崇汉 译
罪与罚	〔俄〕陀思妥耶夫斯基 著 岳麟 译
羊脂球	〔法〕莫泊桑 著 郝运 王振孙 译
鼠疫	〔法〕加缪 著 刘方 译
青年艺术家画像	〔爱尔兰〕乔伊斯 著 朱世达 译

我是猫	〔日〕夏目漱石 著 刘振瀛 译
神曲	〔意〕但丁 著 朱维基 译
红字	〔美〕霍桑 著 苏福忠 译
到灯塔去	〔英〕伍尔夫 著 瞿世镜 译
格列佛游记	〔英〕斯威夫特 著 孙予 译
大卫·考坡菲	〔英〕狄更斯 著 张谷若 译
道连·葛雷的画像	〔英〕王尔德 著 荣如德 译
童年／在人间／我的大学	〔俄〕高尔基 著 高惠群等 译
城堡	〔奥地利〕卡夫卡 著 赵蓉恒 译
汤姆·索亚历险记	〔美〕马克·吐温 著 张建平 译
九三年	〔法〕雨果 著 叶尊 译
铁皮鼓	〔德〕格拉斯 著 胡其鼎 译
卡拉马佐夫兄弟	〔俄〕陀思妥耶夫斯基 著 荣如德 译
远大前程	〔英〕狄更斯 著 王科一 译
马丁·伊登	〔美〕杰克·伦敦 著 吴劳 译
名利场	〔英〕萨克雷 著 荣如德 译
嘉莉妹妹	〔美〕德莱塞 著 裘柱常 译
细雪	〔日〕谷崎润一郎 著 储元熹 译
哈克贝里·芬历险记	〔英〕马克·吐温 著 张万里 译
儿子与情人	〔英〕劳伦斯 著 张禹九 译
野性的呼唤	〔英〕杰克·伦敦 著 刘荣跃 译
牛虻	〔英〕伏尼契 著 蔡慧 译
包法利夫人	〔法〕福楼拜 著 周克希 译
达洛卫夫人	〔英〕伍尔夫 著 孙梁 苏美 译
永别了，武器	〔美〕海明威 著 林疑今 译
喧哗与骚动	〔美〕福克纳 著 李文俊 译
猎人笔记	〔俄〕屠格涅夫 著 冯春 译
圣经故事	〔美〕房龙 著 朱振武等 译
希腊神话	〔俄〕库恩 编著 朱志顺 译
格林童话	〔德〕格林兄弟 著 施种等 译
月亮和六便士	〔英〕毛姆 著 傅惟慈 译
失乐园	〔英〕弥尔顿 著 刘捷 译
海底两万里	〔法〕儒勒·凡尔纳 著 杨松河 译
丧钟为谁而鸣	〔美〕海明威 著 程中瑞 译
安徒生童话	〔丹麦〕安徒生 著 任溶溶 译
了不起的盖茨比	〔美〕菲茨杰拉德 著 巫宁坤等 译
虹	〔英〕劳伦斯 著 黄雨石 译
摩格街谋杀案	〔美〕爱伦·坡 著 张冲 张琼 译
坎特伯雷故事集	〔英〕乔叟 著 黄杲炘 译
战争与和平	〔俄〕列夫·托尔斯泰 著 娄自良 译
环游地球八十天	〔法〕儒勒·凡尔纳 著 任倬群 译
人生的枷锁	〔英〕毛姆 著 张柏然 张增健 倪俊 译

剧院魅影	〔法〕加斯东·勒鲁 著 符锦勇 译
百万英镑——马克·吐温中短篇小说选	〔美〕马克·吐温 著 方平 等译
培根随笔全集	〔英〕弗兰西斯·培根 著 蒲隆 译
金银岛 化身博士	〔英〕斯蒂文森 著 荣如德 译
无名的裘德	〔英〕哈代 著 刘荣跃 译
一千零一夜	方平 等译
刀锋	〔英〕毛姆 著 周煦良 译
小妇人	〔美〕露易莎·梅·奥尔科特 著 洪怡 叶宇 译
玻璃球游戏	〔德〕黑塞 著 张佩芬 译
凯旋门	〔德〕雷马克 著 朱雯 译
变形记——卡夫卡中短篇小说集	〔奥地利〕卡夫卡 著 张荣昌 译
伊索寓言	〔希腊〕伊索 等著 吴健平 于国畔 译
前夜 父与子	〔俄〕屠格涅夫 著 丽尼 巴金 译
大师和玛格丽特	〔俄〕布尔加科夫 著 高惠群 译
死农奴	〔俄〕果戈理 著 娄自良 译
被伤害与侮辱的人们	〔俄〕陀思妥耶夫斯基 著 娄自良 译
黑桃皇后	〔俄〕普希金 著 冯春 译
伊利亚随笔精选	〔英〕查尔斯·兰姆 著 刘炳善 译
危险的关系	〔法〕拉克洛 著 叶尊 译
夜色温柔	〔美〕菲茨杰拉德 著 汤新楣 译
弗兰肯斯坦	〔英〕玛丽·雪莱 著 刘新民 译
卡门	〔法〕梅里美 著 王钢 等译
忏悔录	〔法〕卢梭 著 陈筱卿 译
伪币制造者	〔法〕纪德 著 盛澄华 译
斯巴达克思	〔意〕乔万尼奥里 著 李俍民 译
追忆逝水年华（精华本）	〔法〕普鲁斯特 著 沈志明 译
去吧，摩西	〔美〕威廉·福克纳 著 李文俊 译
蒙田随笔集	〔法〕蒙田 著 马振骋 译
美国悲剧	〔美〕德莱塞 著 潘庆舲 译
汤姆叔叔的小屋	〔美〕斯陀夫人 著 杨怡 译
三毛钱小说	〔德〕贝·布莱希特 著 高年生 黄明嘉 译
动物农场	〔英〕乔治·奥威尔 著 荣如德 译
黑郁金香	〔法〕大仲马 著 郝运 译
白痴	〔俄〕陀思妥耶夫斯基 著 荣如德 译
快乐王子	〔英〕王尔德 著 巴金 译
笑面人	〔法〕雨果 著 鲁膺 译
娜娜	〔法〕左拉 著 徐和瑾 译
贝姨	〔法〕巴尔扎克 著 许钧 译
蝇王	〔英〕威廉·戈尔丁 著 龚志成 译
看得见风景的房间	〔英〕E·M·福斯特 著 巫漪云 译

最后一课——都德小说选 〔法〕都德 著 郝运 译
浮士德博士 〔德〕托马斯·曼 著 罗炜 译
草叶集 〔美〕沃尔特·惠特曼 著 邹仲之 译
流动的盛宴 〔美〕海明威 著 汤永宽 译
平家物语 〔日〕佚名 著 王新禧 译
柏拉图对话集 〔古希腊〕柏拉图 著 戴子钦 译
荷马史诗：伊利亚特·奥德赛 〔古希腊〕荷马 著 陈中梅 译
罗密欧与朱丽叶 〔英〕莎士比亚 著 方平 译
都柏林人 〔爱尔兰〕乔伊斯 著 王逢振 译
美丽新世界 〔英〕奥尔德斯·赫胥黎 著 陈超 译
纯真年代 〔美〕伊迪丝·华顿 著 吴其尧 译
愤怒的葡萄 〔美〕斯坦贝克 著 胡仲持 译
项狄传 〔英〕劳伦斯·斯特恩 著 蒲隆 译
名人传 〔法〕罗曼·罗兰 著 傅雷 译
权力与荣耀 〔英〕格雷厄姆·格林 著 傅惟慈 译
叶甫盖尼·奥涅金 〔俄〕亚历山大·普希金 著 冯春 译
爱的教育 〔意〕亚米契斯 著 储蕾 译
西顿野生动物故事集 〔加拿大〕E.T.西顿 著 蒲隆 译
富兰克林自传 〔美〕本杰明·富兰克林 著 蒲隆 译